Esoterik

Herausgegeben von Gerhard Riemann

Theodor Dombrowski, geboren 1925 in Mülheim / Ruhr, absolvierte Studien der Elektrotechnik, Volkswirtschaft und Philosophie an der Universität Stuttgart. Der Berufsweg des promovierten Volkswirts führte in die Industrie, ans Statistische Landesamt und ins Innenministerium von Baden-Württemberg.
Theodor Dombrowskis besonderes Interesse gilt seit vielen Jahren der Komplexität des menschlichen Bewußtseins und seiner transzendenten Qualität.

W0178109

Dieses Buch wurde auf chlor- und säurefreiem Papier gedruckt.

Originalausgabe Juli 1995
Copyright © 1995 für die deutschsprachige Ausgabe
Droemersche Verlagsanstalt Th. Knaur Nachf., München
Das Werk einschließlich aller seiner Teile ist urheberrechtlich
geschützt. Jede Verwertung außerhalb der engen Grenzen
des Urheberrechtsgesetzes ist ohne Zustimmung des
Verlages unzulässig und strafbar. Das gilt insbesondere für
Vervielfältigungen, Übersetzungen, Mikroverfilmungen
und die Einspeicherung und Verarbeitung in
elektronischen Systemen.
Umschlagillustration: Peter F. Strauss
Satz: Franzis Druck, München
Druck und Bindung: Ebner Ulm
Printed in Germany
ISBN 3-426-86089-9

2 4 5 3 1

Theodor Dombrowski

Bewußtseinsevolution

Illusion oder Wirklichkeit

Gespräche mit Demokrit,
Cheops, Platon, Böhme, Darwin,
Goethe, Nietzsche, Sri Aurobindo u. a.

Theodor Dombrowski

Bewußtseinsevolution

Illusion oder Wirklichkeit

Knaur

Aus dem Schlaf von einer Million sternen-
loser Träume beschleunigt sich der Puls
des Planeten Rastlos, tief in seinem Wesen,
erwacht das Bewußtsein aus den Nebeln
... während die dunkle Leere dem jungen
Licht weicht. Die Gegenwart des neuen
Tages ist überall ... Die Arbeit hat
begonnen ... neues Leben wartet ...
Tief einatmen.

Moira Timms,
›Zeiger der Apokalypse‹

Inhalt

*Einführung: Über die Freude und den
Kontakt nach drüben oder mein Dialog* 13

1. Wie es dazu kam
   oder ein Prolog 19

2. Mein erster Besucher:
   Ich sprach mit Demokrit 43
*Es gibt nur die Atome und das Leere. Die Weisheit des
alten Schafhirten. Über das Nichts. Die bewußtlose
Masse.*

3. Mein zweiter Besucher:
   Ich sprach mit Cheops 71
*Pyramiden als optische Signale. Nur in der Begren-
zung liegt der Irrtum. Der Urgrund. Alles ist Eins!
Mein Traumerlebnis.*

4. Mein dritter Besucher:
   Ich sprach mit Platon 91
*Das Höhlengleichnis. Der Aufstieg zum Licht
als Sinnbild der Evolution des Bewußtseins. Was
Platon verschwieg. Alles ist Eins! Zerfallserscheinun-
gen.*

5. Mein vierter Besucher:
   Ich sprach mit Charles Darwin 121
*Gibt es nur die physische Seite der Evolution oder gibt
es auch eine psychische?*

6. Mein fünfter Besucher:
   Ich sprach mit Sigmund Freud 143
Kann das höhere Licht wirklich mit der niederen Finsternis erklärt werden? Gibt es ein Bewußtseinsnichts? Ein Positivist und seine Ansicht über die Bewußtseinsevolution.

7. Mein sechster Besucher:
   Ich sprach mit Jakob Böhme 169
Alles ist Eins! Der Mensch muß sich selbst erkennen, wenn er sich Gott nähern will. Gott ist in allen Dingen. Die Ewige Natur ist der notwendige Leib, um Gott zu gebären. Das schmerzhafte »Hobeln« der Bewußtseinsevolution.

8. Mein siebenter Besucher:
   Ich sprach mit David Hume 187
Die Empfindungen sind die eigentlichen Wahrheiten. Nur Sinne und Erfahrungen zählen. Metaphysisches Denken huldigt dem Aberglauben.

9. Mein achter Besucher:
   Ich sprach mit Johann Wolfgang von
   Goethe 203
Die Natur ist beseelt. Die Menschen als Pflanzen im Garten Gottes. Ihr Wachsen ist gleich dem Voranschreiten der Bewußtseinsevolution. Masse verdunkelt.

10. Mein neunter Besucher:
   Ich sprach mit Friedrich Nietzsche 221
Der sinnlose Kosmos. Eine neue Rasse im Aufbruch. Der Übermensch muß kommen. Die ewige Wiederkehr des Gleichen. Nein zur Bewußtseinsevolution. Herdenmenschen und Herrenmenschen.

11. Mein zehnter Besucher:
   Ich sprach mit Albert Einstein 245
Gott würfelt nicht. Supramentale Eruption im Vergleich zur Nuklearkraft. Jacques Monods Sicht der Dinge. Die Bewußtseinsevolution beginnt als zwanghaftes Drängen im Inneren der Materie.

12. Mein elfter Besucher:
   Ich sprach mit Sri Aurobindo 269
Alles ist Eins! Gott ist alles, was es gibt. Der Urknall als Folge einer Ursache: der göttlichen Tat! Die Geburt der Materie. Die Kraft des Bewußtseins. Ohne Evolution des Bewußtseins ist Schöpfung nicht denkbar.

13. Mein zwölfter Besucher:
   Ich sprach mit
   Pierre Teilhard de Chardin 289
Die Punkte Alpha und Omega. In allem ist vorwärtsdrängende, evolutionäre Kraft. Das Gesetz der zunehmenden Komplexität der Materie. Jacques Monods Kritik und die Antwort.

14. Mein dreizehnter Besucher:
   Ich sprach mit meinem Freund
   Paul Conrad 303
Gesamtschau oder Epilog. Bewußtseinsedelsteine! Die große Hoffnung.

Autoren- und Quellenverzeichnis 333

Aus der Freude sind alle Dinge geboren,
durch Freude bestehen und wachsen sie,
zur Freude kehren sie zurück.

Taittiriya-Upanischad,
zitiert nach Satprem,
›Sri Aurobindo oder das
Abenteuer des Bewußtseins‹

Einführung:
Über die Freude und den Kontakt nach drüben oder mein Dialog

Können Sie sich noch freuen? Wenn ich von freuen und Freude spreche, meine ich jene Freude, die nicht aus materiellen Vorgängen resultiert, sondern das Gefühl, das einen beim Anblick einer bescheidenen Wiesenblume oder spielender Kinder ganz unerwartet überkommt, so, als würde man unerwartet von einem Staubregen feinen Goldes überrieselt. Kennen Sie diese Freude? Der indische Weise Sri Aurobindo (1872 bis 1950) bezeichnete sie einmal als das Kindeslachen der Unendlichkeit.

Und können Sie noch erschauern? Ergriffen sein von der Schönheit eines in Flammen stehenden Himmels während eines Sonnenuntergangs, vom Anblick der goldenen Maske des Tut-ench-Amun*, von der ›Eroica‹** von Ludwig van Beethoven, von der Pracht und Tiefe eines sternklaren Nachthimmels?

Dann gehören Sie zu den *wenigen*, die noch aus den frischen Wassern der Seele schöpfen können. Damit Sie es wissen: nur für diese *wenigen* sind Sie *kein* Objekt der Belustigung!

Diese *wenigen* sind es auch, die anläßlich einer tiefgreifenden Gefühlserregung über den *Sinn* des Lebens nachgedacht haben, die sich nicht damit abfinden können, daß unser Universum und vielleicht noch unzählige andere Universen ihr Dasein allein dem

---

* Ägypt. König der 18. Dynastie; etwa 1347 bis 1339 v.Chr.
** ›Sinfonia eroica‹; 3. Sinfonie Es-Dur, op. 55.

Zufall und den sich daran anknüpfenden Notwendigkeiten verdanken sollen. Sie wie ich haben das Recht, den Vertretern dieser Weltsicht die Frage zu stellen, ob das, was sie als Zufall bezeichnen, nicht nur der *Schatten* einer höherdimensionalen Wirklichkeit ist, die der *Logiksektor* unseres Verstandes nicht einzuordnen vermag.

Haben auch Sie schon einmal das drängende Verlangen in sich verspürt, der Sehnsucht Flügel anzulegen, in die Vergangenheit zu fliegen, um mit den großen Denkern vergangener Zeiten zu sprechen ... mit ihrer Hilfe nach Bewußtseinsschätzen zu *graben*, die seit Jahrhunderten und Jahrtausenden unter den Produkten der Zeit verschüttet liegen: nach dem berühmten *Körnchen Wahrheit*, das in den uralten Mythen* ruht? Mythen sind nichts Erdichtetes, keine Hirngespinste erregter Gehirne, Mythen sind Ursprungsgeschichten.

Ich gab meiner Sehnsucht viele Male nach: Unter dem Eindruck der Phantasie verflüchtigte sich der Nebel der Zeit, Konturen schälten sich aus dem Dunst längst vergangener Tage, auf einmal befindet man sich mitten im Geschehen. *Ich sah* voll Ehrfurcht den Großkönig von Atlantis** »mit der goldschimmernden Aura« um sein Haupt in einer Ratsversammlung der zehn Könige im goldenen Tempel des Poseidon*** sitzen, *ich* war Zeuge der geheimnisumwitterten eleu-

---

* *mythos*: grch. ›Wort‹, ›Rede‹, ›Erzählung‹, ›Sage‹; vor allem anderen ein religiöses Phänomen.
** Sagenhaftes, im Meer versunkenes Inselreich.
*** Grch. Gott des Meeres

sinischen Mysterien* im alten Griechenland, *ich sah* Sokrates, den großen griechischen Philosophen (470 bis 399 v.Chr.), den Schierlingsbecher trinken, *ich stand* neben dem deutschen Mystiker und Philosophen Jakob Böhme (1575 bis 1624) in seiner Görlitzer Schuster-werkstatt, und *ich schaute* dem Atomphysiker Otto Hahn (1879 bis 1968) über die Schulter, als er die Kernspaltung entdeckte. Doch zu *graben* war mir verwehrt, denn *ich sah* nur Schattenbilder von *ge-wesenen* Wirklichkeiten, konnte keine Fragen stellen, denn für diese existierte ich nicht, war von ihnen getrennt durch die Mauer der Zeit. Kehrte *ich* von sol-chen *Ausflügen* wieder in meine Welt, meine Realität zurück, geschah es immer mit einem Gefühl herber Enttäuschung.

Ein alter Volksglaube spricht von der magischen Kraft des *Herbeiwünschens*: In seltenen, rätselvollen Augenblicken entwickle dieses Wünschen eine ge-heimnisvolle psychische *Gravitation*, die das Ge-wünschte machtvoll an sich zöge.
Unbekannte Götter schienen *mir* besonders geneigt zu sein, *meinem* Wunsch wurde jedenfalls diese Kraft verliehen. Ein alter Freund diente geheimnisvollen Mächten als Werkzeug. Er baute *mir* eine Brücke über den Abgrund der Zeit.

---

* *mysterion*: grch. ›Geheimnis‹; dieser Mysterienkult zählte zu den wichtigsten Mysterienreligionen der klassischen Zeit, wohl nach 700 v.Chr. ausgebildet, benannt nach der Stadt Eleusis, dem Mit-telpunkt des Fruchtbarkeitskults der Göttinnen Demeter und Persephone (Tochter). Die E. M. wurden zu Ehren der beiden Göttinnen im heutigen September mehrere Tage lang in Athen und Eleusis, wo die Einweihung stattfand, gefeiert.

Und dann geschah es: *Ich* sprach mit Menschen, deren Körper schon längst zu Staub geworden waren. Ich stellte ihnen Fragen, und, o Wunder, sie antworteten mir!

Das tiefste und erhabenste Gefühl, dessen
wir fähig sind, ist das Erlebnis des Mystischen.
Aus ihm keimt alle wahre Wissenschaft.
Wem dieses Gefühl fremd ist, wer sich
nicht mehr wundern und in Ehrfurcht verlieren kann, der ist bereits tot. Das Wissen
darum, daß das Unerforschliche wirklich
existiert und daß es sich als höchste Wahrheit und strahlendste Schönheit offenbart,
wovon wir nur eine dumpfe Ahnung
haben können – dieses Wissen und diese
Ahnung sind der Kern aller wahren Religiosität. In diesem Sinne, und in diesem
allein, zähle ich mich zu den echt religiö-
sen Menschen.

Albert Einstein,
zitiert nach L. Barnett,
›Einstein und das Universum‹

1
Wie es dazu kam oder ein Prolog

Diesen Septemberabend werde ich wohl nie mehr vergessen. Er hielt für mich ein unglaubliches, mit dem Verstand nicht zu fassendes Abenteuer bereit. Sie können es mir glauben, zu dieser Zeit dachte ich oft, ich würde den Verstand verlieren.

Paul Conrad und ich waren befreundet. Paul lehrte als Professor an der Universität Tübingen Mikrophysik und war ein weltweit geachteter Wissenschaftler. Er wohnte wie ich in Neuffen, einem kleinen, malerischen Städtchen am Rande der Schwäbischen Alb. Seit Jahren besuchten wir uns in unregelmäßigen Abständen. Wir verbrachten dann unterhaltsame Abende mit stundenlangen Schachpartien oder bitteren Worten über unsere angeblich *nur* dem Volkswohl *dienenden* Politiker. Feste Termine für unsere Zusammenkünfte lehnten wir ab. Warum auch? Wir waren beide der Meinung, daß sie keiner Norm gehorchen durften. Täten sie das, dann wären sie zwangsläufig der Gefahr der Gewöhnung und damit auch der Langeweile ausgesetzt, und das wollten wir unbedingt vermeiden.
Es war vor vier Monaten: An den Tag, an dem alles anfing, erinnere ich mich genau! Die Sonne schien von einem makellos blauen Himmel, die alte Kastanie vor meinem Haus hatte stolz ihre rosafarbenen Kerzen aufgestellt, und der kleine Bub meines Nachbarn turnte verwegen in dem weitausladenden Astwerk herum. Als ich Paul am Abend besuchte, machte er einen eigentümlich niedergeschlagenen Eindruck auf mich.

So, als ob er erst vor Stunden eine schlimme, ihn quälende Nachricht erhalten hätte. Nach einer langen und ziemlich lustlos verlaufenen Schachpartie begleitete er mich ein Stück auf meinem Weg nach Hause, dabei machte er mir einen überraschenden Vorschlag. »Was hältst du davon – sollen wir uns in Zukunft nicht mit etwas anderem beschäftigen als immer nur mit Spielen? Wenn du einverstanden bist – ich weiß ein Thema, das dich vielleicht interessieren wird.«

»Warum nicht, Abwechslung kann schließlich nichts schaden«, ich stimmte zu.

Für Paul gab es von diesem Tag an nur noch einen Diskussionsstoff: die *New-Age-Bewegung* mit ihrer Theorie von der Entwicklung des Bewußtseins. Seine diesbezüglichen Gedanken zeigten mir, daß er sich schon seit längerer Zeit mit dieser Materie befaßt haben mußte.

Irgendwie und auf eine Weise, die ich mir damals nicht erklären konnte, kam mir in den Wochen darauf sein sonst so natürlich wirkendes, heiteres Wesen zunehmend gekünstelt vor. Irrte ich mich, oder lag es an seinen Augen? Augen sollen angeblich Fenster der Seele sein, durch diese Fenster glaubte ich, fortschreitende Melancholie und Resignation scheinen zu sehen.

Für unser neues »Thema« hatte ich mich bisher nicht sonderlich interessiert. Das wenige, was ich darüber gehört und gelesen hatte, war mir jedenfalls sehr suspekt vorgekommen, denn für mich waren die Verfechter dieser Geistesrichtung schlichtweg *Spinner*, Menschen also, die unter ihren Füßen keinen Boden haben, weil ihnen jeder Realitätssinn fehlt. Ich war sehr stolz auf meinen »Materialismus« im streng theoretisch-philosophischen Sinn. Schließlich war die Wissenschaft bei der Erforschung des Kosmos immer nur auf Materie gestoßen. Was sollte Leben denn anderes sein als ein ebenfalls materielles Phänomen? Zu erklären durch Zufall und Notwendigkeit, wie es der französische physiologische Chemiker und Nobelpreisträger *Jacques Monod* (1910 bis 1976) getan hatte.[1]

Meine Reaktion war entsprechend. Für Pauls Gedanken und Ausführungen hatte ich anfänglich nur schroffe Ablehnung. Doch langsam, fast unmerklich, trat eine Veränderung ein. Auf eine mir unerklärliche Weise begann sich meine Einstellung zu verändern, ein Sinneswandel zeichnete sich ab. Ich wehrte mich immer wieder, denn ich gehöre nicht zu jener Sorte von Menschen, die ihre Überzeugungen von heute auf morgen auf den Abfallhaufen ihrer oberflächlichen Denkweise werfen. Mein Widerstand war nicht lange durchzuhalten. Paul bombardierte mich geradezu mit seinen Argumenten, so daß mein »festgefügtes« Weltbild unter diesem »Dauerbeschuß« zusammenbrechen mußte. Ich bemerkte die drohende Niederlage recht wohl, und mein Verstand war nicht bereit, sie einfach hinzunehmen. Immer wieder säte er neuen Unglauben. Einmal, es kommt mir vor, als ob es erst gestern gewesen wäre, hatte sich Spott in meine Widerworte gemischt. Paul hatte mich daraufhin sehr ernst angesehen und mir mit Worten des führenden New-Age-Denkers *Ken Wilber* geantwortet, die sich mir ins Gedächtnis einprägen sollten:

»Die Seele befindet sich auf halbem Weg zwischen dem Tier und den Göttern. Sie hat sich aus dem tierischen Zustand befreit und auf den Weg zum Himmel gemacht, klettert in einer evolutionär aufsteigenden

Kurve in Richtung Unsterblichkeit. Aber sie hat diese
Tatsache erst in jüngster Zeit entdeckt.«[2]

Und zu Monod zitierte er aus dem Buch ›Das Spiel –
Naturgesetze steuern den Zufall‹ von Manfred Eigen
und Ruthild Winkler:

»Sosehr wir in der Darstellung der Molekularbiologie
mit Jacques Monod übereinstimmen, so eindeutig
grenzen wir uns in den auf den Menschen und die
Gesellschaft bezogenen Schlußfolgerungen von ihm
ab. In Monods Forderung nach ›existentieller Einstel-
lung zum Leben und zur Gesellschaft‹ sehen wir eine
animistische Aufwertung der Rolle des ›Zufalls‹.«[3]

Texte, die mich tief beeindruckten und zur Demonta-
ge meines Weltbildes beitrugen. Kurz und gut – aus
einem Saulus wurde aller logischen Widerstände zum
Trotz ein Paulus. Paul, unsere Diskussionen, meine eif-
rige Lektüre, alles belehrte mich und führte zu neuem
Wissen.

Und dieses *neue* Wissen verdichtete sich allmählich zu
einer ganz bestimmten Frage. Eine von der Art, die
sich immer ungeduldiger werdend in den Vordergrund drängt und gebieterisch nach einer Antwort
verlangt. In unseren Gesprächen war viel vom
Bewußtsein die Rede. Davon, daß es sich über Äonen
hinweg zu immer komplexeren Strukturen entfaltet:
von der niedersten, der reinen Bewegung in den *Son-*
nensystemen der Materie, zum Empfindungsbewußt-
sein in der Pflanzenwelt und schließlich über das
Instinktbewußtsein der Tierwelt hin zum menschlichen Ich-Bewußtsein und darüber hinaus. So weit, so
gut, mein Verstand war durchaus in der Lage, Paul
hier zu folgen, aber das *Entfalten* allein sagte mir noch
nichts über *Ursprung* und *Qualität* des Bewußtseins.
Denn woher kommt es, und was *macht* es zum *erleb-*

ten Bewußtsein, zum Bewußtsein *seiner selbst?* Oder anders gefragt, was macht das *Ich* zum sich *selbst erkennenden Ich?* Was ist das für eine Kraft, die *hinter* den Sinnen steht? Denn Sinne allein sind doch nur Registriermechanismen, dazu geschaffen, ihre Beobachtungen weiterzuleiten, sind *Diener* des Bewußtseins, notwendige Orientierungshilfen für das *Gespenst in der Maschine.*

Oh, ich konnte plötzlich nicht mehr weiterdenken, denn Wirrnis griff nach meinem armen Schädel. Bald kam ich mir vor, als ob ich mich in einem Labyrinth befinden würde, aber ohne den berühmten roten Faden! Es hatte keinen Sinn, ich mußte Paul fragen. Ob er mir eine Antwort geben konnte, die ich verstand?

Als ich sie hörte, mußte ich an die Sphinx denken, so rätselhaft kamen mir seine Worte vor. Paul sagte ernst: »Ein berühmter französischer Philosoph und Mathematiker des Mittelalters, René Descartes*, hat diese Frage mit der Aussage zu beantworten versucht: ›*Ich denke, also bin ich!*‹ Eine Antwort, die bei genauem Hinsehen nicht befriedigen kann, denn das Denken ist lediglich so etwas wie eine *Reaktion* des Bewußtseins, aber *niemals* das Bewußtsein selbst! Zur Reaktion einer Turbinenschaufel, zu ihrer zuerst langsamen, dann immer schneller werdenden Drehung kommt es doch auch erst dann, wenn sie vom herabstürzenden Wasser eines hochgelegenen Wasserspeichers getroffen und in Bewegung gesetzt wird. Niemand wird aber behaupten, daß die so erzeugte elektrische Energie nur eine Angelegenheit der Turbine sei. Denn was wäre sie ohne die Kraft des Wassers – nichts! So ähn-

* 31. 3. 1596 (La Haye/Touraine) – 11. 2. 1650 (Stockholm).

23

lich verhält es sich mit dem Denken als *Turbinenschaufeln* des Bewußtseins. Letzteres ist zu vergleichen mit der potentiellen Energie des Wassers in einer Talsperre. Es ruht still und fließt erst dann, wenn der *Schieber* geöffnet wird, wandelt sich von diesem Augenblick an um in kinetische Energie, wird zum – ›Denken‹!« Paul machte eine kurze Pause, fuhr dann mit Entschiedenheit in der Stimme fort:

»Ich sagte es dir schon: *Alles* hat Bewußtsein, *alles,* was es gibt – Materie, Pflanzen, Tiere und Menschen! Man kann hier von Hierarchien des Bewußtseins sprechen. Der Unterschied besteht nur im *Grad* der Verdichtung. Und diese Verdichtung nimmt im Verlauf der Entwicklung zu, ist ein Produkt nicht der körperlichen, sondern der geistigen Evolution. *Ken Wilber* spricht hier von der Bewegung von der Natur zum Körper, von da zum frühen und schließlich zum entwickelten Geist. Im Menschen ist die Verdichtung am meisten fortgeschritten.«

»Das ist ja alles ganz schön«, unterbrach ich ihn geduldig. »Aber deine Worte beantworten meine Frage immer noch nicht vollständig.«

Paul nickte. »Das ist richtig. Laß es dir sagen – vom Verstand her sind Wahrheiten *dieser* Art *niemals* in ein *vollkommenes* logisches Korsett zu zwingen. Warum?« Er lächelte sanft. »Weil ein solches Korsett nur die Bedingungen *unseres* vierdimensionalen Raum-Zeit-Kontinuums erfassen kann. Auch wenn manche immer noch der im 19. Jahrhundert postulierten Logik verhafteten Naturwissenschaftler ein solches Denken für Ausgeburten einer maßlos überspannten Phantasie halten – ich jedenfalls bin fest davon überzeugt: Das Verstehen übergeordneter Dimensionen fängt erst dann an, wenn man den Boden des *reinen* Verstandeswissens verläßt.« Seine Stimme gewann an Lebhaftigkeit. »Ich will versuchen, dir durch ein Beispiel das Verständnis zu erleichtern.« Er hielt inne. Seine Augen schienen plötzlich einen imaginären Punkt an der Wand zu fixieren.

Ich kannte Paul gut genug, um seinem Mienenspiel entnehmen zu können, daß er im Augenblick dabei war, jedes seiner folgenden Worte sorgfältig zu wählen und an die richtige Stelle zu setzen. Er war schließlich das, was man unter einem Perfektionisten versteht. Doch die Pause dauerte nur wenige Sekunden, dann sagte er:

»Stell dir einen großen, kreisrunden Saal vor, in dem totale Finsternis herrscht. Diejenigen, die dich hineinführen, sagen dir, daß es bald heller wird und du dann viele Gegenstände des täglichen Gebrauchs um dich herum erkennen wirst. Im Mittelpunkt des Saales steht ein großer, runder Tisch und davor ein Stuhl. Auf dem Tisch sind hundert Kerzen aufgestellt. Keine von ihnen brennt. Man führt dich zu einem Stuhl. Erst jetzt wird die erste Kerze angezündet.« Paul machte eine Pause und sah mich fragend an. »Kannst du dir diese Szene vorstellen?«

Ich nickte. »Natürlich kann ich das, aber ich weiß nicht, worauf du hinaus willst.«

Seine Augen blickten amüsiert, als er entgegnete: »Warte doch ab, du wirst es gleich erfahren.« Seine Stimme wurde wieder dozierend. »Nach dem Anzünden der ersten Kerze wirst du aufgefordert, die in deinem Umkreis liegenden Gegenstände des täglichen Bedarfs mit Namen zu nennen.« Paul sah mich fest an. »Welche Beobachtung wirst du dabei machen?«

Die Antwort fiel mir so leicht wie Grießbreiessen. »Das Licht von nur *einer* Kerze wird den Raum kaum oder nur wenig erhellen, sich daher bald in der Dunkelheit verlieren. Ich werde also nur die Gegenstände in meinem *nächsten* Umkreis erkennen können. Aber auch das wird mir manchmal schwerfallen.«

Paul nickte zufrieden. »Genau das wollte ich von dir hören. Doch jetzt stell dir weiter vor, die übrigen Kerzen würden eine nach der anderen angezündet. Was wäre die Folge?«

»Das herrschende Licht würde in seiner Leuchtkraft von Kerze zu Kerze zunehmen.«

Pauls Augen blickten ungeduldig. »Selbstverständlich würde es das. Aber ich wollte von dir etwas über die *Auswirkung* dieses Zunehmens hören.« Er schwieg, sah mich drängend an.

Ich kam mir fast vor wie vor vielen Jahren während des dritten Rigorosums[*] vor meinem gestrengen Prüfungskollegium an der Universität.

»Je weiter das Licht reicht, um so mehr Gegenstände werde ich erkennen können«, gab ich ihm zaghaft zur Antwort.

Jetzt lächelte Paul. »Richtig. Sicher wird es dir jetzt auch möglich sein, die enge Beziehung zwischen diesem Beispiel und der Evolution des Bewußtseins zu erkennen.«

Mir fiel es plötzlich wie Schuppen von den Augen. Und dann schossen die Worte förmlich aus meinem Mund.

»Das Anzünden jeder Kerze und damit die stufenweise erfolgende Lichtzunahme versinnbildlicht die *jeweils* herrschende *Reichweite* des Bewußtseins. Erst wenn *alle* Kerzen brennen, ist der Saal so ausgeleuchtet, daß jeder, auch der entfernteste Gegen-

---

[*] Mündliche Doktorprüfung.

stand, erkannt und damit auch benannt werden kann.«

»Richtig. Merke dir: Erst mit der *vollkommenen* Helligkeit wird die Schwelle zum kosmischen Bewußtsein erreicht und wahrscheinlich auch überschritten!« Leise und mehr zu sich selbst gewendet fügte Paul hinzu: »Vielleicht bis hin zum Suprabewußtsein!«

Ich war immer noch nicht zufrieden. »Das Beispiel zeigt zwar die *Entwicklung* des Bewußtseins, angefangen vom Dämmerzustand bis hin zur strahlenden Helligkeit.« Ich hielt kurz inne und sah Paul fragend an. »Aber es sagt nichts aus über die *Natur* dieses *Lichts* des Bewußtseins. Was ist das für eine Kraft, die in mir wirkt und mich zur Selbstheit macht? Darüber gibt dein Beispiel leider keine Auskunft.«

Paul nickte ernst. »Das ist richtig. Wir müssen uns damit abfinden. Mit deiner Frage betreten wir den Bereich des Glaubens.«

»Soll das heißen, daß das menschliche Suchen nach Erkenntnis hier niemals weiterkommen wird?«

Paul lächelte. »Nein, das soll es ganz gewiß nicht heißen, aber ich kann mir einfach nicht vorstellen, daß es dem beschränkten menschlichen Verstand jemals möglich sein wird, Wahrheiten zu erfassen, die meines Erachtens meilenweit über seiner *Erkenntnisfähigkeit* liegen. Allem Hohn und Spott der den Verstand anbetenden Gelehrtenwelt zum Trotz: Hier hilft allein der Glaube weiter!« Sein Lächeln verstärkte sich. »Erst vor wenigen Tagen las ich einen aufschlußreichen Artikel eines bekannten Physikers, der sich mit diesem Thema beschäftigte.«

»War er der Überzeugung, der Lösung dieses Rätsels zumindest auf der Spur zu sein?« fragte ich.

Paul nickte. »Die Art seiner Darstellung läßt tatsächlich darauf schließen.«

»Da bin ich aber sehr gespannt. Welcher Ansicht war er denn?«

»Er ging in seiner Theorie von intelligenten Computern mit unbegrenzter Speicherfähigkeit aus. Ab eines bestimmten Komplexitätsgrades käme es zum *Erwachen des Selbst* und damit zur Geburt einer maschinellen Superrasse.«

Ich sah Paul kopfschüttelnd an. »Und was meinst du?«

»Für mich ist das eine unmögliche Vorstellung. Sie huldigt der Auffassung, das Selbst sei nichts anderes als die Folge eines bestimmten komplexen Zustands; allein das Übertreten einer imaginären ›Schwelle‹ bewirke die Geburt der Seele. Um Himmels willen, was hat die unbegrenzte Speicherfähigkeit eines solchen Übercomputers, meinetwegen bestückt mit höchster, künstlicher Intelligenz, denn mit dem Bewußtsein gemein? Nichts, denn er bliebe trotzdem immer nur ein Computer! Einer, der zwar hervorragend rechnen kann, aber eben nicht weiß, daß er es kann. Dieser Physiker scheint allen Ernstes an eine ›Urzeugung‹ auf höherer Ebene zu glauben. Gewissermaßen an einen ›deus ex machina‹, der sich ab einer bestimmten künstlichen Intelligenzhöhe gnädig herabläßt, eine Maschine zu bewohnen. Also irrwitziger geht es für meinen Geschmack nicht mehr. Abgesehen davon – damit wäre das Wesen einer solchen ›Seele‹ immer noch nicht erklärt, denn woher käme sie? Wo läge ihr Ursprung?«

Unsere gegenseitigen Besuche fanden jetzt in immer kürzeren Abständen statt. Von Mal zu Mal verstärkte sich mein Empfinden, daß Paul unter Zeitdruck stand, er mir gar nicht schnell genug all das mitteilen konnte, was ihn offensichtlich stark bewegte. Und wieder konzentrierte sich eine Frage in mir: *Warum* bemühte er sich so augenfällig, *mir* sein Weltbild zu vermitteln? Das kam doch nicht von ungefähr. Ich kannte Paul als einen Menschen, dem unüberlegtes Handeln ein Greuel war. Es mußte also einen Grund für dieses Verhalten geben. Trotz allen Nachdenkens fand ich darauf keine schlüssige Antwort. Ich hielt es schließlich nicht mehr aus und fragte.

Er lächelte. Sein Lächeln hatte aber nicht die Freude zur Schwester, die Augen waren daran nicht beteiligt. Seine Antwort verblüffte mich: »Ganz einfach, weil du ein Buch schreiben sollst.« Er machte eine kleine Pause. Als er fortfuhr, war die Resignation in seiner Stimme nicht zu überhören. »*Ich* werde diese Arbeit *nicht* mehr selbst machen können, denn *meine* Zeit ist kurz bemessen. Aber das Buch muß geschrieben werden, hörst du – es *muß*!« Paul schwieg einen Augenblick, sah mich beschwörend an und sagte dann langsam, dabei jedes Wort betonend: »Deshalb mußt du an meine Stelle treten.«

Seine Zeit sei kurz bemessen? Ich begriff das nicht. Und was war das für ein »Buch«, das ich an seiner Stelle schreiben sollte?

Er suchte sichtlich nach Worten. Eigenartig, mich durchzog ein Gefühl der Kälte.

Und dann sagte Paul mit fester Stimme:

»Nimm das, was ich dir gleich mitteilen werde, als Tatsache, als ein Faktum, das sich nicht ändern läßt: Ich werde bald sterben! Es bleiben mir nur noch wenige Wochen. Ich habe Krebs im letzten Stadium. Nur die hervorragende Schmerztherapie sichert mir ein einigermaßen würdiges Ende.«

Ich starrte ihn entsetzt an, wollte etwas sagen, aber

meine Stimme versagte, ich brachte nur ein paar undeutliche Laute heraus.

Und Paul? Eine rasche Handbewegung schien die Luft zu zerschneiden, eine Bewegung, die auf mich den Eindruck des Endgültigen machte. »Du hast es gehört, ich habe nicht mehr viel Zeit. Und weil das so ist, wollen wir nicht eine einzige Minute mit der Erörterung meiner Krankheit verschwenden. Glaube mir, wir haben Besseres zu tun. Mittlerweile kennst du meine Weltanschauung. Sie dir nahezubringen war eine unerläßliche Voraussetzung für meinen Plan.« Er holte tief Atem, fuhr dann fort:

»Auf die Gefahr hin, daß du mich für geistesgestört hältst: Du sollst ein Buch schreiben – über deine, ja, du hörst richtig, über deine kommenden *Begegnungen* mit großen toten Denkern. Frage mich jetzt bitte nicht nach Einzelheiten – und warte ab. Um dir fürs erste eine Vorstellung zu geben: Bei diesen Begegnungen werden Anhänger und Gegner der Theorie von der *Evolution des Bewußtseins* mit dir einen Diskurs führen. Beide Lager werden sich dir offenbaren und auf deine Fragen antworten. Einer deiner Besucher wird dir sogar über eine Zeit erzählen, von der nur noch Mythen berichten, sowie nebelhafte Erinnerungen an eine Epoche vermitteln, die auch schon für ihn Geschichte war.« Er schaute mich an, griff nach meiner Hand und drückte sie fest. »Sei unbesorgt, nach den Begegnungen wird es dir leichtfallen, über den Inhalt deiner *Gespräche* ein lesenswertes Buch zu schreiben. Eines, das die Dinge beim Namen nennt und sich nicht scheut, gegen die Götzenbilder des Zeitgeistes anzugehen.«

Ich starrte ihn an, hatte ich einen verwirrten Geist vor mir? Mein Verstand weigerte sich kategorisch, Pauls

Worte widerspruchslos zu akzeptieren. Begegnungen mit Toten? Dies war doch finsterster Okkultismus! Aus dem Saulus war wohl ein Paulus geworden, aber dies ging zu weit. Sollte Paul gar doch nicht ganz bei Verstand sein? Ich konnte meinen alten Freund aber in der jetzigen Situation unmöglich im Stich lassen! Blickte er nicht dem Tod direkt ins Auge? Vielleicht half ich ihm durch mein Ja. Du lieber Himmel, was machte es mir schon aus, wenn die von ihm angekündigten Besuche *nicht* stattfanden, sie sich nur als Hirngespinste eines kranken Gehirns erwiesen? Nein, ich durfte ihn nicht enttäuschen, auch wenn mich mein aufgebrachter Verstand deshalb einen dummen Narren schalt.

Ich erklärte mich einverstanden: »Du brauchst dich nicht zu sorgen. Ich werde alle deine Weisungen aufs I-Tüpfelchen genau ausführen. Doch eines mußt du mir noch erklären: Was für ein Sinn steckt hinter alledem? Denn einen Sinn muß das Ganze doch haben?«

Paul schien auf einmal zu wachsen. Auch seine Augen veränderten sich, machten auf mich den Eindruck, als blickten sie jäh in eine Ferne, die menschliche Augen nie erreichen. Seine Antwort war seltsam. »Die Zeichen der Zeit kündigen es an: Die Menschheit geht tief einschneidenden Veränderungen entgegen, wenn es ihr nicht gelingt, wieder das Miteinander und die Nächstenliebe zu entdecken.« Er holte tief Atem. »Ich habe Grund zu der Annahme, daß deine Besucher dir dabei helfen werden, längst versunkene Bewußtseinsschätze auszugraben, sie endlich wieder ans Licht des Tages zu bringen. Unter ihnen, davon bin ich überzeugt, sind sicher auch solche, die unserem *heutigen* Bewußtsein einen mächtigen Impuls in Richtung Evolution geben können. Glaube mir, dieser Schub ist dringend notwendig. *Deine* Aufgabe wird es sein, aus den Gesprächen das Wesentliche zu extrahieren und niederzuschreiben, damit es die Menschen erreicht und auf ihr Tun Einfluß nehmen kann.« Ein intensiver Blick traf mich. »Allein darauf kommt es mir an, verstehst du, allein darauf! Das Bewußtsein *muß* sich ändern, wir müssen weg von dem schier grenzenlosen Egoismus mit seinem ständigen Gegeneinander, hin zu mehr Nächstenliebe und einem harmonischen Miteinander! Wenn das nicht geschieht, dann ...« Paul schwieg. Sein Gesicht verdunkelte sich, er machte eine lange Pause. Als er endlich weitersprach, war die Traurigkeit in seiner Stimme nicht zu überhören. »Wer kann es schon bestreiten – die heutige Zeit wird mehr und mehr vom Streben nach höchstmöglichem Lustgewinn regiert. Wer anders denkt, wird ausgelacht. Ja, der Hedonismus schwingt die Peitsche! In seinem Gefolge befinden sich ... besessene Genitalsexualität und Perversionen, übertriebene Ästhetik ... degeneriertes Gefühlsleben. Auf der anderen Seite jedoch stehen ... Hyper-Intellektualität, schizoide Mentalität, trockene Abstraktion ... ein vom Körper in Angst versetztes Ego.[4] Pauls Augen blickten düster. »Ich weiß, mein Vorhaben gleicht nur dem Flügelschlag eines Schmetterlings, der einen Himalaja an menschlicher Selbstsucht wegräumen will. Trotzdem, auch wenn die Chance nur gering ist, ich muß sie nützen.« Er schwieg, sah mich fest an und fügte ernst hinzu: »Laß es dir sagen und zweifle nicht an meinen Worten: Gemessen an *diesem* Bemühen stellt sich mir mein ganzes vergangenes Tun als ziemlich bedeutungslos dar.«

Paul schien mir maßlos zu überzeichnen. Erst vor wenigen Wochen hatte ich mir eine Fernsehsendung über einen bekannten Sektenprediger angesehen.

Dieser Mann hatte genauso düster geblickt wie eben Paul und während seines Vortrags das Gehabe eines untergangssüchtigen Propheten an den Tag gelegt. Gab es zwischen diesen beiden Männern Parallelen? Doch kaum war mir dieser Gedanke gekommen, als ich mich auch schon seiner schämte. Wie konnte ich nur? Ich war doch schon über viele Jahre mit Paul befreundet und mußte es besser wissen. Selbst an eine entfernte Verwandtschaft zwischen ihm und diesem Sektenprediger zu denken wäre so unvernünftig wie von einem blauen Himmel Regen zu erwarten. Was aber die Wirkung des Buches betraf: Hier war ich ausgesprochen skeptisch. Ein Bestseller und Bewußtseinsveränderer? Ein Buch von solchem Format war ungefähr so selten wie eine kostbare Perle in einer an den Meeresstrand gespülten Muschel. Auf einen solchen Fund zu warten glich dem Wunderglauben eines Kindes. Ich behielt meine Gedanken für mich; warum sollte ich ihm diesen Traum zerstören, ihm, der dem Tod schon so nahe war?

Neue Fragen drängten sich mir auf. Ich schaute Paul fest an, forschte selbst nach der kleinsten Regung in seinem Gesicht.

»Woher weißt du das alles? Warum und auf welche Weise wird es zu diesen Kontakten kommen? Und daß du jetzt schon über die Themen orientiert bist, über die gesprochen werden soll, will mir nicht in den Kopf.« Ich schwieg für einen Augenblick, holte tief Atem und setzte hinzu: »Sollen diese, hm –, *Begegnungen* etwa auf okkultistische Sitzungen hinauslaufen?«

Er lächelte freundlich. »Ich kann deine Skepsis gut verstehen. Aber verlange bitte nicht von mir, daß ich mich jetzt in langen Erklärungen ergehe. Sei versichert, ich habe viele Jahre gebraucht, um mir die Kontakte nach drüben zu schaffen. Selbst wenn ich es wollte – es ist mir unmöglich, dich in der Art einer Schnellbleiche zu informieren. Es hilft alles nichts – du mußt dich von mir führen lassen.« Er hielt inne und sah mich bittend an. »Schon die erste Begegnung wird dir die Gewißheit geben, daß du dein Vertrauen nicht einem Irren geschenkt hast.« Paul hob seine Stimme an: »Aber ich kann es nicht oft genug wiederholen: Erst die Gesamtheit *aller* Begegnungen wird dich in die Lage versetzen, das Buch zu schreiben.«

Worte, die mich aufs neue beschämten. In den langen Jahren unserer Freundschaft hatte ich noch nie an seinen Worten zweifeln müssen. Trotzdem wagte ich einen mir äußerst wichtig erscheinenden Einwand. »Selbst wenn es zu diesen Begegnungen kommen sollte – die Besucher könnten mir wahrscheinlich doch nur *das* mitteilen, was dem Wissen der *damaligen* Zeit entsprach. Wieso hältst du das *alte* Wissen für fähig, dem *heutigen* Bewußtsein einen starken Impuls in Richtung Entwicklung zu geben?«

Paul lächelte nachsichtig. »Du meinst sicher, das widerspräche der Logik. Aber das tut es nur auf den *ersten* Blick. Ich bin überzeugt davon – *gerade* dieses *alte* Wissen wird das können. Und hier insbesondere jenes, über das damals nur eine bestimmte, sehr kleine gebildete Schicht verfügte, ich denke da hauptsächlich an die Spitzen der Priesterschaft. Diese hatten ihr Geheimwissen sorgfältig gehütet und es, wenn ihnen denn kein anderer Weg blieb, mit ins Grab genommen.« Pauls Augen bekamen einen ekstatischen Ausdruck. »Glaube mir, alle Schätze der Welt sind gegen diese versunkenen Erkenntnisse ein Nichts. So berichten die Mythen aller Völker von Unsterblichen, von Wesen also, die über Fähigkeiten verfügten, die von den gewöhnlichen Sterblichen *nur* den Göttern zugeschrieben wurden. Von Magiern und Feen wird erzählt. Auch wenn du mich für verrückt hältst, ich jedenfalls bin überzeugt davon, daß diese Überlieferungen auf irgendeinem wahren Kern beruhen. Ich weiß, ihn aufzuspüren gleicht der Suche des Herakles* nach den goldenen Äpfeln der Hesperiden.«** Paul holte tief Atem. »So paradox es sich auch anhören mag, das *heutige* Wissen ist *nicht* imstande, der Menschheit den richtigen Weg zu weisen, das können meiner festen Überzeugung nach nur die *Bewußtseinsedelsteine* einer längst untergegangenen Epoche, eben das *alte* Wissen.«

»Die Menschen waren damals doch nicht besser als heute?« wandte ich, erneut skeptisch geworden, ein. »Du lieber Himmel, waren sie etwa nicht *ebenso* egoistisch, und haben sie nicht wie auch die heutigen Menschen nur allzugerne der Sinnenlust in all ihren bunten Varianten gefrönt? Und weniger grausam waren sie doch ganz sicher auch nicht. Also, ich weiß nicht, machst du dir vielleicht nicht völlig falsche Vorstellungen von dem Wissen der damaligen Zeit? Du sprachst von kostbaren Bewußtseinsedelsteinen, die du mit meiner Hilfe ausgraben willst, von Schätzen, die deiner Ansicht nach in der Lage seien, das Bewußtsein der Menschheit auf eine höhere Stufe zu heben. Mein Gott, was sollen das denn für Schätze sein?« Mit einer hilflosen Bewegung griff ich mir an den Kopf. »Entschuldige bitte, aber mir fehlt dazu jede Vorstellung.« Ich fühlte mich erleichtert, jetzt hatte ich ihm meine Bedenken mitgeteilt. Freund-

---

* Grch. Mythos: Sohn des Gottes Zeus und der Alkmene.
** Grch. Mythos: Nymphen, die im Göttergarten den Baum mit den goldenen Äpfeln hüten.

schaft muß schließlich wohlmeinende Kritik vertragen können.

Paul lächelte herzlich und auf eine Weise, die mir verriet, daß er sich gut in meine Situation hineinversetzen konnte. Dann entgegnete er freundlich: »An deiner Stelle würde ich mit Sicherheit so sprechen wie du.« Seine Stimme wurde lebhafter, als er drängend hinzufügte: »Bitte, erwarte jetzt keine langatmigen Erklärungen von mir. Glaube mir, sie würden kaum etwas bewirken können. Ich sagte es dir schon: Nur das *persönliche* Erleben, das persönliche Gespräch, kann dir Aufschluß geben.« Sein Lächeln schien ein wenig mühsam. »Es hilft nichts, du mußt mir vertrauen, auch wenn dein Verstand dich deshalb einen dummen Esel schilt.«

Jetzt schwieg Paul. Merkwürdig, daß es mir erst jetzt auffiel: Wie bleich war doch sein Gesicht, wie durchscheinend. So, als ob sich das Leben in ihm bereits anschickte, sein lästiges Gefängnis zu verlassen. Als er weitersprach, klang seine Stimme müde, wie erschöpft nach schwerster körperlicher Anstrengung. »So, in den nächsten Tagen werde ich dir noch viele Hinweise geben müssen, damit du gut vorbereitet bist. Außerdem muß ich dir sagen, was du tun mußt, um Kontakt mit deinen *Besuchern* aufnehmen zu können, und dir eine Aufstellung der Fragen geben ...« Er stockte, rang gequält nach Luft und stöhnte dabei leise. Paul mußte starke Schmerzen haben. Er griff nach einem Zerstäuber, sprühte sich mit ihm tief in den Mund hinein, die Erleichterung stellte sich fast augenblicklich ein. Doch Pauls Gesicht blieb fahl, die Augen hatten ihren Glanz verloren, glichen trüb gewordenen Glasperlen. Er sah mir mein Erschrecken an und lächelte wie jemand, der trotz allen Leidens schon über den

Dingen steht, und schnitt eine Grimasse. Sie hatte für mich gerade wegen ihrer gewollten Komik etwas Grausiges an sich. Dann sagte er: »Glaube es mir, ich habe keine Angst vor dem Hinübergehen. Ja, wenn ich es recht bedenke, eigentlich kann ich diesen Augenblick kaum erwarten, denn meinem baldigen körperlichen Ende folgt schließlich irgendwann ein neuer Anfang in einem neuen Körper.« Er hielt kurz inne, sagte dann entschlossen: »Doch jetzt zu deinen zwölf Gesprächspartnern ...«

Sie waren mir alle gut bekannt. Dafür hatte Paul in den vergangenen Wochen gesorgt. Jetzt erst begriff ich, warum er eine so große Sorgfalt darauf verwandt hatte, mir das Leben dieser großen Denker und ihre Bedeutung für die Menschheit näherzubringen. Die Erklärung war einfach genug: Paul hatte mich auf meine Besucher vorbereiten wollen. Alle zwölf verband eine Eigenschaft besonderer Güte, die Paul folgendermaßen definierte: »Jeder von ihnen war ein bedeutender *Pol* hochgradig verdichteten menschlichen Bewußtseins! Von einer *Feldstärke*, die durch ihre Kraft fähig war, das Durchschnittsbewußtsein der Masse zu beeinflussen, es auf ein höheres Niveau zu heben.«

Als Paul die Namen noch einmal aufzählte, begann ich nachzudenken: Paul war darauf erpicht, versunkene Bewußtseinsschätze wieder ans Licht des Tages zu heben. So weit, so gut – aber nur bei *Demokrit, Cheops* und *Platon* konnte man doch, so glaubte ich wenigstens, mit ein wenig Hoffnung nach solchen Schätzen graben. Doch was war mit den anderen? Was konnten *sie* beitragen? War bei *ihnen* ein Graben überhaupt sinnvoll? Ich fand keine Antwort und fragte Paul. Die Antwort meines Freundes kam augenblicklich. Ein Beweis dafür, daß er sich in der Auswahl meiner Besucher völlig sicher war. Er sagte: »Warte doch ab und zerbrich dir nicht länger den Kopf! Ich habe mir wirklich viele Gedanken gemacht und bin zu der Überzeugung gekommen, daß die Mischung stimmt. Verlasse dich darauf, schon in naher Zukunft wirst du mir recht geben.«

Ich nickte nur. Was hätte ich auch sonst tun sollen?

Paul sah mir mein Unbehagen an und sagte ernst: »Ich weiß, dein vor dir liegender Weg ist nicht leicht zu begehen, aber *nur* auf *ihm* wirst du *die Edelsteine* finden, auf die es ankommt.«

Da kam mir ein Einfall. »Du willst das Bewußtsein der Menschheit ändern, damit sie vom Gegeneinander wieder zum Miteinander zurückfindet«, sagte ich bedächtig, bemüht darum, meine Worte so präzise wie möglich zu setzen. »Und außerdem glaubst du, so nehme ich wenigstens an, daß nur dadurch eine schreckliche Katastrophe verhindert werden kann.« Ich schüttelte den Kopf. »Du weißt doch so gut wie ich, daß es in der Vergangenheit schon eine ganze Reihe von Weissagungen über drohende, bevorstehende Weltuntergänge gab, aber ...« Ich sah ihn bedeutungsvoll an ...

Zu meiner Überraschung machte Paul eine abwehrende Handbewegung. »Zu *diesen* Propheten will ich nicht gehören. Nein, da hast du mich gründlich mißverstanden. Ich befürchte *keinen* Weltuntergang, meine Sorge ist ganz anderer Natur.«

Er hob seine Stimme an und fuhr fort: »Wer vermag schon zu sagen, ob die Evolution des Bewußtseins nicht nur Fortschritte, sondern auch Rückschritte kennt? Allein *letzterer* Möglichkeit gilt meine Sorge. Wäre das der Fall, dann könnte die Entwicklung des menschlichen Bewußtseins vielleicht um lange Zeiträume zurückgeworfen werden.«

Ich unterbrach ihn. »Willst du damit sagen, daß das jetzige, maßlos aufgeblähte Ego der Menschen vielleicht einen solchen Rückschritt bewirken könnte?«

»Ja, genau das will ich, und dem möchte ich vorbeugen.« Pauls Augen leuchteten auf. »Denn es warten noch weitere Entdeckungen auf die Menschheit, Königreiche des Geistes auf spirituellen Kontinenten. Aber erst eine höhere Bewußtseinsstufe als die im Augenblick erreichte verleiht den Augen die Schärfe, sie in voller Deutlichkeit zu sehen.«

Zwei Wochen später starb Professor Paul Conrad! Der Pfad seines »Hinübergehens« war ganz sicher nicht steinig gewesen, denn um seinen Mund lag ein Lächeln.

Du siehst Dinge und fragst: »Warum?«
Aber ich träume von Dingen, die es noch
nie gegeben hat und sage:
»Warum nicht?«

George Bernard Shaw

2
Mein erster Besucher:
Ich sprach mit Demokrit

Es gibt nur die Atome und das Leere. Die Weisheit des alten Schafhirten. Über das Nichts. Die bewußtlose Masse.

Das bleiche Licht des vollen Mondes ruhte auf der Landschaft und ließ sie aussehen, als sei sie soeben mit einem silbrigen Gespinst überzogen worden, gab ihr den Anstrich des Geheimnisvollen. Am Horizont zeigte sich eine noch ferne Schlechtwetterfront. Schwefelfarbene Blitze woben dort ein glühendes Spinnennetz in den dunklen Nachthimmel. Die Konturen des Hohenneuffen verloren ihre Zerrissenheit. Fast schien es so, als ob sie sich auf magische Weise anstrengten, ihre frühere Gestalt wieder zurückzugewinnen. Es war eine von jenen Nächten, die einem das Gefühl mystischer Verzauberung vermitteln können.

Ich nahm den Weg, den mir Paul beschrieben hatte. »Du kennst doch die Schloßgasse. Sie mündet kurz nach den letzten Häusern in einen schmalen Weg ein. Dieser führt nach ungefähr vierhundert Metern auf eine ehemalige Viehweide. Sie wird schon seit vielen Jahren nicht mehr benützt. Gehe geradeaus weiter, du stößt dann auf eine alte Linde. Sicher hast du den Baum schon einmal gesehen. Vor der Linde steht eine Bank. Setze dich hin und warte ab.«

Eine Viertelstunde später saß ich auf der Bank. Meine Verfassung? Mein Geist glich einem Vakuum. Mein Verstand hatte sich wie schon so oft in den vergangenen Wochen beleidigt in die hinterste Ecke meiner grauen Zellen zurückgezogen, denn er konnte es immer noch nicht fassen, was ich vorhatte, würde es wohl nie begreifen können. Doch es hielt ihn nicht lange in seiner Abgeschiedenheit, denn er wollte auch unter *diesen* Umständen den Versuch nicht aufgeben, mich wieder auf den rechten Weg – den der Ratio selbstverständlich – zurückzuführen. Klammheimlich kam er aus seinem Versteck hervor und bedrängte mich mit den Worten: »Willst du es denn partout nicht einsehen? Es ist doch heller Wahnsinn, den Worten eines geistesgestörten, ja, ich wiederhole es, auch wenn du es nicht wahrhaben willst: geistesgestörten Mannes zu vertrauen, der seit Wochen unter der Erde liegt. Glaube mir doch endlich – jeder, ja, jeder halbwegs normale Mensch würde in dieser Situation so mit dir reden wie ich jetzt. Mein Gott, wie stolz bist du doch bisher auf dein logisches Denken gewesen, wie eingebildet darauf, nur ihm allein zu folgen. Und was tust du jetzt? Du erwartest allen Ernstes, daß sich hier, ausgerechnet unter dieser alten Linde, überirdische Mächte manifestieren werden? Haha, ein Verstorbener, der nach seinen eigenen Worten von der *anderen Seite* her aktiv werden will. Also nein, verrückter geht es nicht. Gib nur acht auf dich, sonst verwirrt sich auch dein Geist noch, und du landest womöglich in einer Irrenanstalt.«

Mein Verstand schwieg, hörte auf, mir Vorwürfe zu machen, überließ mich wieder dem Grübeln. War Pauls Geist tatsächlich schon verwirrt gewesen, als er mir mit beschwörender Stimme versichert hatte: »Vertraue mir, ich weiß, daß es gelingen wird. Die kosmische Konstellation ist meinem Vorhaben günstig, denn es werden mehrmalige interdimensionale Überlappungseffekte eintreten. Jeder von ihnen wird dir einen

Besucher bringen.« Er hatte eine kleine Pause gemacht und mich bittend angesehen. »Frage mich jetzt nicht, was es mit diesen *Effekten* auf sich hat. Ich weiß nur, daß sie einer höheren Dimension als der unseren entstammen, die mit menschlicher Logik nicht zu erklären ist. Mehr kann ich dir dazu nicht sagen. Und was die vor dir liegenden Begegnungen betrifft – habe keine Angst vor ihnen, es wird dir nichts geschehen. Stelle *die* Fragen, die ich dir zusammengestellt habe. Jeder Besucher wird dir auf *seine* Weise antworten.« Er hatte wieder eine kurze Pause gemacht und dann leise, mit Trauer in der Stimme, hinzugefügt: »Fragen, auf die ich schon längst eine Antwort gefunden hätte, wenn diese Überlappungen schon früher eingetreten wären. Glaube mir, ich habe gegen mein Leiden angekämpft, immer und immer wieder, ich wollte mein Ziel erreichen, aber letzten Endes doch, so kurz davor, verloren. Nun ist meine Zeit bald zu Ende, deshalb bin ich auf deine Hilfe angewiesen.«

Ja, genau das hatte Paul mir gesagt. Es war kaum zu fassen: Das waren die Worte eines Naturwissenschaftlers gewesen, der in der ganzen Welt einen Namen hatte. Eines Mannes also, den niemand als Spökenkieker abtun konnte. Doch das für mich Unfaßbarste hatte Paul bis zum Schluß aufgehoben: Ich traute meinen Ohren nicht, als er mir mit Nonchalance erklärte: »Ich werde dein letzter Besucher sein und dir zu einer *Gesamtschau* verhelfen.« Dabei hatte er das »Ich« mit einer durch nichts zu erschütternden Überzeugung ausgesprochen.

»Was willst du tun?« hatte ich ihn mit stockender Stimme gefragt und ihn ungläubig angestarrt. Glaubte er im Ernst daran, mich *nach* seinem Ableben *besuchen* zu können? Aber ich hatte in seinem Gesicht nichts entdecken können, was ernsthaft auf ein Verwirrtsein hätte hindeuten können. Seine Augen hatten klar geblickt, und seinen Worten und Gebärden war nichts Verdächtiges zu entnehmen gewesen. Trotzdem, die Unsicherheit in mir war nicht nur geblieben, sie hatte sich sogar noch verstärkt.

»Ich lese dir von den Augen ab, was du gerade über mich denkst«, hatte er mit einem seltsamen Lächeln geantwortet und dann mit drängender Stimme hinzugefügt: »Ich kann es dir nur wieder und immer wieder sagen: Den Beweis für meine Worte kann dir nur das *persönliche* Erleben geben. Aber du mußt dazu bereit sein, du darfst dich nicht sträuben.«

Kaum hatte Paul ausgesprochen, als mich eine neue Frage bedrängte. Ich hätte sie schon längst gestellt haben sollen.

»Du sagtest mir, du hättest Jahre bis zu den Kontakten nach drüben gebraucht, nicht wahr?«

»Ja, das ist richtig. Warum fragst du?«

»Weil mir eines nicht in den Kopf will: Wozu brauchst du eigentlich meine Hilfe? Du könntest dir doch die Bewußtseinsedelsteine viel leichter von meinen Besuchern verschaffen, wenn du erst ...« Ich stockte, fühlte die Röte der Verlegenheit in mein Gesicht steigen. Herrgott, was war ich doch für ein taktloser Geselle!

Doch Paul hatte mir meine offenherzigen Worte nicht übelgenommen, sondern war im Gegenteil in ein lautes Lachen ausgebrochen. Doch als er antwortete, war der Ernst in seine Stimme zurückgekehrt.

»Das ist eine durchaus logische Folgerung. Und unmöglich ist es nicht, daß ich nach meinem Ableben mit diesen Entitäten* zusammenkomme. Aber darum

---

* *ens:* lat. ›seiend‹; Seinshaftigkeiten, Größen.

geht es doch gar nicht. Es geht nur darum, daß das *Buch* geschrieben wird, was ich nicht mehr selbst tun kann – deshalb!

Und jetzt saß ich auf der Bank und kam mir dabei vor wie ein wundergläubiger Trottel. Würde es heute tatsächlich einen *Besucher* geben? Aber war allein diese Frage nicht schon lächerlich genug? Ich fühlte mich plötzlich wie jemand, der den gewohnten, festen Boden verlassen hatte und im Begriff war, schwankenden zu betreten. Wäre es nicht besser, dem ganzen Hokuspokus den Rücken zu kehren und nach Hause zu gehen? Eine innere Stimme wollte mich dazu überreden, aber ich brachte es nicht fertig, denn mein Versprechen an Paul hielt mich fest. Aber ich schwor es mir, lange warten auf den geheimnisvollen *Besucher* würde ich nicht.

»Dein erster Besucher wird *Demokrit** sein«, hatte Paul mir gesagt. »Du weißt, er war vor *Aristoteles*** der bedeutendste Universalgelehrte der Antike und der Begründer des Atomismus: *Demokrit* schuf das erste System atomistischer Welterklärung.«

»Dennoch, warum gerade er?« war meine verwunderte Frage gewesen.

»Weil *er* den Anfang bilden *muß*. Damit du es weißt: Die Reihenfolge deiner Besucher hat nichts mit der Chronologie ihres Erdenwallens zu tun. Aber darüber brauchst du dir nicht den Kopf zu zerbrechen.«

Ein Wind fuhr in das Laub der Linde und ließ es rascheln. Ich dachte nach: *Demokrit*, Demokritos von Abdera! Ausgerechnet dieser Philosoph sollte mein

---

* Um 460 v.Chr. (Abdera/Thrakien) – um 370 v.Chr. (ebd.).
** 384 v.Chr. (Stagira/Thrakien) – 322 v.Chr. (Chalkis auf Euböa).

erster Besucher sein. Die Skepsis hatte mich wieder. Das heißt, das Wort »Skepsis« schien mir auf einmal eine gewaltige Untertreibung zu sein. Ach Paul, dachte ich resigniert, morgen werde ich mir vorkommen wie ein hirnloser Narr und das ganze Universum schallend über mich lachen hören.

»Vielleicht die Menschen, aber nicht das Universum«, sagte da eine tiefe, kehlige Stimme neben mir.

Ich fuhr herum – und blickte in ein kantiges, von einem mächtigen Vollbart umrahmtes Gesicht. Das helle Mondlicht ließ mich darin jede Einzelheit erkennen. Es war nicht der Bart, der diesem Gesicht den Ausdruck der Einzigartigkeit verlieh, es waren die Augen! Ihre dunklen Tiefen schienen unauslotbar zu sein. Dafür verriet mir ihre Ausstrahlung das Wissen und die Kraft eines genialen Geistes. Unvorstellbar und mit dem verstandesmäßigen Denken nicht zu begreifen – fast zweieinhalb Jahrtausende waren nach seinem Ableben vergangen, jetzt sprach ich mit diesem großen Geist! Seltsam, außer dem Gesicht sah ich nichts von ihm. Unirdisch schwebte es im Licht des Mondes. Ein schwaches Leuchten ging von der übersinnlichen Erscheinung aus.

Der Zeitabgrund zwischen mir und diesem Wesen ließ mich erschauern, und Beklemmung ergriff mich. Was war alles seither geschehen? Meine Erregung steigerte sich, daß ich nur einfältige Worte fand: »Ich freue mich, Sie zu sehen.« Oh, wie dumm kam ich mir in diesem Augenblick vor!

In den Augen vor mir blitzte es amüsiert auf. »Ganz meinerseits«, antwortete *Demokrit* höflich. Er sprach Altgriechisch und ich Deutsch, dennoch verstanden wir uns.

Ich schluckte und fragte: »Stimmt es, daß ...« Ich

konnte nicht weitersprechen, meine Zunge war auf einmal wie gelähmt.

Er schien genau zu wissen, was ich ihn hatte fragen wollen, und gab bereitwillig Auskunft: »Ja, Ihr Freund hat mich hierher geschickt.« In seinen Augen lag Nichtverstehen, als er leise hinzusetzte: »Aber ich weiß nicht, *wie* er das gemacht hat. Eben noch *sprach* ich mit ihm, und jetzt bin ich hier!«

Ich unterdrückte Fragen nach dem »Verbleib« von Pauls Psyche, denn es ist unmöglich, nur mit einem Teelöffel ein ganzes Meer auszuschöpfen. Außerdem hatte ich Furcht, daß mir erneut die Stimme versagte.

Er unterbrach meine Gedanken, indem er mich aufforderte, ihm Fragen zu stellen. »...denn meine Zeit bei Ihnen ist nur kurz bemessen. Fangen Sie also an. Viel werde ich Ihnen wohl kaum nützen können, aber vielleicht genügt Ihnen mein Wissen von damals.«

Ich hatte mir die Fragen, die Paul zusammengestellt hatte, sehr eindringlich eingeprägt, ich konnte sie auswendig und ohne zu stottern vor- und rückwärts aufsagen. »...aber falle nicht mit der Tür ins Haus«, hatte er mir danach eingeschärft, »stelle zuerst Fragen, die ihn persönlich betreffen, das wird ihm guttun, denn *Demokrit* sprach schon damals sehr gerne über sich selbst und *seine* Verdienste, eine Eigenschaft übrigens, die er mit vielen seiner berühmten griechischen Zeitgenossen teilte. Erst danach richte jene Fragen an ihn, auf die es mir ganz besonders ankommt.«

Ich holte tief Atem und stellte die erste Frage: »Ihre atomistische Philosophie ist eine mechanistische Antwort auf die Seinsfrage. Sehe ich das richtig?«
Demokrit nickte heftig, und seine Augen weiteten

sich. Es war ihm deutlich anzusehen, wie sehr er diesen Augenblick genoß.

»Ja, Ihre Definition trifft genau den Kern. Neben diesem Seienden, dem Vollen, den Atomen gibt es aber auch das Nicht-Seiende, was mindestens so wichtig ist: Ich meine den unbegrenzten und unerfüllten Raum, das *Leere*! Erst letzteres ermöglicht die Bewegung der Atome und damit auch die Bewegung der Welt.« Seine Augen sahen mich an. »Verstehen Sie überhaupt, was ich eben gesagt habe?«

Die Frage ärgerte mich, kam mir überheblich vor, aber ich reagierte nicht, denn ich wollte nicht eine Sekunde der mir zur Verfügung stehenden kostbaren Zeit verschwenden. »Ihnen wird ein berühmter Satz zugesprochen.« Ich schwieg, war gespannt auf seine Reaktion. Er lächelte geschmeichelt, entgegnete dann selbstbewußt: »Ich habe viele berühmte Sätze gesagt. Welchen meinen Sie?«

Ich nickte. »Sie sagten sinngemäß: Es existieren nur die Atome und das Leere – alles andere sei Vorstellung!«

Seine Augen loderten, und seine Barthaare zitterten vor Erregung. »Und stimmt das etwa nicht? Die ganze Mannigfaltigkeit um uns herum, Formen und Farben, Körper und auch der sogenannte Geist mit all seinen Empfindungen und Denkprozessen, alles das ist zurückführbar auf das Bewegungsspiel substanzgleicher, aber wesensverschiedener Atome.«

Ich unternahm einen weiteren Vorstoß: »Weltbekannte Wissenschaftler waren und sind der Meinung, daß das Boot menschlicher Erkenntnissuche auf eine nichtmaterielle und nichtmechanistische Wirklichkeit zusteuert. Könnte diese Wirklichkeit nicht mit Gott identisch sein?« Er mußte mehr darüber wissen, dachte ich. Schließlich kam er aus einer höheren Dimension als ich.

»Haha!« lachte er grimmig. »Ihre Wissenschaftler haben seit meiner Zeit offenbar nichts dazugelernt, huldigen immer noch den alten Gottesvorstellungen.« Zynisch fügte er hinzu: »Ob Sie es glauben oder nicht – nur die Furcht vor den Naturgewalten läßt die Armseligen beten. Glauben Sie doch nicht an einen solchen Mumpitz, an eine unsterbliche Seele und an einen allwissenden Gott. Das ist doch nur Opium für das Gemüt, geboren aus der Furcht vor dem Tod. Nein, so primitiv können Sie nicht sein. Lassen Sie es sich von mir sagen: Das Weltgeschehen wird nach physikalischen Gesetzen regiert, ob Ihnen das paßt oder nicht. Da gibt es keinen Plan und keine verursachende Gottheit. Nein, Gott hat in diesem Prozeß nichts zu suchen.«

Ich starrte ihn an. In mir war widerwillige Bewunderung. Dieser Mann war ein Feuergeist. Wahrscheinlich auch einer von jenen seltenen Menschen, die sich lieber verbrennen lassen, als ihre Überzeugung zu verraten. Sollte ich ihn darauf hinweisen, daß allein für *sein* Hiersein eine mechanistische Erklärung so gut wie unmöglich war? Aber nein, er würde trotzdem an seinem Weltbild festhalten, denn er vertrat auch jetzt das, was er schon vor über zweitausend Jahren vertreten hatte. In gewisser Hinsicht stellte er also nur eine Projektion des Damals dar. Ich war gespannt auf seine Antwort auf meine nächste Frage.

»Sie sagten damals: Der gebräuchlichen Redeweise nach gibt es Farbe, Süßes und Bitteres, in Wahrheit aber nur Atome und Leeres.[1] Das heißt doch, daß die durch unsere Sinne wahrnehmbaren Eigenschaften der verschiedensten Dinge sich ausschließlich aus dem Zusammenspiel der Atome erklären lassen. Das Vorhandensein eines immateriellen Bewußtseins und dessen Evolution lehnen Sie ab. Stimmt das?«

Seine Augen sprühten Feuer. »Wie oft muß ich es Ihnen denn noch sagen?« fuhr er mich ungeduldig an. »Also meinetwegen noch einmal. Aber hören Sie jetzt gut zu: Es gibt *nur* die *Materie*, das Volle, und das *Leere*. Auch letzteres hat ein *Sein*, denn dieses allein ermöglicht jede Bewegung. Ohne *Leere* ist keine Bewegung möglich und damit auch kein Werden der Dinge. So akzeptieren Sie es doch, was Sie als *Bewußtsein* bezeichnen, ist nur eine *Vorstellung*.

Täuschte ich mich – für einen verschwindenden Augenblick schienen die Konturen seines Gesichts ineinanderzufließen. War seine Zeit bei mir schon zu Ende? Aber nein, wichtige Fragen standen doch noch offen. Ich mußte mich beeilen.

Na warte, dachte ich. Jetzt werde ich deine Arroganz etwas schleifen. Ich zauberte ein herzliches Lächeln auf mein Gesicht und sagte mit zuckersüßer Stimme: »Ihre Ideen konnten sich damals anscheinend nicht durchsetzen. Es gab Anfeindungen von seiten *Platons*.[*] Nach ihm polemisierte *Aristoteles* gegen die Atomisten mit Hilfe eines gleichnishaften Bildes, das deren Vorstellungen ad absurdum führen sollte. Sicher kennen Sie es.«

Es war deutlich zu sehen, seine Backenknochen mahlten. Kein Zweifel, ich hatte seinen Stolz empfindlich getroffen. Dieser war anscheinend auch zu seinen Lebzeiten sehr schnell verletzt gewesen. Ein von ihm überlieferter Ausspruch bezeugt diese Vermutung. In Athen, wohin er auf einer seiner vielen Reisen gelangte, habe ihn niemand erkannt, wie er selbst berichtet: »Niemand hat Kenntnis von mir.«[2]

Demokrit schnaufte wütend auf. »Ah, Sie meinen sei-

---

[*] 427 v.Chr. (Athen) – 347 v.Chr. (ebd.).

ne blödsinnige Bemerkung über den Schiffsbau? Unwissenschaftlicher geht es doch nicht mehr.«

Ich mußte lächeln. »Also da bin ich nicht Ihrer Meinung. *Aristoteles* sagte sinngemäß: ... Wenn die Kunst des Schiffsbaus im *Holze* läge, dann würden uns die Schiffe durch die *Natur* gegeben. Damit wollte er den Beweis für die verquere Denkweise der Atomisten liefern. Das weite Spektrum menschlicher Intelligenz und Intuition sei eben nicht, wie von ihnen behauptet, von irgendwelchen mechanistischen Phänomenen herleitbar. Um zu dem Beispiel zurückzukehren: Schiffe werden nicht durch das Walten der Natur erzeugt, nicht durch die Determiniertheit von mechanistischen Wirkungsprinzipien, sondern *allein* durch Idee, Planung, Konstruktion und handwerkliches Können.«

Er lachte verächtlich. »*Aristoteles* hat meine Lehre nie verstanden. Hätte er das, dann wäre er nie und nimmer auf dieses dumme Beispiel gekommen.« In seinen dunklen Augen glühte es auf. »Wie oft habe ich es damals gesagt: ›Auch die Gedanken sind Erzeugnisse einer in ständiger Veränderung begriffenen harmonischen, atomaren Struktur.‹« Seine Stimme erhob sich: »Diese Veränderung erklärt auch die Arbeit der Schiffsbauer in dem erwähnten Beispiel.« Er machte eine kurze, aber dafür um so bedeutsamere Pause. Als er weitersprach, klang seine Stimme bitter. »Für die Naturwissenschaft meiner Zeit bedeuteten die vernichtenden Kritiken *Platons* und *Aristoteles'* ein schweres Unglück. Sie wurde dadurch weit zurückgeworfen. Leider wurde auch ein von mir als überzeugend angesehener Beweis meiner Theorie von *Aristoteles* nicht anerkannt.«

»Um was für einen ›Beweis‹ handelte es sich denn?« ich war gespannt.

Seltsam, *Demokrit* zögerte mit der Antwort. Es schien mir fast so, als ob er sie sich abringen müßte. Endlich sagte er: »Um die Zusammenschlüsse der Individuen zu Polisgemeinschaften.* Diese wiederum bildeten meiner Meinung nach die Grundlage für einen gut funktionierenden sozialen und staatlichen Organismus. Für mich war es das unmittelbare Modell für meine atomistische Theorie vom Aufbau der Welt aus einer Vielzahl materieller Partikel!« Er schwieg.

Seine Stimme schien etwas zu verraten, die letzten drei Sätze hatte er im Gegensatz zu den vorherigen nur sehr leise gesprochen. War Unsicherheit im Spiel? Vielleicht hervorgerufen durch eine damalige gewollte Unterlassung? Hatte er bestimmte Erkenntnisse für sich behalten, weil ihre Publizierung ihn gefährdet hätte? Oder wies sein *überzeugender Beweis* am Ende einen Fehler auf, der ihm erst in seiner jetzigen »Existenz« bewußt geworden war? Merkwürdig, ich fand an meinem Gespräch mit dem alten Griechen überhaupt nichts Übersinnliches mehr.

»Die Zusammenschlüsse erfolgten immer nur unter dem Gesichtspunkt des Nutzens«, wandte ich etwas spöttisch ein.

Seine eben noch augenscheinliche Unsicherheit schien ihn wieder verlassen zu haben, denn seine Augen blitzten mich zornig und in alter Stärke an. »Papperlapapp! Was heißt *nur?* Sie wollen mich anscheinend nicht verstehen. Wissen Sie denn nicht, was ich damals in alle Welt hinausgerufen habe?: *Ist dieser** gesund, dann ist alles gesund.*«[3]

---

* *polis*: ›Burg‹, ›Stadt‹, ›Bürgerschaft‹, ›Stadtstaat‹; die Polis war immer eine religiöse wie eine politische Gemeinschaft.
** Nutzen.

»Und was geschieht, wenn der wirtschaftliche Nutzen für die Menschen einmal ausbleibt?« konnte ich mich nicht enthalten zu fragen.

Er schüttelte den Kopf. »Warum sollte er das? Es gibt doch genügend Rohstoffe und zu ihrer Verarbeitung viele fleißige Hände.« Täuschte ich mich oder schwang in seinen folgenden Worten erneute Unsicherheit: »Unterschätzen Sie mir nicht den menschlichen Egoismus! Dieser ist *immer* die Triebfeder für den zu schaffenden Einzelnutzen und damit auch für den Nutzen der Allgemeinheit.«

Ich empfand diese Begegnung auf einmal als sinnlos. Alles das, was ich von *Demokrit* gehört hatte, war doch überall nachzulesen. Eines stand jedenfalls fest: Für ihn gab es mit Gewißheit keine Evolution des Bewußtseins. Eher würde sich die Monotonie einer tibetanischen Gebetsmühle ändern als die Ansichten dieses »Wesens«. Ich konnte mir weitere Fragen also sparen. Paul war ein Irrtum unterlaufen, als er *Demokrit* auf seine Liste gesetzt hatte. Die Ausführungen dieses Philosophen waren in keinster Weise geeignet, verborgene Bewußtseinsschätze genannt zu werden.

Kaum hatte ich diesen Gedanken zu Ende gebracht, als das Gespräch eine entgegengesetzte Wendung nahm. Eine unglaubliche Veränderung in *Demokrits* Gesicht signalisierte diese: Die eben noch offenbarte Stärke wich einem Ausdruck tiefer Qual. Mein übersinnlicher Besucher erschien mir auf einmal wie ein Mensch, dem man den stützenden Stock wegnimmt und der von einem Augenblick zum anderen keinen Halt mehr findet. Der Sturz scheint unausweichlich. Was war passiert? Es mußte einen Grund für diesen Gefühlswechsel geben, sicherlich einen sehr schwerwiegenden! Ich schöpfte neue Hoffnung. Trat jetzt das zutage, worauf Paul bei meinen *Besuchern* hoffte: altes, schon lange verschüttetes oder aus irgendwelchen Gründen verschwiegenes Wissen? Geeignet dazu, viele Dinge heute in einem ganz anderen Licht zu sehen, daraus vielleicht sogar zu lernen?

Demokrit seufzte tief. Dieser Anblick: eben noch ein Titan, jetzt ein Gebrochener! Er stieß erneut einen Seufzer aus und begann dann zu sprechen. Zuerst stockend, so, als ob er sich mit Gewalt dazu durchringen müßte, eine für ihn bittere Wahrheit vor mir auszubreiten. Doch schon nach kurzer Zeit sprudelten seine Worte; jedes davon schien ihm eine Last von der Seele zu nehmen.

»Ich habe vor meinem Tod eine wichtige Erkenntnis verschwiegen«, sagte er bestimmt. »Ja, ich hätte unbedingt darauf hinweisen müssen.«

»Auf was denn?« fragte ich rasch. Ich ahnte es, was jetzt kam, stand ganz sicher nirgends geschrieben.

»Auf die Möglichkeit eines lang andauernden Mangels, verursacht etwa durch Kriege, Überschwemmungen, mehrjährige Mißernten und Heuschreckenplagen. Die Einzelegoismen addieren sich *dann* eben *nicht* mehr zu einem *allgemeinen* Nutzen. Das Volk, bisher im Wohlstand schwelgend, muß rasch umdenken, sich dieser neuen Situation opferbereit anpassen. Aber das vermag es so gut wie nie. Dafür sorgen schon gewisse Köche!« Seine Stimme schwoll an, wurde wütend. »Diese verstehen es hervorragend, den Menschen ein gut gewürztes Süpplein aus den Zutaten *große Versprechungen* einerseits sowie *Angstmache* andererseits zu kochen. Es zeigt sich leider immer wieder: Kaum eine Demokratie hält schlechtes Wetter aus! *Platon* hat übrigens in seinem Staatsentwurf

56

›Politeia‹* darauf hingewiesen.« Er seufzte erneut. »Ja, ich kann es nicht leugnen, hier weist mein Paradebeispiel vom Zusammenschluß der Individuen zu Polisgemeinschaften einen schweren Fehler auf.« Seine Stimme wurde plötzlich so leise, daß ich mich anstrengen mußte, sie zu vernehmen. »Es ist wirklich unverzeihlich, *diese* Möglichkeit habe ich damals absichtlich nicht zum Ausdruck gebracht, in meinen Abhandlungen daher keine Gegenmaßnahmen empfohlen.« Er schwieg. Es war ihm deutlich anzusehen, wie schwer ihm sein Bekenntnis fiel. Als er weitersprach, glichen seine Worte zähflüssigen Tropfen. »Wollen Sie wissen, *warum* ich geschwiegen habe? Ich will es Ihnen sagen: aus reiner Angst, vor Gericht gestellt zu werden.« Seine Augen veränderten sich, verloren den gedrückten Ausdruck, verschossen plötzlich Blitze. »Ich hätte es unbedingt in alle Welt hinausschreien müssen. Niemand kann es doch ernsthaft bestreiten: Das Bewußtsein der Masse ist zu allen Zeiten immer nur auf das ›Habenwollen‹ ausgerichtet. Edlere Gefühle haben da keinen Platz. Und immer wieder wird es Machtbesessene geben, die diese egoistische Lebenshaltung für ihre eigenen Zwecke kräftig propagieren. Denn nichts vergrößert die Chancen auf einen Machtwechsel mehr als unzufriedene und verunsicherte Bürger. Das war schon lange vor meiner Zeit so, und das wird so bleiben, solange es Menschen gibt. Wissen Sie es denn nicht? Meine Zeit hatte viele große Persönlichkeiten hervorgebracht. Gewissen Wortführern der Masse waren diese ein Dorn im Auge, denn sie sahen ihre lediglich von Demagogie getragenen Einflüsse schwinden. Sie ärgerten sich über die Mahnungen dieser Eli-

---

* *politeia:* grch. ›Staat‹.

te und sannen auf Abhilfe. Die richtige Medizin war bald gefunden. Man mußte der Masse ein Schauspiel bieten! Am besten in Gestalt eines Scherbengerichts, also eines athenischen Volksgerichts. Anklagepunkte? Zur Not tat es doch auch ein konstruierter. Hauptsache, das Volk konnte sich empören. Hinzu kam, daß es durch die lange Zeit des Wohllebens satt, träge und gelangweilt war und schier nach prickelnder Abwechslung lechzte. Was taugte besser zur Unterhaltung als ein Scherbengericht! Schuhmacher, Ruderer, Weber und viele andere einfache Bürger setzten sich bei Wein, Gebratenem und Gesottenem fröhlich zusammen und dankten Zeus oder irgendeinem anderen ihrer zahlreichen Götter für die herrliche Abwechslung. War es nicht wunderbar? Endlich konnte man mal wieder zeigen, wer der wirkliche Souverän war! War man doch dazu sehr überzeugt, so wissend zu sein, ein gerechtes Urteil fällen zu können. Sie kratzten auf Tonscherben die Namen derer, die ihrer Meinung nach bestraft gehörten, und warteten danach gespannt das Ergebnis der Auszählung ab. Nach dem Motto: Eins, zwei, drei, wer hat den Ball!«

In seinen Augen flammte es auf. »Um nur große Männer zu nennen, die auf dem Altar dieser Gerechtigkeit ›geopfert‹, denen an den Haaren herbeigezogene Strafen wie zehnjährige Verbannung auferlegt wurden: Aristides* und Perikles** traf dieses schändliche Los. Miltiades*** wurde sogar zum Tode verurteilt. Die Lastenträger, Schuster und Ruderer hatten es geschafft: Den Spiegel, in den der Plebs mit zunehmen-

---

* Athen. Staatsmann und Feldherr um 530 v.Chr. – um 467 v.Chr.
** Athen. Politiker und Staatsmann um 500 v.Chr. – 429 v.Chr.
*** Athen. Feldherr und Staatsmann vor 516 v.Chr. – 489 v.Chr.

der Wut hineingeblickt und sich beim Anblick dieser Männer ständig mit der eigenen Unzulänglichkeit konfrontiert gesehen hatte, hatten sie endlich in viele Scherben zerschlagen. Schauspiel und Erfolg mußten gebührend gefeiert werden! Man tat es – und ging anschließend hoch zufrieden mit sich, mit dickem Bauch und voll von dem Gefühl, ein verantwortungsbewußter Richter gewesen zu sein, nach Hause.«

Demokrit hielt mit grimmigem Gesicht inne. Als er weitersprach, bebte seine Stimme vor Erregung. »So war es damals, und in Ihrer Zeit wird es sicher nicht anders zugehen, denn der Mensch ist und bleibt, was er von jeher gewesen ist, eine Bestie!« Er schüttelte den Kopf und sah mich mitleidig an. »Und Sie reden von einer Evolution des Bewußtseins? So ein Schwachsinn, für mich ist das nur eine einfältige Illusion!« Er schwieg. In seinen Augen sprühte das Feuer des Zorns. Ich wollte schnell eine neue Frage an ihn stellen, aber er kam mir zuvor.

»*Sokrates** ist Ihnen doch sicher vertraut?«

Ich sah ihn ärgerlich an. »Selbstverständlich ist er das. Ich bin doch kein Wilder aus dem Busch. Sokrates war schließlich eine der Hauptgestalten der griechischen Philosophie.«

Demokrit nickte gnädig. »Richtig, das war er. Und doch verurteilte ihn die ›Masse‹ mit nur drei Stimmen Mehrheit zum Tod, weil er die Jugend angeblich zur Gottlosigkeit verführte. Das Tragische dabei war: Dem Bewußtsein dieser Masse kam es überhaupt nicht in den Sinn, daß die Urteilsbegründung in Wirklichkeit nur vorgeschoben war, denn der eigentliche Grund war nur wenigen bekannt. *Sokrates'* Lehre führte das

* 470 v.Chr. (Athen) – 399 v.Chr. (ebd.).

Sittliche nicht auf die Ordnungen *Sitte, Staat, Religion* zurück. *Seine* Philosophie vertrat vehement die *Mündigkeit* des Individuums. Der Staat sah dadurch die Grundlage seiner Ordnung bedroht und nahm die Gelegenheit wahr, antwortete mit dem Todesurteil. Nein, ich habe nie an den Geist der Masse oder an eine Evolution ihres Bewußtseins geglaubt, eher an ihre Bewußtlosigkeit.«

Pauls gründlicher »Nachhilfeunterricht« in griechischer Geschichte kam mir sehr zustatten. Lächelnd entgegnete ich: »Zu Ihren Lebzeiten haben Sie aber mit sehr viel Wertschätzung über die Demokratie gesprochen. Ein bezeichnender, überlieferter Ausspruch von Ihnen lautet: Die Armut in einer Demokratie ist dem gepriesenen Glück bei den Fürsten um soviel mehr vorzuziehen wie Freiheit der Knechtschaft.⁴ Ich sah ihn scharf an. »Sicher können Sie mir den Widerspruch zwischen Ihrer damaligen Aussage und Ihrer jetzigen erklären?«

Seine Antwort war sehr aufschlußreich. »Ich stehe immer noch zu meiner damaligen Aussage. Die Demokratie *ist* für mich die beste aller möglichen Herrschaftsformen. Ihr Nachteil, sie fault leider sehr schnell, gleicht auch einem Bäumchen, dessen Wildwuchs ab und zu beschnitten gehört.« Er lächelte höhnisch. »Warum diese Regierungsform besonders in Krisenzeiten nur schlecht funktioniert, ist sehr einfach zu beantworten. Ich frage Sie: Wer hat denn schon den Mut, die faulen Stellen der üppig gewachsenen Korruption und des weit überzogenen Anspruchsdenkens energisch herauszuschneiden? Glauben Sie mir, von denjenigen, die etwas bewirken könnten, hat ihn kaum einer. Du liebe Güte, wer kürzt sich schon mit seiner Unterschrift die eigene Ration?

Immer nur die anderen, aber selbst ...« Er brach ab und sah mich spöttisch an. »Ist Ihre Zeit etwa edelmütiger?«

Ich überging die Frage. »Vom Bewußtsein der Menschen scheinen Sie wohl überhaupt nichts zu halten?« fragte ich etwas matt.

Er nickte. »Absolut nichts«, sagte er lebhaft. »Sie sollten es eigentlich wissen: Ihr sogenanntes Bewußtsein dreht und wendet sich nach dem Wind.« Er hielt inne und lächelte ironisch.

»Meinetwegen können Sie anstatt Wind auch Zeitgeist sagen. Dieser türmt wie kein anderer Geist Berge der Heuchelei und Arroganz auf – und schüttet viele Goldstücke in bestimmte ausgestreckte Hände. Und was passiert, wenn alle wirtschaftlichen und staatlichen Maßnahmen nicht mehr helfen, Not nach den Menschen greift? Ich will es Ihnen sagen: Wehe dem, der dann der Masse weitere Opfer abverlangt. Sie wird ihn unweigerlich zum Teufel jagen – und danach rasch dem nächstbesten Demagogen folgen.« Er lachte bitter auf. »Wissen es die Menschen Ihrer Zeit denn immer noch nicht? Der wahre Kern menschlichen Bewußtseins ist nichts anderes als mehr oder weniger gutverpackte Brutalität. Ob Sie es gerne hören oder nicht, die Bestie Mensch bedeckt sich zur Tarnung mit einer dünnen Tünche der Wohlanständigkeit. Diese erfüllt ihren Zweck in Zeiten des Überflusses. Aber wehe, wenn sich Not ausbreitet, machtgierige Politiker oder mächtige Führer größerer Gruppierungen auf den Plan treten und die Menschen zur Stützung der Macht ihrer Organisationen aber nicht zuletzt der Festigung ihrer eigenen Macht gegeneinander aufhetzen: dann blättert die Tünche ab. Ekligen Schlammschlachten folgt oft nacktes Faustrecht. Ah, können Sie mir irgendein Tier nennen, das es an Brutalität und abgrundtiefer Gemeinheit mit dem Menschen aufnehmen kann? Ich wette mit Ihnen, Sie können es nicht. Tiere folgen nur ihren Instinkten, sind von Natur aus *nicht* grausam. Denken Sie nur an den Wahnsinn des dreißigjährigen Peloponnesischen Krieges*, der großen Selbstzerfleischung Griechenlands.« *Demokrit* lachte bitter. »Wer unter diesen Umständen noch an eine positive Evolution des Bewußtseins glaubt, der ist realitätsblind. Sie können es unmöglich anzweifeln, die Menschen sind während einer Zeitspanne von über zweitausend Jahren eher schlechter als besser geworden.« In seinen Augen blitzte es höhnisch auf. »Um ein Beispiel zu nennen: Wer von Rücksichtnahme auf die Nachkommen spricht, von der Verpflichtung, ihnen eine *lebenswerte* Welt zu hinterlassen, der wird mit Hohn und Spott überschüttet. Sollen die doch selbst sehen, wie sie zurechtkommen. Schließlich: leben heißt kämpfen, sich das Dasein verdienen! Auch die Nachkommen müssen das. Wo kämen wir denn sonst hin? Außerdem, für alle Menschen gilt das *Grundrecht*, sich soviel Gutes wie nur möglich gönnen zu dürfen. Ein Recht, das die *Masse* heiliggesprochen hat, auch wenn der ganze Planet im Dreck verkommt und dabei vor die Hunde geht.« Er brach ab. Seine Lippen preßten sich zu einem schmalen Strich zusammen. Dann setzte er mit dumpfer Stimme hinzu: »Es führt kein Weg daran vorbei: Das menschliche Bewußtsein kennt nur ein Ziel: die Gier nach Gold und schnellem Genuß. Andere Werte haben allenfalls einen Platz auf dem Notsitz. Nein, hier an eine Evolution zu glauben gleicht Phantasterei.« Er stieß

* 431 v.Chr. – 404 v.Chr., Krieg zwischen Athen und dem von Sparta geführten Peleponnesischen Bund.

einen tiefen Seufzer aus. Einer kurzen Pause folgten die Worte: »Diese Überzeugung hat sich zu meinen Lebzeiten sogar noch mehr und mehr erhärtet. Ich war damals sehr stolz darauf, sie auch anderen Menschen vermittelt zu haben.«

»Und niemand hat Ihnen ernsthaft widersprochen, wirklich niemand?« fragte ich ihn.

Er warf mir einen mißmutigen Blick zu. Aha, dachte ich, nicht bei allen ist es dir also gelungen. Meine Neugier war geweckt.

»Wer hat Ihnen denn am kräftigsten Paroli geboten?« Auf seiner Stirn erschien eine dicke Falte. »Ausgerechnet ein Schafhirte erfrechte sich, mich belehren zu wollen.« Seine Stimme schwoll an, wurde zornig. »Unglaublich, was dieser Mensch mir vorfaselte. Er behauptete doch Stein und Bein, die Reinkarnation eines atlantischen Königs zu sein. Total verrückt, was dieser Hirte mir noch über seine verschiedenen anderen Reinkarnationen berichtete und welche angeblichen Beweise er für seine Behauptungen vorbringen könnte. Und daß es in Wirklichkeit das *Nichts* nicht geben könne, denn wenn alles Bewußtsein hätte, Erde, Pflanzen, Tiere und wir Menschen, dann bliebe für das *Nichts* nirgendwo ein Platz, wo es sich verstecken könnte. Und zum Abschluß behauptete dieser offensichtlich geistesgestörte Mann sogar, nur die Dummheit des Verstandes sei imstande, von bewußtseinsfreien Räumen, also vom *Nichts* zu reden; allein die Intuition kenne, wenn man sie nur gewähren ließe, die Wahrheit.« *Demokrit* schwieg, schüttelte fassungslos den Kopf.

»Er sprach von Beweisen. Wenn er sie Ihnen schon angeboten hat, warum haben Sie sie sich dann nicht vorlegen lassen?«

Die Falte auf seiner Stirn wurde noch dicker. »Warum? Ich lasse mich doch nicht mit Verrückten ein.« Als er weitersprach, funkelte heißer Zorn in seinen Augen. »Hören wir doch auf damit, uns mit den Auslassungen dieses Wahnsinnigen zu beschäftigen. Jetzt frage *ich* Sie: Ist *Ihre* Zeit denn besser als die unsrige? Gibt es in *Ihrer* Welt weniger Kriege und dafür mehr Liebe? Wenn Sie mir hier eine positive Antwort geben können, dann müßte ich meine Überzeugung noch einmal überdenken.« Einem spöttischen Lachen folgten noch die Worte: »Eine solche Antwort werden Sie mir aber kaum geben können.«

Hatte er nicht recht? dachte ich bedrückt. Wird es einem nicht täglich durch die sich in den negativen Nachrichten geradezu mit Wonne badenden Medien nahegebracht – der Kampf um die Güter unserer ach so herrlichen und gottesfürchtigen Welt vertreibt fast immer jedes Mitgefühl für andere. Der Golfkrieg ..., Jugoslawien ..., Somalia ..., die ehemalige Sowjetunion ..., grenzenloses Leid und bitterste Not sind Geschwister. Aber was schert das schon die Mächtigen dieser Welt? Ihr maßlos aufgeblähtes Ego hat keinen Raum für Elend und Entsetzen, feiert ungerührt unmenschliche Triumphe.

Da fiel mir eine Textstelle ein, die mir Paul aus *Ken Wilbers* ›Halbzeit der Evolution‹ begeistert vorgelesen hatte:

»Es scheint, als sei das durch das Ego repräsentierte großartige Wachstum des Bewußtseins auch so etwas wie eine Explosion gewesen. Außerdem hat man das Gefühl, als sei die Menschheit wie ein Kind, dem man sein erstes Fahrrad schenkt – es kann sich jetzt zwar schneller bewegen, fällt jedoch ständig links und rechts in den Straßengraben. Das Ego brachte so vie-

le Veränderungen, so viele Potentiale und so viel Unglück mit sich, daß die von der Explosion hochgewirbelten Trümmer noch immer auf uns herabregnen.«

Die Bedrückung fiel von mir ab, machte neuem Optimismus Platz. Eines Tages würde dieses Kind eben *nicht* mehr fallen und sich blutige Schrammen holen. Es würde lernen, immer wieder lernen! So lange, bis es perfekt fahren konnte. Die Wahrheit besaß auch hier wie eine Münze zwei Seiten. *Demokrit* hatte aber nur von einer gesprochen. Was hatte Paul mir einmal gesagt? »Wenn es keine Evolution des Bewußtseins gibt, nichts, worauf es zielgerichtet hinstrebt, dann hat das Leben im Universum keinen Sinn, ist sogar überflüssig, und daran vermag ich nicht zu glauben.«

Ein plötzlicher Windstoß fuhr durch das Gezweig der Linde. Ein herunterfallendes Zweiglein streifte mein Gesicht. Ich schloß kurz die Augen. Als ich sie wieder öffnete, war ich allein. *Demokrit* war in seine Dimension zurückgekehrt.

Zu Hause angekommen, meldeten sich die ersten Zweifel. Die Unwirklichkeit meiner Begegnung machte mir derart zu schaffen, daß ich zu glauben begann, ein Traum hätte mich genarrt. Gab es nicht eine einfache Erklärung? Ich war auf der Bank eingeschlafen. Meine hochgradige Erwartungshaltung, genährt von einer nicht unbeträchtlichen Phantasie, hatte dafür gesorgt, daß mir eines jener seltenen Traumerlebnisse beschert wurde, die auch als Wachträume bezeichnet werden. Man glaubt, wach zu sein, und ist es nicht, hält einen Traum nach dem »Aufwachen« für erlebte Wirklichkeit.

Woran es lag, konnte ich nicht sagen, jedenfalls verflüchtigten sich am nächsten Morgen meine Zweifel an der Realität der vergangenen Nacht wie Nebel unter heftigen Windstößen. Es war kaum zu glauben, auf einmal war ich überzeugt von der Wirklichkeit des übersinnlichen Geschehens. Keine Frage: *Demokrits* Schau der Welt bildete die Antithese zu Pauls Überzeugung. Seine Aussagen waren eindeutig: *Demokrit* war für die Vorstellung von einer Evolution des Bewußtseins nicht zu haben, hielt sie für eine aus menschlicher Hybris geborene Illusion. Sein erkenntnistheoretischer Standort bestimmte sich allein durch einen konsequenten Materialismus. *Nur* das Eindringen materieller, atomarer Substanzen, von den Dingen entströmender Teilchen, in die menschlichen Sinnesorgane schaffe Wahrnehmung und damit auch Bewußtsein.

Besorgnis beschlich mich. Ich verstand Paul nicht. Was für einen Nutzen hatte er sich von den Auslassungen meines ersten Besuchers versprochen? Sie waren doch ganz sicher nicht dazu geeignet, dem menschlichen Bewußtsein auch nur einen winzigen Schub in Richtung Evolution zu geben. Wozu also *dieser* Kontakt? Ich fand keine Antwort. Würden die folgenden Begegnungen ergiebiger sein, mir genügend Material für ein Buch liefern? Für eines, das nach Paul in der Lage sein sollte, ebenfalls mitzuhelfen, das Bewußtsein der Menschen auf eine höhere Stufe zu heben? Aber wie sollte das möglich sein? Zu unwahrscheinlich erschien mir das nach meinem *ersten* nächtlichen Erlebnis. Andererseits, was hatte Paul mir gesagt: »Erst wenn *alle* Begegnungen stattgefunden haben, alle Edelsteine gesammelt sind, wirst du ein Bild aus ihnen gestalten können, wirst du das Buch schreiben können.« Es war also nicht auszuschließen, daß ich *Demokrits* Besuch später in einem ganz anderen Licht sehen würde. Mir blieb also nichts anderes übrig, als mich weiterhin Pauls Führung zu überlassen. Eine Überlegung, die mein sonst so kritischer Verstand seltsamerweise widerspruchslos akzeptierte. Was hätte er nach der erlebten Realität der vergangenen Nacht auch anderes tun sollen? Trotzdem, das Unbehagen in mir blieb.

Da liegt der Hund begraben, mein Freund.
Elektrizität, Radioaktivität, Atomenergie –
der wahre Initiierte weiß: das alles sind nur
Metaphern, oberflächliche Hüllen, kon-
ventionelle Lügen, bestenfalls klägliche
Surrogate einer viel älteren und vergesse-
nen Kraft, die der Initiierte sucht und die
er eines Tages auch finden wird.

Umberto Eco,
›Das Foucaultsche Pendel‹

3

Mein zweiter Besucher:
Ich sprach mit Cheops

Pyramiden als optische Signale. Nur in der Begren-
zung liegt der Irrtum. Der Urgrund. Alles ist Eins!
Mein Traumerlebnis.

Die Nacht war sternenklar, und der Mond glänzte so
hell wie gestern. Während ich meine Schritte zum
Treffpunkt lenkte, dachte ich intensiv über die vor mir
liegende Begegnung mit dem Pharao nach. Was würde sie mir bringen? Nur das, was aus den zahlreichen
Keilschrifttexten ohnehin zu erfahren war, oder mehr –
vielleicht sogar viel mehr? Kaum anzunehmen, daß die
Archäologie *alle* Geheimnisse seiner Epoche bereits
entschleiert hatte. Möglicherweise nur einen Zipfel
davon? Ich beschleunigte meine Schritte, denn ich
konnte die Zusammenkunft mit der geheimnisvollen
Wesenheit kaum erwarten. Wahrscheinlich deshalb,
weil ich mir von dieser Begegnung mehr erhoffte als
von der mit *Demokrit*. Endlich hatte ich die Bank unter
der Linde erreicht, ich nahm Platz.
Ich saß kaum, als ich mich schon für den Bruchteil
einer Sekunde in gleißendes Licht eingetaucht sah,
neben mir ein Räuspern ertönte. Mein Besucher war
da!
Ich wendete mich zur Seite – und erschaute ein klas-
sisch ebenmäßiges Gesicht. Majestätische Würde ging
von ihm aus. Auf der Stirn des Pharao schimmerten
goldfarbig die Götterembleme Geier und Uräusschlange. Wie schon gestern sah ich auch heute nur ein
schwach leuchtendes Gesicht, sonst nichts.

Cheops! Ägyptischer König * der 4. Dynastie! Der Zeit-
abgrund war hier um vieles größer als bei *Demokrit*.
Ein Gefühl besonderer Ehrfurcht stieg in mir auf. Dies-
mal empfand ich aber kein Gefühl der Beklemmung.
Ich wußte gleich, wir würden zwar in verschiedenen
Sprachen miteinander sprechen, uns aber dennoch
verstehen. Sicherlich wird das auf telepathischer
Grundlage geschehen: so mein Glaube.

Ich sah *Cheops* lächeln und wollte zu einer Begrüßung
ansetzen. Doch er kam mir zuvor.

»Wir wollen uns jetzt nicht mit Nebensächlichkeiten
aufhalten. Stellen Sie Ihre Fragen, damit die Zeit aus-
reicht.« Seine Stimme klang bestimmt und volltönend,
es war die Stimme eines Herrschers.

»Es geht um die Pyramiden«, begann ich. »In Ihrer
Zeit verehrte man diese künstlichen Berge und
bezeichnete sie als die ›Throne der Götter‹.«

Cheops nickte. »Richtig, die Menschen glaubten daran und näherten sich ihnen voller Ehrfurcht.«

Mir war seine Antwort, oder besser gesagt, *wie* er sie
gab, rätselhaft. So, als ob sich hinter den Worten ein
Geheimnis verbergen würde. Es lag an der Betonung
des Wortes *glaubten*. Doch ich ging nicht darauf ein.

»Mich beschäftigt eine ganz bestimmte Frage. Warum
ausgerechnet *Pyramiden* als Grabstätten? Warum
gerade *diese* geometrische Form? Es gibt doch genügend Formen von Grabmälern, die der Forderung,
Abbilder von Bergen zu sein, entsprechen. Was für
einen Grund hatten Sie, diese Form zu wählen? Denn
einen Grund muß es doch gegeben haben. Sicher kennen Sie ihn, denn Sie haben die Große Pyramide
gebaut.« Ich sah *Cheops* erwartungsvoll an. Was wür-

* 2551 v.Chr. – 2528 v.Chr.; gilt als Gründer mehrerer Tempel.

de er mir antworten? Seltsam, dachte ich mir. Wie schnell man sich doch an Manifestationen selbst der dritten Art gewöhnen kann, schien es mir doch fast so, als spräche ich hier mit meinesgleichen und nicht mit dem Geist eines Pharaos.

Er schüttelte den Kopf, dann sagte er langsam: »Sie irren sich – *ich* war *nicht* ihr Erbauer. Das waren Menschen, die schon vor der Sintflut gelebt haben! Sie besaßen noch das *wahre* Wissen.«

Ich starrte ihn verblüfft an.

»Das wahre Wissen? Was wollen Sie damit sagen?«

Er lächelte amüsiert. Doch nur kurz, dann blickten seine Augen wieder ernst. »So erzählen es jedenfalls unsere Mythen. Danach sind diese Grabmäler in Wahrheit *Symbole* der *Unsterblichkeit,* ihre Geometrie optische Signale einer längst versunkenen, hohen Bewußtseinsstufe an die Nachwelt. Leider haben wir die nur sehr unvollständig überlieferten und erhaltenen Chiffren nicht völlig entschlüsseln können.«

Seine Worte faszinierten mich. Doch ich wollte mehr wissen. Vor meiner nächsten Frage holte ich tief Atem. »Sie sprachen von Mythen, können Sie sich noch erinnern?« Ich fieberte seiner Antwort entgegen. Paul wäre an meiner Stelle jetzt sicher ebenfalls sehr aufgeregt gewesen.

Cheops nickte unmerklich. Ein leichtes, wohl aus der Erinnerung an vergangene Kindertage geborenes Lächeln huschte über sein Gesicht. »Ich war als Kind sehr neugierig und quälte meine Umgebung immerzu mit Fragen. Nur *Amenemhet,* ranghöchster Priester des Reiches und zugleich mein Erzieher, brachte die notwendige Geduld mit mir auf. Ich hörte ihm sehr gerne zu, denn er beherrschte die Kunst fesselnder Erzählung meisterhaft. Ich erfuhr viel aus den Mythen, diesen Überlieferungen, diesen Erzählungen aus der Vorzeit meines Volkes, aus einer schon zu meiner Zeit längst historischen Zeit. In ihnen ist die Rede von der Möglichkeit nicht nur der seelischen, sondern auch der körperlichen Unsterblichkeit. Danach können ab einer bestimmten, sehr hohen Bewußtseinsstufe die zur Regeneration des Körpers erforderlichen Kräfte freigesetzt werden. Die Pyramidenspitze versinnbildliche diese höchste Stufe und mit ihr den sich über Äonen* erstreckenden Prozeß der Bewußtseinsverdichtung. Die *Grundfläche* der Pyramide stelle gewissermaßen das noch im *zerstreuten* Zustand befindliche Anfangsbewußtsein dar, ab dem seine Verdichtung stufenweise von Leben zu Leben zunehme. Die *Spitze* der Pyramide dagegen verdeutliche die *höchstmögliche* Verdichtung und mit ihr die Konzentration aller Bewußtseinskräfte in einem winzigen Punkt. Damit sei die Endstufe einer langen Reise durch unzählige Inkarnationen erreicht, in einer gewaltigen, geistigen Eruption folge der Wechsel zum Bewußtsein der Götter und damit zur Unsterblichkeit. Aber nicht nur die Lebenden, auch die Toten sollten darauf hoffen dürfen, eines fernen Tages das lockende Ziel zu erreichen. Bis zu diesem Zeitpunkt galt es für sie zu überdauern. Der durch die Mumifizierung vorbereitete Körper mußte geschützt werden. Deshalb türmte man einen Berg aus Millionen Kubikmetern Kalkstein über den Sarkophag auf. Die Pyramide wurde ab diesem Zeitpunkt zum *Thron der Götter* und zur – Festung.«

In seinen Augen zeigte sich ein Ausdruck der Trauer.

»Ich sagte es schon: Das Wissen von diesen Dingen ist leider verlorengegangen. Unsere Mythen geben nur

---

* Grch. ›Zeitraum‹, ›Weltalter‹, ›Ewigkeit‹.

noch bruchstückhaft Auskunft. Nichts mehr in ihnen sagt, *was* das für ein Weg ist, den man zu gehen hat, um die *Pyramidenspitze* und damit den Übergang vom Normalbewußtsein zum göttlichen Bewußtsein zu erlangen. Nur die Begleitumstände, die Rituale, blieben erhalten. Sie sollten dafür sorgen, daß dem Verstorbenen alle jene Dinge mitgegeben wurden, die sein weiteres Dasein zu sichern hatten: den Bedarf des täglichen Lebens, das Haus, die Nahrung, die Dienerschaft ... Nicht zu vergessen das Ritual zur Erhaltung des Körpers, die Mumifizierung.« In seiner Stimme schwang Resignation, als er hinzufügte: »Lediglich Nachäfferei von Praktiken, deren wahres Wesen schon zu meinen Lebzeiten längst unter dem Schutt der vergangenen Jahrtausende begraben lag.«

»Stand denn nichts über die geistige Beschaffenheit der Auserwählten in den Mythen?« fragte ich rasch. »Sicher sollten sie ethisch sehr hoch angesiedelt sein?«

Seine Augen weiteten sich, machten dabei eine unheimliche Wandlung durch. Hatten sie eben noch wie normale Menschenaugen ausgesehen, waren sie jetzt von einem unirdischen Licht erhellt. Es schauderte mich. Wieder wurde mir das Unglaubliche dieser Begegnungen bewußt. Ich zwickte mich heftig in den Arm. Der Schmerz sagte mir, daß ich mich in der Wirklichkeit befand und nicht träumte.

Als *Cheops* antwortete, tat er es mit einer Stimme, die von Horizont zu Horizont zu hallen schien. Aber wahrscheinlich bildete ich mir das nur ein.

»*Amenemhet* sagte mir einmal, das Überschreiten der Schwelle sei nur jenen erlaubt, die sich ihr in echter Demut näherten: Menschen, deren Bewußtseinsverdichtung so weit fortgeschritten sei, daß es in ihnen keinen Haß und keine Feindschaft, keinen Neid und keine Mißgunst mehr gäbe. Sie würden in Harmonie mit der Natur leben, um die Einheit von allem, was existiert, wissen und ihr ganzes Tun darauf ausrichten.«

Seine Worte klangen wie feierliche Glockenschläge. Auf eine geheimnisvolle Art, so, als ob eine unbekannte Macht soeben tief in mir den Kontakt zu einer anderen, höheren Dimension hergestellt hätte, fühlte, nein, *wußte* ich, daß er mir die Wahrheit offenbart hatte.

Die Brust wurde mir plötzlich eng. Ich holte tief Atem. Dann fragte ich: »Was hat *Amenemhet* Ihnen noch aus den Mythen erzählt?« Die Rubinaugen der Uräusschlange zogen mich in ihren Bann. Seltsam, mir war es eben vorgekommen, als ob es in ihnen aufgeblitzt hätte, jäh geheimnisvolles Leben darin erwacht sei. Sicher eine Sinnestäuschung, Ergebnis meines überhitzten Geistes.

»Nicht mehr viel. Aber eine Aussage von ihm habe ich nie mehr vergessen können. *Amenemhet* sprach einmal von dem langen Weg der Seele. Antreten würde sie ihn als ein stumpfer, ungeschliffener Kiesel, durchs Ziel schritte sie nach den Schleifprozessen vieler Inkarnationen als ein facettenreicher, im Licht wie eine kleine Sonne funkelnder Diamant, und erst in diesem Zustand könne sie zum Suprabewußtsein der Götter wechseln.« Er hielt kurz inne, fuhr dann fort: »Noch etwas sagte er: Der Unsterblichkeitsglaube fände seine Wurzel in der Idee der Wiedereinkörperung als der vielgliedrigen *Kette des Seins.* Sie sei der Weg, die Unsterblichkeit das Ziel!«

»Ist dieses Wechseln abhängig von der Erreichung höchster Intelligenz?«

Ich las Spott in seinen Augen, als er mir antwortete. »Nein, der sogenannte menschliche Verstand ist lediglich ein Teil der *körperlichen* Ausstattung, er hat nichts mit der *seelischen* Reife zu tun. Was das angeht, kann ein armer Schafhirte einem König bei weitem überlegen sein.« Wieder entzündete sich in seinen Augen das unirdische Licht. »Prägen Sie es sich ein: *Amenemhet* sprach nicht von einem körperlichen, sondern von einem seelischen Verstand. Allein auf letzteren käme es an. Er allein wachse von Existenz zu Existenz der Reife entgegen wie ein unscheinbares Samenkorn, aus dem mit den Jahren ein stolzer, fruchttragender Baum wird. Oder, mein Erzieher drückte es auch anders aus: es gäbe ein körperliches *Ich* und ein seelisches *Überich*. Ersteres verginge mit dem körperlichen Tod, aber der *Verstand* des *Überich* wäre von dem Vergehen nicht betroffen und wachse im Verlauf der Einkörperungen, würde zur Weisheit als Intelligenz der Seele. Die Intelligenz des körperlichen Verstandes sei dagegen nur ein armseliges Hilfsmittel, lediglich als Werkzeug für die Verrichtung der täglichen Notwendigkeiten gedacht!«

»Dieses ›Reifen‹ ist damit nicht nur die Angelegenheit einer, sondern vieler Existenzen.«

»Ja. *Amenemhet* sagte einmal zu mir: ›Um in der Welt handeln zu können, bedecke sich die Seele mit dem Gewand der Materie als dem Mantel der Zeitlichkeit! Der Tod sei in Wirklichkeit nichts anderes als das Abstreifen eines alten, verschlissenen Kleidungsstücks zugunsten eines neuen. Ein Prozeß, der so lange andauere, bis die *Seele* die *Kette des Seins** bis zum letzten Glied durchlaufen hätte.«

---

* Unter der Kette des Seins wird hier die Gesamtheit aller Wiedereinkörperungen der Seele verstanden. Hand in Hand damit geht die Aufeinanderfolge hierarchischer Ebenen zunehmenden Bewußtseins.

Was für Worte, ich erschauerte. War *das* der Weg der Seele? Ihre eigentliche Bestimmung? Dann schritt sie tatsächlich in die Ewigkeit. Paul hatte mir einmal einen Vers aus dem 64. Kapitel des ägyptischen Totenbuchs vorgelesen, der mich sehr beeindruckt hatte:

Ich bin das Heute.
Ich bin das Gestern.
Ich bin das Morgen.
Meine wiederholten Geburten durchschreitend
bleibe ich kraftvoll und jung.

»Wird die gesamte Menschheit diesen Weg gehen oder nur einige wenige Menschen?« fragte ich. Meine Stimme klang brüchig.
Seine Antwort war so geheimnisvoll wie sein Auftreten in unserer vierdimensionalen Raum-Zeit-Welt. *Cheops* sagte: »Alle werden ihn gehen und doch nur einige wenige!«
Ich begriff nicht und wollte ihn um Aufklärung bitten. Aber er kam mir zuvor. »Sie würden es nicht verstehen, deshalb ist jede Frage danach sinnlos.«
Worte, die mich ärgerten, denn sie kamen mir überheblich vor. Vom menschlichen Verstand schien er nicht viel zu halten. Aber es half nichts, ich mußte meinen Unmut wohl oder übel hinunterschlucken, denn ich wollte noch mehr von ihm erfahren.
Ich hob meinen Kopf. »Etwas begreife ich nicht.«
»Was begreifen Sie nicht?« Wieder sah ich es in den Rubinaugen der Uräusschlange aufblitzen.
»Die Menschen im alten Ägypten sollen den Mythos im wahrsten Sinne des Wortes *gelebt* haben.« Ich schwieg, sah ihn fragend an.

»Ganz richtig, sie haben ihn gelebt«, gab *Cheops* mir recht. »Aber wissen Sie auch, *warum* sie ihn lebten? Die Erklärung ist sehr einfach. Weil der Mythos für sie die *Wahrheit* verkörperte. Eine, die aber *nur* intuitiv und nicht mit dem Verstand erfaßt werden kann.«

»Kann die – Intuition nicht zum Wahn werden?« wagte ich einen Einwand. »Ich möchte dazu einen namhaften Autor aus meiner Zeit zitieren.«

Cheops lächelte nachsichtig. Merkwürdig, ich kam mir auf einmal vor wie ein kleines Kind, das man nicht ernst nimmt.

»Ich bin sehr neugierig auf diesen Text«, sagte er freundlich.

Ich hüstelte: »Nie zuvor auf dieser Erde ging man mit soviel Energie und Beharrlichkeit an die Aufgabe heran, das Unmögliche möglich zu machen. Die Aufgabe bestand darin, die kurze Spanne eines Menschenlebens mit allen Freuden und Wonnen in die Ewigkeit zu verlängern. Die Ägypter des Alten Reiches glaubten mit Inbrunst an diese Möglichkeit, sonst hätten sie nicht Generation für Generation den gesamten Reichtum und die Kultur des Staates dafür vergeudet. Und doch lauerte hinter diesem gigantischen Unternehmen das dumpfe Gefühl, daß der ganze Glanz illusorisch sei; daß die ungeheuren Mittel selbst unter den günstigsten Umständen nur einen spukhaft traumhaften Zustand der Existenz schaffen und die Tatsachen nicht um einen Deut ändern würden. Trotz aller Magie würde der Körper nicht am Leben bleiben.«[1] Ich sah *Cheops* an. »Was sagen Sie dazu?«

Sein nachsichtiges Lächeln blieb, als er entgegnete: »Zu *der* Zeit, von der Ihr Autor spricht, gab es das alte Wissen schon seit Jahrtausenden nicht mehr. Er beurteilt also lediglich übriggebliebene Rituale, leere Formen, deren geistige Inhalte schon längst abgerufen worden waren. Nur unter Berücksichtigung dieser Leerheit kann von einem *Wahn* gesprochen werden, niemals aber im Hinblick auf schon lange im Schoße der Zeit versunkenes Wissen. Dieses *hat* existiert, auch wenn das Verstandeswissen Ihrer Zeit aufgrund seiner Beschränktheit eifersüchtig bestrebt ist, tausend Gründe für eine Leugnung zu finden.« In seinem Gesicht lag Trauer, als er hinzusetzte: »Ich muß es Ihren Worten entnehmen: *Ihre* Wissenschaftler haben anscheinend den ›Verstand‹ des Körpers zu ihrem Götzen gemacht und wollen mit ihm und seinem Handlungsgehilfen ›Zufall‹ die Schöpfung erklären.« Er schüttelte den Kopf. »Den Verstand der Seele halten sie wahrscheinlich für dümmlichen Aberglauben. Eines noch fernen Tages werden sie begreifen, daß dieses Denken sie in ein Labyrinth geführt hat. Den Ausgang daraus werden sie nur mittels des seelischen Verstandes, eben der Intuition, finden können.«

»Dieses alte Wissen, wie Sie es nennen, hat also nicht nur die Existenz des Bewußtseins, sondern auch dessen Evolution als eine absolute Wahrheit anerkannt, nicht wahr?«

Cheops nickte. »*Amenemhet* war jedenfalls dieser Überzeugung. Er sagte mir einmal, alles Bewußtsein baue hierarchisch und in Form einer Pyramide auf dem des Urgrundes auf. Verstehen Sie jetzt, warum als Signal an die Nachwelt die Form einer Pyramide gewählt wurde? Nur *sie* ist in der Lage, den von Stufe zu Stufe erfolgenden Verdichtungsprozeß des menschlichen Bewußtseins optisch darzustellen. Mein Erzieher bezeichnete den Weg bis zur Pyramidenspitze, das Erlangen derselben, einmal als Atemzug Gottes.«

Ein Schauer lief mir über den Rücken. »Des *Urgrun-*

des? Was ist damit gemeint? Und wir Menschen – was sind wir?«

Das Gesicht vor mir begann sich aufzulösen. Es sah ungefähr so aus, als würde sich eine Projektion von mir entfernen. Doch *Cheops* beantwortete meine Frage noch, während seine Stimme dabei immer leiser wurde. »*Amenemhet* drückte es so aus: ›Der Urgrund sei *alles*, denn *Alles* ist *Eins!**[*] Es gäbe nichts, was ihm nicht angehören würde! Auch wir Menschen! Allein in der Begrenzung läge der Irrtum, und alle Ängste fänden darin ihre Wurzeln. Denn nur im Raum des vollen Bewußtseins seiner selbst und der dann vorhandenen absoluten Gewißheit, daß *alles eins* ist, könne keine Angst mehr existieren. Mittler zwischen dem Urgrund und dem Begrenzten seien die Blitze der Intuition! Doch sie währten nur kurz. Gäbe es keine Begrenzungen, dann gäbe es auch keine Blitze, sondern *ständiges*, leuchtendes Licht! Nur demjenigen, der das Einssein von allem, was existiert, anerkenne, erschlösse sich eine völlig neue Welt. Der weitere, entscheidende Schritt sei, das Einssein im Miteinander, in der Verschmelzung, zu erleben. Für denjenigen würden sich dann alle Tore öffnen, und seinem Bewußtsein wären keine Grenzen mehr gesetzt. Er könnte es in andere, niedrigere Bewußtseinsformen ergießen und in selbstloser Liebe an ihrer Formung mitwirken. Die *Pyramidenspitze* sei damit erreicht.«

Die Auflösung beschleunigte sich. »Bitte nicht!« bat ich. »Ich bin doch noch nicht fertig.«

Täuschte ich mich, spielte mir vielleicht meine Phan-

---

[*] = alles hat Bewußtsein; nachlesbar im *Veda:* sanskr. ›Wissen‹, klassische Schriftensammlung der altindischen Kultur, z.T. bis 1500 v.Chr. (?) zurückreichend.

tasie einen Streich, *Cheops* schien zu lächeln. Am längsten hielt sich der Kopf der Uräusschlange. Ich sah das Funkeln in ihren roten Rubinaugen noch, als das Gesicht des Pharao bereits entschwunden war.

Cheops' letzte Worte hatten mich aufgewühlt. Ich erinnerte mich an das, was *Ken Wilber* dazu schreibt:

»*Wenn das Absolute wirklich eine integrale Ganzheit ist, wenn es zugleich Teil und Gesamtheit von allem ist, was existiert, dann ist es auch in allen Menschen vollständig vorhanden. ... Im Gegensatz zu Felsen, Pflanzen oder Tieren haben menschliche Wesen – weil sie bewußt leben – die Fähigkeit, diese Ganzheit zu entdecken. ... Es ist so, als werde sich eine Meereswelle plötzlich ihrer selbst bewußt und entdecke dadurch, daß sie eins ist mit dem Ozean und auch eins mit allen anderen Wellen, da sie alle aus Wasser bestehen.*«[2]

Es war ein schöner Abend. Die Luft war angenehm mild. Der volle Mond hing wie eine Laterne am Nachthimmel, und die Sternkonfigurationen sahen aus wie blitzende Geschmeide auf schwarzem Samt. Auf dem Weg durch die Schloßgasse begegnete ich einigen schwankenden »Spätheimkehrern« – und tauchte auf aus der mystischen Versenkung, kehrte zurück in die Realität des Alltags. Eine Tatsache, die meinen leidgeprüften Verstand erneut herausforderte. Nein, er würde es nie aufgeben, mir meine »Begegnungen« als schizophrenes Getue auszulegen. Leider gelang es mir trotz aller Willensanstrengung nicht, seine höhnische Stimme zu überhören. »Du bist ein Traumtänzer«, warf er mir geringschätzig vor. »Dein von dir so hochgelobter Professor hat es tatsächlich fertiggebracht, dich so zu manipulieren, daß du das zu sehen glaubst, was er dir weismachte. So eine Art Posthypnose! Fällt es dir denn wirklich so schwer, das einzusehen?«

Doch diesmal schaffte er es nicht, auch nur den geringsten Zweifel in mir zu wecken. Ich *wußte* es besser: Die beiden hinter mir liegenden Begegnungen hatten stattgefunden! Damit hielt ich die Argumente meines Verstandes für widerlegt. Merkwürdig, dachte ich, auf irgendeine rätselhafte Weise hat dieser Kampf zwischen meinen grauen Zellen und einem Wissen, das nicht Resultat rationalen Denkens ist, tatsächlich etwas Schizophrenes. Ich mußte an einen Ausspruch meines verstorbenen Freundes denken: »Der mit den Mitteln der rationalen Logik arbeitende Verstand verhält sich zu den Blitzen der Intuition wie ein auf dem Erdboden krabbelnder Käfer, der den über ihm kreisenden, beutegierigen Raben zwar sieht, aber dessen Existenz wegen der von ihm angenommenen Unmöglichkeit des Fliegens kategorisch verneint.«

Ich fand lange keinen Schlaf. Immer wieder eilten meine Gedanken zurück – hin zu *Cheops*, seinem Erzieher *Amenemhet* und zu den uralten Mythen. Wo war das Körnchen Wahrheit in ihnen zu finden? Wo das Wissen von Menschen, von deren Tun nur noch Legenden berichten? An eine bloße Fiktion konnte ich nach meinem Gespräch mit *Cheops* nicht mehr glauben. *Amenemhets* Ausführungen über die Bewußtseinspyramide gingen mir nicht aus dem Kopf: schon zu einer Zeit formuliert, als sich das menschliche Durchschnittsbewußtsein bestenfalls im Stadium einer gerade erst angebrochenen Morgenröte befand, im Zustand des noch sehr weit zerstreuten Bewußtseins auf der untersten Stufe der *Pyramide*. Und dann *diese* Gedanken?! Sicher von Menschen ersonnen, deren seelische Potentiale schon damals Lichtjahre oberhalb der Pyramidenbasis gelegen haben mußten. Was waren das für Menschen gewesen, und auf welche Weise hatten sie ihre hohe Bewußtseinsstufe erlangt? Würde ich es je erfahren? Ich unternahm den Versuch einer Zusammenfassung all dessen, was mir an *Cheops'* Ausführungen als besonders kostbare Bewußtseinsedelsteine aufgefallen war. Wenn ich es recht bedachte, dann war so ziemlich alles, was er mir erzählt hatte, in die Kategorie *kostbar* einzuordnen. Vor allem ein geheimnisvoller und rätselhafter Ausspruch *Amenemhets* verdiente es, besonders hervorgehoben zu werden.

In der Begrenzung liegt der Irrtum!

Je länger ich über diese Worte nachdachte, um so leichter fiel es mir, sie zu verstehen. Ein Beispiel kam mir in den Sinn: Wenn ich einen Schreibtisch in streichholzkleine Fragmente zerstückele, dann wird niemand mehr in ihnen die frühere Ganzheit, also den Schreibtisch, entdecken können und hinsichtlich des ehemaligen Zustands eine Unzahl von Irrtümern aussprechen. Das gilt sicher auch im Hinblick auf das Bewußtsein. In seiner menschlichen Zerstückelung kann es sich nicht – oder sagen wir besser: noch nicht – als die eigentliche, die göttliche Ganzheit erfahren. Wie ein Blitz durchzuckte es mich: Könnte es nicht heißen, daß man alle Begrenztheit verlieren muß, um die Ganzheit zu gewinnen? Aber wie sollte das möglich sein? Eine Frage, die ich nicht beantworten konnte. Aber vielleicht ..., wenn alle Begegnungen hinter mir lagen ...?
Ich mußte an *Demokrit* denken. Seine Erklärung der Welt, ihrer materiellen und geistigen Beschaffenheit,

stand in krassem Gegensatz zum Erklärungsmodell von *Cheops*. War hier ein dialektischer Dreischritt von These, Antithese und Synthese überhaupt denkbar? fragte ich mich. Ich wußte darauf keine Antwort. Doch ich war mir gewiß, Paul würde sie mir geben können, falls er tatsächlich mein letzter Besucher sein sollte. Es war nicht zu fassen, ich hegte jetzt nicht mehr den geringsten Zweifel daran, glaubte fest an unser Zusammentreffen. Mein Verstand? Der ewige Besserwisser in mir schwieg. Wahrscheinlich hatte es ihm die Sprache verschlagen. Aber ich war mir gewiß, er würde sich bald wieder zurückmelden.

Meine Gedanken wollten mir immer noch den Schlaf verwehren, eilten sie doch schon zu der nächsten Begegnung: mit *Platon*! Dem geistigen Riesen, der einer ganzen Epoche der Geistesgeschichte seinen Stempel aufgedrückt hatte. Was für ein Ergebnis würde mir das Gespräch mit ihm bringen? Vielleicht weitere Mosaiksteine für das zu schaffende Bild?

Die wohlige Wärme meiner flauschigen Zudecke zeigte Wirkung, ließ Müdigkeit in mich einströmen. Gleich würde ich schlafen, tief und fest schlafen. Doch der Traumgott hatte sich etwas anderes für mich ausgedacht. Buchstäblich von einer Sekunde zur anderen griff lichtlose Schwärze nach mir, hüllte mich ein wie in eine dunkle Decke. Ich hatte auf einmal das Gefühl, zusammen mit ihr fortgetragen zu werden, schwerelos und getrennt von meinem Körper, abseits der gewohnten Dimensionen.

Die Ereignisse schienen es darauf abgesehen zu haben, jäh, unvermittelt auf mich einzustürzen. Blitzartig wich die Dunkelheit, machte strahlender Helle Platz. Und dann sah ich mich über einer paradiesischen Landschaft schweben. Merkwürdig, meine Augen blickten nicht nur von Horizont zu Horizont, sie sahen auch das, was über und was unter mir war. Und das, was ich tief unter mir erblickte, war derart faszinierend, daß ich nur dafür Augen hatte:

Ich sah eine Riesenstadt und in ihr seltsam fremdartige, gigantische Gebäude, die den Himmel zu stürmen schienen und gegen die New Yorks Wolkenkratzer wie Zwerge aussahen. Ich sah ausgedehnte Parkanlagen und mitten in der größten von ihnen einen silberfarben schimmernden See. Davor erblickte ich eine riesige Tempelanlage mit einer mächtigen, goldglänzenden Kuppel.

Ich sank tiefer und tiefer. Und je tiefer ich kam, um so stärker wurde die eklige Ausdünstung der Riesenstadt, in der sich offensichtlich die Gewalttätigkeit und Verkommenheit einer ganzen Welt angehäuft hatte. In dieser Megalopolis gab es kein Gesetz mehr. Hier regierte nur noch das Recht des Stärkeren. Wer sich nicht fügte, der hatte keinen Tag mehr zum Leben. Tief in mir hörte ich die wilden Schreie gefolterter Menschen, deren einzige Hoffnung ein schneller Tod war. Selbst die Natur schien zu leiden, denn die Tierwelt gab keinen Laut von sich, und Bäume und Sträucher ließen traurig ihre Zweige hängen.

Etwas griff nach mir, zog mich mit sanfter, aber unwiderstehlicher Gewalt in Richtung des Tempels. Und auf einmal war ich in seinem Innern, schwebte in einem kreisrunden, lichterfüllten Saal. Aber woher das Licht kam, konnte ich nicht entdecken. Wieder zog etwas an meiner Sphäre, und ich schwebte auf die Mitte des Saales zu. Ein mächtiger Tisch, ebenfalls kreisrund, stand da, und an diesem Tisch saßen elf reichgekleidete Männer. Zehn von ihnen trugen als

Zeichen ihrer Macht goldene Kronen, reich mit blitzenden Edelsteinen geschmückt. Der elfte trug keine Krone, sein Haupt war von einem magischen, goldfarben leuchtenden Schein umgeben. Ich fühlte die Angst und Verzweiflung der atlantischen Könige, die flehend ihre Hände emporstreckten.

Ich sah mich wieder von der fremden Kraft erfaßt und aus dem Tempel nach oben getragen. Ich schwebte in großer Höhe. Tief unter mir sah ich den atlantischen Kontinent liegen. Auf eine Weise, die ich nicht beschreiben kann, spürte ich nahendes, schreckliches Unheil. Und dann geschah es, nahm die Katastrophe ihren Lauf. Ein dunkles, mächtiges Etwas, einem Schatten gleich, raste auf die Erde zu. Der Zusammenstoß war fürchterlich. Jäh war das Land mit rotglühenden Todesblumen bedeckt. Längst erloschene Vulkane erwachten zu neuem Leben und spien Tod und Verderben in die sich verdunkelnde Atmosphäre. Doch damit war das düstere Geschehen noch nicht zu Ende. Jetzt griff auch noch der Ozean wie eine hungrige Bestie nach dem Land und entriß ihm große Stücke, verschlang sie gierig. Feuer und Rauch nahmen die Sicht, Orkane kamen auf, vertrieben die dunklen Wolken, das Licht der Sonne lag wieder auf dem Ozean, reichte von Horizont zu Horizont: Atlantis war verschwunden. Das Bild zerriß; jäh umfing mich dichte Schwärze.

Als ich erwachte, graute schon der neue Morgen. Es dauerte lange, bis sich mein Bewußtsein wieder in der alltäglichen Umgebung zurechtfand. Lange lag ich reglos da, dachte an meinen Traum. Noch nie hatte ich so plastisch geträumt wie in dieser Nacht. Dieses schwerelose Schweben, dieses eigenartige, gleichzeitige Sehen nach rechts und links, nach oben und unten! Und dann die Stadt ..., die Tempelanlage ..., der Rat der Könige ..., die Katastrophe! Barg dieser Traum eine Botschaft? Eine schnelle Antwort fand ich nicht.

Ich hatte mich auf meinen nächsten Besuch vorzubereiten: auf *Platon*! In knapp zwölf Stunden sollte ich mit ihm sprechen.

Sokrates: Nächstdem mache dir nun an folgendem Gleichnis den Unterschied des Zustandes klar, in dem sich unsere Natur befindet, wenn sie im Besitze der vollen Bildung ist, und andererseits, wenn sie derselben ermangelt. Stelle dir Menschen vor in einer unterirdischen Wohnstätte mit lang nach aufwärts gestrecktem Eingang, entsprechend der Ausdehnung der Höhle; von Kind auf sind sie in dieser Höhle festgebannt mit Fesseln an Schenkeln und Hals; sie bleiben also immer an der nämlichen Stelle und sehen nur geradeaus vor sich hin, durch die Fesseln gehindert, ihren Kopf herumzubewegen; von oben her aber, aus der Ferne von rückwärts, leuchtet ihnen ein Feuerschein; zwischen dem Feuer jedoch und den Gefesselten läuft oben ein Weg hin, längs dessen eine niedrige Mauer errichtet ist ähnlich der Schranke, die die Gaukelkünstler vor den Zuschauern errichten, um über sie weg ihre Kunststücke zu zeigen.

Glaukon: Das steht mir alles vor Augen.

Sokrates: Längs dieser Mauer – so mußt du dir es nun weiter vorstellen – tragen Menschen allerlei Gerätschaften vorbei, die über die Mauer hinausragen, und Bildsäulen und andere steinerne und hölzerne Bilder und Menschenwerk verschiedenster Art, wobei, wie begreiflich, die Vorübertragenden teils reden, teils schweigen.

Glaukon: Ein sonderbares Bild, das du da vorführst, und sonderbare Gestalten!

Sokrates: Nichts weiter als unseresgleichen. Denn können wohl ernstlich solche

Gefesselten von sich sowohl wie gegenseitig voneinander etwas anderes gesehen haben als die Schatten, die durch die Wirkung des Feuers auf die gegenüberliegende Wand der Höhle geworfen werden?

Glaukon: Wie wäre das möglich, wenn sie ihr Leben lang den Kopf unbeweglich halten müssen?

Sokrates: Und ferner: gilt von den vorübergetragenen Gegenständen nicht dasselbe?

Glaukon: Auch von ihnen haben sie nur Schatten gesehen.

Sokrates: Die Wahrheit würde also für sie buchstäblich nichts anderes sein als die Schattenbilder.

Platon,
Das Höhlengleichnis
in ›Politeia‹ VII,
514a–e, 515a–b

4
Mein dritter Besucher:
Ich sprach mit Platon

Das Höhlengleichnis. Der Aufstieg zum Licht als Sinnbild der Evolution des Bewußtseins. Was Platon verschwieg. Alles ist Eins. Zerfallserscheinungen.

Als ich am Abend, es dunkelte bereits, wieder meinen Weg durch die Schloßgasse nahm, wollten die Gedanken an *Platon** mich nicht loslassen. Die entscheidende Frage lautete: Konnte der neben *Aristoteles* wohl bedeutendste griechische Philosoph mir bei der Suche nach den Edelsteinen eines vergangenen Bewußtseins wirklich helfen? Würde ich bei ihm fündig werden? Irgendwie glaubte ich daran. Paul würde schließlich kaum auf ihn verfallen sein, wenn er nicht triftige Gründe für den *Besuch* des griechischen Geistestitanen gehabt hätte.

Aber er hatte mich auch gewarnt. »Du mußt deine Fragen kanalisieren und jede Ausuferung vermeiden, sonst läufst du Gefahr, daß er dir eine langatmige Vorlesung über seine Ideenlehre hält. Und dazu ist keine Zeit, denn die interdimensionale Überlappungsfront schreitet weiter, nimmt keine Rücksicht auf dich und deinen Besucher. Präge dir ein: Auf zwei Fragen mußt du dich konzentrieren. Die erste ist die nach der Evolution des Bewußtseins, die zweite ...« Hier hatte Paul eine kleine Pause gemacht. Als er dann weitergesprochen hatte, hörte ich etwas, das meinen Verstand erneut herausforderte, ihn hellhörig machte. »Die

---

* 427 v.Chr. (Athen) – 347 v.Chr. (ebd.).

zweite ist die nach dem Ursprung der ägyptischen Kultur. Entstand sie gewissermaßen aus sich selbst heraus, oder war sie lediglich Randkultur eines längst untergegangenen Volkes?«

Ich war mir sofort im klaren gewesen, an *welches* untergegangene Volk, welche Kultur, welches Reich Paul gedacht hatte: »Denkst du vielleicht an das legendenumwitterte Atlantis?«

Ein nachsichtiger Blick hatte mich getroffen. »Warum soll ich denn nicht auch an diese Möglichkeit denken? Warum nicht die Hoffnung hegen dürfen, Bewußtseinssplitter einer untergegangenen Hochkultur zu finden? Bedenke, die Sumerer zum Beispiel, die in Mesopotamien eingewandert sind, verfügten bereits über eine hochentwickelte Kultur, so daß sie im 3. Jahrtausend v.Chr. die städtische Kultur Babyloniens erschaffen konnten. Woher kamen sie, woher stammte die im Vergleich zum niederen Volk ungewöhnlich hohe Bewußtseinsstufe der Spitzen ihrer Priesterschaft? Und was die Ägypter angeht, so gibt es auch von ihnen erstaunliches zu hören. Grob gesprochen gab es hier zwei Schichten, zum einen die kleine Elite: Hochadel und Priesterschaft, zum anderen die breite Schicht der Fellachen! Erstere verfügten über einen Kenntnisstand, der sich himmelweit von der Primitivität der Masse unterschied. Ich frage dich: *Wo* sind die Wurzeln eines Wissens zu suchen, eines Glaubens an die Unsterblichkeit der Seele und die Wiedergeburt des Überselbst in einem neuen Körper, während die Fellachen noch mit Holzpflügen den Boden bearbeiteten? Und *wo* jene Mutterkultur, ohne die eine Entfaltung dieses höheren Wissens undenkbar gewesen wäre?« ... Ein qualvoller Husten hatte Paul gezwungen, seine Gedanken abzubrechen; sein Gesicht hatte sich unter der Anstrengung rot verfärbt, und wie schon so oft in den vergangenen Wochen hatte mich auch jetzt wieder heißes Mitleid erfaßt; aber eine große Sorge, die jedoch nichts mit seiner Krankheit zu tun hatte, hatte sich dazugesellt.

Ich hatte ihn fest angeschaut, dabei jedes Wort betont: »Ich möchte nicht, daß du deinen Ruf ruinierst, daß nur der geringste Schatten darauf fällt. Du weißt wie ich, wer von Atlantis spricht, der gilt leicht als Phantast, dem jedes wissenschaftliche Denken abgesprochen wird. Alles nach dem altbekannten Motto: Das nicht sein kann, was nicht sein darf!«

Paul hatte sich wieder von seinem Hustenanfall erholt und mit einer abwehrenden Handbewegung reagiert. »Das schert mich wenig.« Ein wehmütiges Lächeln war gefolgt: »Und sehr bald überhaupt nicht mehr.«

Ich hatte schlucken müssen. »Ist dir denn diese Frage wirklich so wichtig?«

Paul hatte genickt. »Ja, sogar sehr. Wenn meine Vermutung stimmt, dann könnte uns das weiterhelfen.«

Ich hatte abermals schlucken müssen. Diesmal wegen des Wörtchens »uns«. Der Tod hatte für ihn wohl seinen Schrecken verloren. Sein Glaube an eine nachtodliche, bewußte Existenz in einer anderen Dimension war ihm wohl schon zur absoluten Gewißheit geworden – und mir wurde meine Brust auf einmal eng. Ich hatte tief Atem geholt und weiter gefragt: »Kannst du mir das nicht etwas näher erklären? Denn es will mir einfach nicht in den Kopf, warum uns das weiterhelfen könnte. Schließlich, was hat dieses ominöse Atlantis, wenn es denn tatsächlich existiert haben sollte, mit der Evolution des Bewußtseins zu tun? Also ich sehe da keinen Zusammenhang.«

Paul hatte nach dieser Frage eine jähe Veränderung durchgemacht. Sein Gesicht hatte sich gerötet, und seine Augen, die wenige Minuten zuvor noch von der schweren Krankheit gezeichnet gewesen waren und matt und trüb geblickt hatten, schienen plötzlich in Flammen gestanden zu haben; mir war bei diesem Anblick eine Gänsehaut über den Rücken gelaufen. Mein Freund war mir in diesen Sekunden wie ein alttestamentarischer Prophet vorgekommen. Seine Stimme hatte ihre Fülle wiedergewonnen und kraftvoll wie die eines jungen Mannes geklungen: »Warum? fragst du. Nun, die Antwort darauf könnte leicht der Schlüssel zu einer Schatzkammer sein. Gib dich bitte vorerst mit folgendem zufrieden: *Platons* Dialoge ›Timaios‹ und ›Kritias‹ enthalten Berichte über die Blütezeit und den Untergang von Atlantis. Er bezieht sich dabei auf *Solon**, den athenischen Gesetzgeber. Ich habe diese Berichte – sie waren teilweise sehr negativ – neben anderen aufmerksam studiert. Ganz besonders interessierten mich seine Aussagen zu der allgemeinen Bewußtseinslage der Menschen *vor* der Katastrophe. War sie gesund, kränkelte sie, oder befand sie sich bereits im Stadium der Agonie, besser gesagt, der fortgeschrittenen Dekadenz? Erst danach stellte sich mir eine wichtige Frage. Es ist erforderlich, daß ich sie dir nenne. Sie lautet: Gab es für *Platon* einen *besonderen* Beweggrund, diese Berichte zu verfassen und zu veröffentlichen? Ich bin mir dessen jedenfalls sicher. Und kann dieser Beweggrund in einem plastischen Traumerlebnis zu suchen sein oder vielleicht sogar in einem Orakelspruch? Letzteres halte ich nicht für unmöglich. Wie du sicher weißt, genossen die Ora-

---

* etwa 640 v.Chr. (Athen) – nach 561 v.Chr. (ebd.).

kel der Pythia von Delphi* nicht nur im Hinblick auf staatspolitische Entscheidungen das höchste Ansehen. Hin und wieder soll es sogar vorgekommen sein, daß die Pythia *ohne* Anruf der Götter Visionen empfing mit dem Auftrag, den Inhalt an besonders ausgesuchte Personen weiterzugeben. Vielleicht in der Absicht, die Menschen zu warnen, ihr Bewußtsein zu verändern, es zu korrigieren, damit sie von ihrem bisherigen Tun abließen und somit dem Strafgericht der Götter entgingen. Ich halte es für durchaus möglich, daß *Platon* zu diesen Adressaten gehörte, denn wer wäre für die Übermittlung in der damaligen Zeit besser geeignet gewesen als ein Geist seines Formats!? Frage ihn danach. Vielleicht werden wir mit seiner Antwort einen Schatz heben.«

Ein Wissenschaftler von Rang und solche Worte! Sie hatten meinen Glauben an seine »Theorie« stark erschüttert. Aus mir, einem Saulus, war zwar in mancher Hinsicht ein Paulus geworden, doch was er mir über Atlantis erzählt hatte, hatte mich wieder skeptisch gemacht. Daß ich Paul zu diesem Zeitpunkt immer noch die Stange hielt, bereitwillig auf alle Anforderungen, die er an mich stellte, einging, lag wohl allein an meinem Mitleid. Erst der Besuch von *Demokrit* hatte hier für meine Wandlung gesorgt, meine Skepsis endgültig ins Gegenteil verkehrt.

Der Beginn meiner dritten Begegnung erfolgte nach demselben »Ritual« wie bei der zweiten. Auch das Wetter hatte sich offensichtlich vorgenommen, mir hilfreich beizustehen, denn der Mond leuchtete von

---

* Kultort des Apoll, Gott der Orakel, des Lichts und des Heilens; politische Bedeutung in der archaischen Zeit; Rückgang etwa seit 450 n. Chr.

einem klaren, wolkenlosen Himmel, machte wiederum die Nacht fast zum Tage.

Es war wie bei *Cheops*, kaum hatte ich auf der Bank vor der Linde Platz genommen, als ich mich für die Dauer eines flüchtigen Wimpernschlags in grelles Licht eingetaucht sah. Und wieder vernahm ich neben mir ein leises Räuspern. Mein Besucher: *Platon!*

Ich wendete meinen Kopf zur Seite. Was Wiederholung alles vermag! Diesmal erschauerte ich nicht beim Anblick einer Wesenheit, deren Leib schon seit zig Jahrhunderten zu Staub zerfallen war. Tatsächlich, ich empfand die Begegnung mit dem berühmten griechischen Philosophen fast als selbstverständlich. Aber das Gefühl des Alltäglichen war wie weggeblasen, als ich ihm näher ins Gesicht schaute. Mir kam *Demokrit* in den Sinn: voller Leidenschaft seine Worte, Feuer sein Wesen! Und *Platon?* Als was empfand ich *ihn?* Sein Gesicht, vor allem aber seine Augen kamen mir vor wie die Unermeßlichkeit des Meeres, wenn es ruhig und still unter der Himmelskuppel liegt, sich kaum bewegt, nichts ahnen läßt von der gewaltigen Kraft, die in ihm ruht. Ja, *unermeßlich* war sicherlich nicht übertrieben, sondern der richtige Ausdruck für mein Empfinden.

Auch *Platon* trug einen Bart, einen wesentlich volleren als *Demokrit*. Ich kann mich nicht erinnern, je einmal das Abbild eines Griechen aus dem klassischen Altertum gesehen zu haben, der keinen Bart trug. Ob damals nur Bartträger etwas gegolten hatten? War der Bart etwa ein Symbol?

»Genug gesehen?« fragte *Platon* da mit leiser, melodischer Stimme. Ich sah ihn lächeln. Aber dieses Lächeln barg nicht die geringste Spur von Ironie. Ich hatte in meinem Leben schon viele Menschen lächeln gesehen, aber noch nie auf eine direkt körperliche Weise die Ausstrahlung einer derartigen Güte gespürt. Es vermittelte ein Gefühl einhüllender, schützender Wärme. Ich wollte etwas sagen, ihn begrüßen, aber mir fehlte auf einmal jedes Wort.

Da ergriff *er* die Initiative. Und er tat es in einem Tonfall, der mich beruhigte, mir die Sprache wiedergab.

»Ich bin hierher gekommen, damit Sie mir Fragen stellen können. Sie brauchen sich also nicht zu scheuen.« Er blickte mich aufmunternd an.

Die seltsame Beklemmung in mir verschwand, und die Worte kamen mir jetzt leicht von den Lippen. »Es geht um die Evolution des Bewußtseins. Mein Freund und ich suchen nach dem Wissen Ihrer Zeit, gewissermaßen nach verschütteten Bewußtseinsedelsteinen. Sie sollen dem Bewußtsein der heutigen Menschheit frische Impulse geben. Eine Art Schatzsuche.« Ich schwieg, sah ihn forschend an. Wie würde er reagieren?

Merkwürdig, ich las in seinem Gesicht nicht das geringste Erstaunen. Auch seine sich anschließende Frage klang nur wie beiläufig gestellt, so, als ob ihm die Antwort bereits bekannt sei. *Platon* fragte: »Sie sollen also diese *Edelsteine* des damaligen Bewußtseins zusammenfassen und ein Buch darüber schreiben, nicht wahr?«

Ich war sprachlos. Er wußte also Bescheid. Das hieß aber doch zwangsläufig: Paul mußte Kontakt mit ihm aufgenommen, ihn auf meine Fragen vorbereitet haben. Also gab es Paul noch, wenn auch auf einer anderen Existenzebene. Meine Neugier wollte mich dazu bringen, mich näher nach seinem Verbleib zu erkundigen. Doch ich erinnerte mich noch rechtzeitig genug an Pauls Warnung. »Merke dir, du darfst keine Zeit mit unnötigen Fragen verschwenden. Sie würde dir sonst später fehlen.« Paul hatte recht, Fragen dieser Art waren nicht wichtig, brachten mich nicht weiter. Ich überwand meine Neugier und holte tief Luft: »Ja, dieses Buch soll im Bund mit anderen Bestrebungen dazu beitragen, die jetzige, überwiegend negative Bewußtseinslage der Menschheit wieder ins Positive zu korrigieren.«

Seine dunklen Augen hefteten sich zwingend auf mich, schienen mein Innerstes bis hinunter zum tiefsten Seelengrund durchforschen zu wollen. »*Glauben* Sie denn an diese Möglichkeit?« fragte er schließlich mit sanfter Stimme. »Denn wenn Sie nicht daran glauben, dann wäre jede Bemühung Ihrerseits völlig unnütz. Ihrem Unternehmen fehlte die Kraft der Überzeugung.«

Ich nickte zustimmend. »Ich muß es zugeben, anfänglich war dies ganz und gar nicht der Fall, aber *jetzt* ...« Ich hielt inne, denn mir fehlte auf einmal die Luft. Woran lag das nur? Ich hatte bisher noch nie unter derartigen Beeinträchtigungen zu leiden gehabt. Nach einigen tiefen Atemzügen fügte ich – mit dem Versuch eines Lächelns – hinzu: »Wenn ich mit Ihnen sprechen kann, also mit einer Wesenheit, die schon lange nicht mehr unter uns lebt, dann halte ich weiß Gott nichts mehr für unmöglich.«

»Sie irren sich, wenn Sie davon sprechen, daß ich nicht mehr lebe«, widersprach er mit leiser, melodischer Stimme. »Ich lebe immer noch, aber anders, ganz anders und viel umfassender, als es sich der menschliche Verstand vorstellen kann.«

»Haben Sie die Kette Ihrer Wiedereinkörperungen schon völlig durchlaufen?« fragte ich. *Cheops* hatte von der *Pyramidenspitze* des Bewußtseins gesprochen, davon, daß ihr Erreichen das Ende der vielgliedrigen Kette des Seins bedeute und das Übertreten der

Schwelle zum Suprabewußtsein. Hatte *Platon*, beziehungsweise das, was er in seiner jetzigen Existenz darstellte, diesen Punkt schon erreicht? Mein Verstand hatte bei dieser Vorstellung Schwierigkeiten.

Die Augen meines Besuchers bekamen einen grübelnden Ausdruck. Ich wartete gespannt ab. Was kam jetzt? Da antwortete er auch schon: »Nein, dieses Ziel habe ich noch nicht erreicht, aber ich hoffe, von ihm nicht mehr allzuweit entfernt zu sein.« Er schwieg, sah mich ernst an und sagte dann: »Damit Sie es wissen, mir war schon damals bekannt, daß es diese Kette gibt. Und ich wußte auch, daß es zu allen Zeiten einige wenige Menschen gegeben hat, deren Bewußtsein die Schwelle überschritten hatte. Denken Sie doch nur an die zahlreichen Götter, die die Menschen anbeteten. Natürlich, die meisten dieser Götter waren Personifikationen von Naturgewalten. Aber es gab mit Sicherheit auch Götter, die menschlichen Ursprungs gewesen waren, Menschen, die den *Übergang* geschafft hatten.« Er sah mich an. Und wieder erblickte ich in seinen Augen die Unermeßlichkeit eines Ozeans an Bewußtsein und Erkenntnis. Ich wollte zu einer Frage ansetzen, denn ein Aspekt seiner Antwort – es ging um seine Ausführungen zum menschlichen Ursprung mancher Götter – schien mir im Widerspruch zu seinen Schriften zu stehen, aber er kam mir zuvor.

»Sicher kennen Sie mein Höhlengleichnis?« fragte er mich.

»Ja, diese symbolische Darstellung des Erkenntnisvorganges kenne ich. Sie vergleichen die Menschen mit Gefangenen in einer unterirdischen Höhle, die dort von Geburt an an eine Bank gefesselt mit dem Rücken zum Schein eines Feuers sitzen. Die ›sichtbare Welt‹ erleben sie nur als Schatten, die vom Feuer auf die ihnen gegenüberliegende Wand geworfen werden, und halten diese Schatten für die wahren Dinge.« Ich schwieg, sah ihn abwartend an.

Platon nickte. »Richtig. Aber wissen Sie auch, daß dieses Gleichnis in Wahrheit das Geschehen in der raumzeitlichen Welt zu beschreiben versucht?« Seine eben noch leise Stimme wurde lauter, klang voll. »Die Menschheit ist aufgefordert, sich aufzumachen und zum Licht* zu streben, aufzusteigen aus der Höhle, den bloßen Schein der Schattenwelt hinter sich zu lassen, das wahre Seiende, die Ideen, die Urformen zu schauen; von der Sicht bloßer Schatten in der Höhle zur Sicht der Dinge und letztendlich der Ideen außerhalb der Höhle zu kommen.«

Endlich hatte ich ihn da, wo ich ihn haben wollte. »Das ›Höhlengleichnis‹ muß das Zentrum deines Dialogs mit *Platon* bilden«, hatte mir Paul eingeschärft. »Erst wenn du diesen Punkt erreicht hast, kannst du vom richtigen Weg nicht mehr abkommen.«

»Ich erzählte dieses im siebenten Buch der ›Politeia‹ vor mehr als zweitausenddreihundert Jahren«, *Platon* machte eine kurze Pause, zog seine Augenbrauen hoch und sah mich fest an. Dann fuhr er langsam, Wort für Wort bewußt setzend, fort: »Dieses Gleichnis soll auch sagen: *Der wahre Weise strebt nach der Erkenntnis des Seins … er beschränkt sich nicht auf die Welt der Erscheinungen, deren Sein bloßer Schein ist.*«

Mich beschäftigte ein Widerspruch, ihn galt es zu klären. Ich fragte: »Sie schrieben einerseits, der Körper sei in Wahrheit das Gefängnis der Seele, weil sie – an ihn gebunden – in die Sinnlichkeit der Körperwelt verstrickt sei. Die Seele verfüge über die Möglichkeit,

---

* Licht der Sonne, Licht des Seienden ›Politeia‹ VII, 515c–518d.

Mittler zwischen Ideenwelt und sichtbarer Welt zu sein, sie besitze das Wissen um die Ideen und die Fähigkeit, ihr unvollkommenes Abbild in den irdischen Dingen wiederzuerkennen. Sie sei immateriell, unteilbar und deshalb unsterblich. In Ihrer Darlegung des Wesens und Schicksals der Seele im Gewande des Mythos* sprechen Sie von der Seelenwanderung, der letzten inneren Wahl, der Freiheit der Seele, ihr Leben in jeder körperlichen Lebensform so oft zu wählen, wie der Mensch in dieses Leben eintritt, und davon, daß sie um so freier sei, je mehr ihre *Vergeistigung* von Einkörperung zu Einkörperung fortschreite. Die Wahl des *richtigen* Weges, das Zügeln der *Rosse der Leidenschaft,* würde ihr deshalb von Existenz zu Existenz immer leichter fallen. In höchster Vollendung sei ein solches Leben ein *Ähnlichsein mit Gott.*[1]

Er sah mich ruhig an: »Ja, genau das habe ich geschrieben.« Seine Stimme klang gelassen. Merkwürdig, schon wieder mußte ich an *Demokrit* denken, an das vulkanische Temperament, das in seinen Worten und Gesten zum Ausdruck kam, als ich ihn durch meine kritischen Worte herausgefordert hatte. Welch ein Unterschied! Hier die Ruhe eines hoch über den Dingen stehenden, abgeklärten Geistes, dort Gefühlsorkane heißer, mitten im Leben stehender Leidenschaften! Gegensätze? Ja, ganz sicher, aber was wäre die Welt, nein, was wäre das gesamte Universum ohne Polaritäten?** Nichts – denn es gäbe es nicht!

Ich nickte. Jetzt kam die Schlüsselfrage. »Ist in Ihrem ›Höhlengleichnis‹ der Aufstieg zum Licht des Seien-

---

* ›Mythos von Er‹, Platons 3. großer Jenseitsmythos.
** *polos:* grch. ›Himmelsgewölbe am Pole‹; gegensätzliches Verhalten bei sich gegenseitig bedingenden und ergänzenden Richtungen.

den identisch mit der Evolution des menschlichen Bewußtseins?«

»Aber sicher ist er das«, antwortete er lebhaft. »Denn unsere Welt ist die Höhle. Und die Ideen sind das Ziel, zu dem alles Existierende strebt. Sie können sich die Welt der Ideen auch als Pyramide vorstellen. Ihre Spitze versinnbildlicht die Idee des vollkommenen Guten. Sie schließt die Ideen der Wahrheit, des Schönen und des Gerechten in sich ein. Es kann gar nicht anders sein, der Aufstieg zum Licht des Seienden ist mit der Evolution des Bewußtseins identisch.«

»Dann ist der Aufstieg zum Licht auch gleichbedeutend mit dem Erreichen der Pyramidenspitze und damit dem Erlangen der Vollkommenheit, kann ich das so sehen?«

Er nickte eifrig. »Ja, doch diese *Vollkommenheit* ist erst dann erreicht, wenn der Körper durch seine grobe Sinnenhaftigkeit nicht mehr die Welt der Ideen verzerren und verdunkeln kann. Deshalb muß die Befreiung der Seele vom Körper das höchste Ziel sein. Erst dann kann sie sich völlig der Welt der Ideen hingeben und sie verstehen.«

Worte, die mich verblüfften. *Cheops* hatte vom Aufstieg bis zur Spitze der Bewußtseinspyramide gesprochen, *Platon* von der Pyramidenspitze als der Idee des Guten. Vergleichbar einer Sonne, die anderen Ideen ihr Licht schenkt. Die ohne Zweifel vorhandene Ähnlichkeit zwischen beiden Anschauungen frappierte mich. Doch es gab einen schwerwiegenden Unterschied: *Cheops* und sein Erzieher *Amenemhet* hatten die Möglichkeit sogar einer *körperlichen* Unsterblichkeit erwähnt. Vorstufe dazu sei der Wechsel vom Normal- zum Suprabewußtsein. Für *Platon* hingegen schien der Körper nur ein sehr unvollkommenes *In-*

strument zu sein, sinnlichen Empfindungen unterworfen, die das wahre Licht des Seienden ständig verdunkelten. Ein noch leiser Zweifel verblieb in mir. Konnte es sein, daß auch er, wie *Demokrit*, Wissen verschwiegen hatte? Vielleicht hatte er die damalige Zeit für noch viel zu unreif gehalten und deshalb bestimmte Erkenntnisse – das ganze Wissen – nicht niedergeschrieben. Dieser Gedanke brandete als heiße Woge durch meinen Körper. Nun, *Platon* war hier, um meine Fragen zu beantworten. Ich faßte mir ein Herz und teilte ihm meine Gedanken mit.

Es war ihm deutlich anzusehen, daß ihm meine Worte nicht behagten. Seine Stirn war plötzlich von dicken Falten überzogen, und seine Augen blickten unwillig. »Können Sie nicht eine andere Frage stellen?« bat er mich. Ich schüttelte bedauernd den Kopf. »Sie ist dringend notwendig, denn sie gehört zu den Kernstücken meines Katalogs. Bitte, haben Sie Verständnis dafür.« Ich mußte husten und sah ihn abwartend an. Was würde er mir antworten? Ich hatte keinen Zweifel, er würde mir die Wahrheit sagen – müssen! Wesenheiten seiner Art konnten nicht lügen. Ach Paul, wenn du doch jetzt zuhören könntest!

Es dauerte ziemlich lange, bis *Platon* den ersten Ton herausbrachte, für mich ein Beweis dafür, daß ihm die Antwort nicht leichtfiel. Nach einem tiefen Seufzer begann er endlich zu sprechen.

»Glauben Sie mir, ich wußte damals schon lange, daß die Seele den Körper dominiert. Und ich wußte natürlich auch, daß sie von Existenz zu Existenz bei richtiger Wahl des Lebens wächst, bis sie zu einem starken ›Baum‹ geworden ist. Denn erst wenn sie seine Stärke besitzt, ist sie fähig, ihr Instrument, also ihren Körper, neu zu formen, weil alles Höhere imstande ist, das

Niedere umzuformen, es zu erneuern.« Er schwieg, sah mich vorwurfsvoll an.

»Und warum haben Sie das in Ihren Darlegungen nicht zum Ausdruck gebracht?« fragte ich ihn verwundert.

Der Unwille verschwand aus seinem Gesicht, zeigte wieder die frühere Sanftheit. Es spielte sogar ein leises Lächeln um seine Lippen. Dann sagte er: »Aus einem ganz einfachen Grund. Bedenken Sie doch meinen damaligen Bekanntheitsgrad! Von einem Mann wie mir die Verheißung einer möglichen *körperlichen* Unsterblichkeit?!« Er lachte spöttisch auf. »Was wäre ganz sicher die unausbleibliche Folge gewesen?« Sein Gesicht verlor das Lächeln, und als er fortfuhr, sprach aus seinen Worten tiefster Ernst. »Sie können es mir glauben, ich wäre meines Lebens nicht mehr sicher gewesen, denn nicht nur die Masse, sondern auch die Herrschenden hätten mich im Besitz eines Wundermittels zur Erneuerung meines Körpers gewähnt. Wer hätte schon daran geglaubt, daß ich nur eine Prognose wagte, lediglich einen philosophischen Hinweis auf das vermutliche, aber wohl erst in einem Irgendwann, das ich nicht kenne, zu erreichende Endziel der Evolution des menschlichen Bewußtseins geben wollte? Verlassen Sie sich darauf – niemand hätte es! Ich wäre eingesperrt und gefoltert worden! Ja, man hätte alles, buchstäblich alles versucht, um mir mein *Geheimnis*, mein Arkanum, – vielleicht hätten sie mich allen Ernstes im Besitz einer Wundertinktur geglaubt – zu entreißen. Nein, die damalige Zeit war für Enthüllungen solcher Art noch nicht reif. Obwohl mir bewußt war, daß nur in der Einheit von allem, was existiert, die Lösung des großen Geheimnisses verborgen liegt, liegen *muß*, machte ich aus Furcht eine *Zweiteilung*, trennte Körper und Seele; daraus folgt, daß das Heil erst in der *unkörperlichen* Daseinsform des reinen Geistes erreicht werden kann. Damit war jede Gefahr für mich beseitigt, denn wer von meinen Mitbürgern interessierte sich schon für das Heil *nach* dem Tod? Das Credo meiner Zeit lautete eindeutig und vernehmlich: Leben und – genießen!« Er schwieg, stieß einen tiefen Seufzer aus. Anscheinend konnte er es sich immer noch nicht verzeihen, daß er damals wider besseres Wissen gehandelt hatte. Er schlug seine Augen wieder auf und sah mich fragend an. »Ist Ihre Zeit denn schon reifer?«

Ich schwieg, er las mir die Antwort vom Gesicht ab. In seinen Augen erschien ein Ausdruck der Trauer. »Also haben die Menschen sich immer noch nicht geändert?« Doch seine Güte ließ ihn tröstende Worte finden. »Verlieren Sie nicht den Mut. Was bedeuten schon zweitausend und mehr Jahre für solche Entwicklungen? Nichts, rein gar nichts. Selbst das Vielfache an Zeit ist vielleicht nur imstande, erste, bescheidene Regungen der Aufwärtsentwicklung des menschlichen Bewußtseins aufzuzeigen. Die Evolution benötigt lange Zeiträume.«

Wieder mußte ich an *Demokrit* denken, an seine schroffen, ja sogar verächtlichen Worte. Ich mußte, ja, ich mußte von *Platon* erfahren, welche Standpunkte er zu diesen Fragen vertrat. Paul hatte mir zwar eine strenge Kanalisation aufgegeben. »... Damit du dich nicht verzettelst ...« Aber ich war in *diesem* Punkt nicht seiner Ansicht. Es kam doch auch auf den Zustand des damals herrschenden Durchschnittsbewußtseins an. Vielleicht hatte *Demokrit* ihn zu negativ beurteilt. Möglicherweise zeichnete *Platon* da ein ganz anderes Bild. Eines, das mir für mein Buch nützlich sein konnte. Die Fragen, die Atlantis betrafen, schienen mir unwichtiger zu sein. Ich konnte sie anschließend immer noch an ihn stellen.

»Ich habe auch mit *Demokrit* über das Bewußtsein und dessen Evolution gesprochen«, sagte ich langsam. Ich sah ihn fragend an. »Wahrscheinlich kennen Sie unser Gespräch? Er besuchte mich vor zwei Tagen.«

Er schüttelte verwundert den Kopf. »Nein, wie sollte ich?«

Jetzt war es an mir, verblüfft zu sein. »Ich dachte, alle meine Besucher hätten sich gegenseitig informiert. Wesen wie Sie sind in Ihrer Dimension doch an keine Grenzen gebunden, oder sehe ich das falsch?«

Ich sah es ihm an, er zögerte mit der Antwort. Dann sagte er: »Ja, aber auch wieder nein. Wir Geistwesen unterliegen nicht dem Diktat der Sinne, nicht dem gebieterischen Ablauf der Zeit und nicht den Beschränkungen des Raumes.« Er suchte nach Worten, um sich verständlich auszudrücken. Endlich sagte er: »Doch auch wir kennen Grenzen, denn es gibt höhere, aber auch niedrigere Dimensionen als die, in der ich mich zur Zeit aufhalte. *Demokrit* und ich befinden uns nicht in derselben Dimension. Hier liegt der Grund für mein Nichtwissen.« Einem Kopfschütteln folgten die Worte: »Glauben Sie mir, es hat keinen Sinn, die Diskussion über dieses Thema fortzusetzen. Das menschliche Gehirn ist nicht für das Verstehen dieser Dinge geschaffen. Und jetzt sagen Sie mir, welche Ansichten *Demokrit* hatte!«

Erleichtert kam ich seiner Aufforderung nach. Ich wußte es, eine weitere Erörterung hätte nichts gebracht.

Obwohl ich mich beeilte, dauerte es doch einige Zeit, bis ich mit meinem Bericht geendet hatte. Gespannt wartete ich auf *Platons* Antwort. Merkwürdig, in seinem Gesicht war während meiner Ausführungen nicht die winzigste Regung zu erkennen gewesen. War das allein Angelegenheit seines Beherrschungsvermögens? Immerhin hatten die beiden berühmten Griechen sich einst befehdet; stand *Platon* in seiner jetzigen Existenz schon so hoch über den Dingen, daß frühere Aversionen zur Bedeutungslosigkeit zusammengeschrumpft waren?

»*Demokrit* analysierte damals nur den momentanen Zustand des menschlichen Bewußtseins«, sagte *Platon* schließlich. »Die Annahme einer zielgerichteten und über lange Zeiträume sich erstreckenden Evolution hatte in seinem Denken keinen Platz. Folgendes Beispiel wird das vielleicht verständlicher machen. Zur Formung eines Berges bedarf es einer unendlich großen Anzahl von winzigen Materiepartikelchen, denn erst ihre Gesamtheit ergibt einen Berg. Ein Partikelchen für sich allein bleibt immer nur *ein* winziges Partikelchen.«

Platon sah mich fragend an. »Verstehen Sie, was ich mit diesem Beispiel, wenn auch sehr unvollkommen, sagen will?«

Ich nickte. »Ja, ich glaube schon. Die *einzelnen* Materiepartikelchen sollen das Anfangsstadium des noch *zerstreuten* Bewußtseins verdeutlichen, die sich über viele Jahrmillionen erstreckende allmähliche *Verdichtung* und *Formgebung* der unendlich vielen Materiepartikelchen zu einem *Berg* versinnbildlichen dagegen das Endziel der *Evolution des Bewußtseins*. Der fertige Berg ist also identisch mit dem Überschreiten der Schwelle und dem Eintritt in den Raum des Suprabewußtseins.«

Platon lächelte anerkennend. »Ja, so wollte ich es verstanden wissen.« Ein unergründlicher Blick traf mich. Ihm folgte die Frage: »Haben Sie meine ›Politeia‹ gelesen?«

»Ja.« Das war keine Lüge, denn ich hatte mit Paul an langen Abenden dieses Werk, diese zehn Dialoge, durchgearbeitet, so wie die Schriften aller meiner anderen Besucher: »Denn ohne dieses Rüstzeug würdest du nackt sein, unfähig zur Diskussion.«

Platons Lächeln wurde noch freundlicher, als es ohnehin schon war. »Ich schrieb die ›Politeia‹ vor allem, um die Polis vor ihrem drohenden Verfall zu retten. In diesen zehn Büchern wollte ich nicht nur den Rahmen für die Theorie eines idealen Staates abstecken, sondern auch die Bürger Athens ob ihrer zunehmenden Genußgier und ihrer steigenden Habsucht, die sie jede Rücksichtnahme auf andere vergessen ließ, an den Pranger stellen. Sie haben es von *Demokrit* gehört – auch er war über den moralischen Verfall der Polis sehr betrübt und bedachte, wo er nur konnte, die verdorbene, immer sittenloser werdende Gesellschaft mit seinem Zorn. Dann wurde ich durch ein wundersames Ereignis, auf das ich hier nicht näher eingehen möchte, nach Delphi in den Tempel zum Orakel befohlen. Von Pythia, der Prophetin des Orakels, nicht von Solon, wie ich aus einem schwerwiegenden Grund später behauptete, erfuhr ich von dem Untergang eines Kontinents, dessen Bewohner ebenfalls, aber Jahrtausende zuvor, nur noch die Götzen Habsucht, Genußgier und Machtstreben gekannt und angebetet hatten! Da sie sich allen Warnungen der Götter widersetzten, hatte deren Langmut endlich ein Ende, schmetterte Apoll zur Strafe einen Kleinplanetoiden auf Atlantis. Der Aufprall war gewaltig. Das Meer stieg in den Himmel, und Finsternis senkte sich wie ein schwarzes Leichentuch auf die geschundene Erde. Das Getöse glich, so meinten die angstgepeinigten Menschen, dem zornigen Gebrüll der Götter. Blitze erhellten das grauenvolle Geschehen. Der ganze Inselkontinent versank mit seinen Bewohnern in den Fluten des Meeres. Nur wenige entkamen dem Inferno. Diese wenigen waren die Schöpfer der sumerischen und ägyptischen Kultur. Die Pythia machte mich nach ihrer Schilderung dieses Kataklysmus* mit dem Willen des Gottes bekannt. Apoll forderte mich durch sie auf, meinem Zorn und meinem Ekel ob des moralischen Niedergangs der Athener Bürger am Beispiel von *Atlantis* Ausdruck zu verleihen. Da ich ein bekannter Mann sei, würden sicher viele meine Berichte lesen und hoffentlich daraus lernen. Noch sei Zeit dazu. Die Götter sowie Gäa, die Mutter Erde, würden die herrschenden Verhältnisse nicht mehr lange hinnehmen. Wenn nicht bald eine Umkehr erfolge, dann würden sie vor einem neuen Strafgericht nicht zurückschrecken.« *Platon* schwieg für eine Weile, fuhr dann fort: »Ich kam diesem Befehl in meinen Dialogen ›Kritias‹ und ›Timaios‹ nach.«

Ich war fassungslos. Du lieber Himmel, ich hätte alles von diesem Geistesriesen erwartet, aber nicht dieses! Unwillkürlich mußte ich wieder an den schon erwähnten Sektenprediger, den ich einige Monate zuvor gehört hatte, denken, der mit seiner Weltuntergangsbeschwörung die Menschen halb verrückt gemacht hatte. So ein Wahnsinn – bedeutete denn jeder menschliche Wunsch nach einem schöneren Leben gleich ein Sakrileg? Ein Gott, der solches verlangte,

---

* Grch.-lat.: ›erdgeschichtliche Katastrophe‹, ›plötzliche Vernichtung‹, ›Zerstörung‹.

nur strengste Askese forderte, hätte es besser unterlassen, Menschen zu schaffen, scheint doch Freude für ihn ein Fremdwort gewesen zu sein. Du lieber Himmel, Gott war doch nie und nimmer ein Buchhalter, der den armen Sündern, die gerade im Soll standen, ständig Mahnbescheide schickte.

Platon unterbrach meine Gedanken. »Ich möchte es klarstellen: Gott will, daß die Menschen nach dem Guten und Schönen streben, und sie sollen dieses Schöne und Gute auch nach Herzenslust genießen dürfen, aber *er* will nicht«, aus seinen Augen schwanden Sanftheit und Güte, machten Flammen des Zorns Platz, »aber *er* will nicht, daß sie sich im Schweinekot suhlen und diesen stinkenden Unrat sogar noch verherrlichen, ihn für das Maß aller Dinge halten.«

Mir war das viel zu schroff und – vor allen Dingen – viel zu klischeehaft gedacht. Ich schüttelte ärgerlich den Kopf und wandte dann ein: »War es denn je so gewesen? Gott hat mit den Menschen doch keine Engel geschaffen. Es gehört eben zu ihrer Entwicklung, daß sie mal hier und mal da vom Weg abweichen, sich manchmal im Gestrüpp der Irrungen und Wirrungen oder sogar in den lichtlosen Schluchten der Lügen und Gemeinheiten verlieren. Es kommt doch auf die *Überwindung* dieser Phasen an. Geschieht das, dann können sie als Schleifprozesse für die Seele definiert werden, dazu gedacht, ihre Schönheit immer strahlender herauszuarbeiten.«

Er lächelte. Es war ein sehr nachsichtiges Lächeln. Eines von der Art, das eine Mutter ihrem Kinde zuteil werden läßt, wenn es nicht davon ablassen will, Märchen für die Wahrheit zu halten. Dann entgegnete *Platon*: »Das ist nur vordergründig richtig. Sie können es mir ruhig glauben, wenn es den Willen des Urgrundes oder, sagen wir besser, den Willen Gottes nicht gegeben hätte, nicht sein gewaltsames, zum Teil sehr schmerzhaftes Zurechtrücken der Dinge, dann wäre die Menschheit schon längst an ihrem Unvermögen gescheitert. Denn allein ist sie nur wie ein welkes Blatt, das hilflos vom Wind getrieben wird, ohne Richtung und Ziel zu kennen. Und daran ändert auch die Freiheit der Loswahl nichts.«

Das waren große Worte: Befriedigen konnten sie mich nicht. Ich liebe das Konkrete. Ehe er fortfahren konnte, fragte ich ihn: »Geschahen denn zu ihren Lebzeiten tatsächlich Dinge, die die Götter ernsthaft erzürnten?«

Seine Augen hatten plötzlich jede Güte verloren, standen erneut in Flammen: »Ja, sogar sehr schlimme Dinge. Die Sittenlosigkeit hatte bereits einen Punkt erreicht, von dem an die Menschen mehr und mehr das Gefühl für ethisch richtiges Verhalten verloren hatten. Es gab tatsächlich einige, die sich mit Tieren mischten! Und sie rechtfertigten das mit der ihnen garantierten Freiheit, ihre Persönlichkeit nach eigenem Gusto verwirklichen zu dürfen. Sie fanden auch nichts dabei, es mit ihren Töchtern und Söhnen zu treiben. Die körperliche Liebe degenerierte mehr und mehr zu einem flüchtigen Konsumartikel, und die Schamlosigkeit feierte *lustvolle* Triumphe. Und die Anzahl der Menschen häufte sich, die dieses schändliche Gebaren überschwenglich als wahren Fortschritt in der freien Entfaltung der Persönlichkeit lobpreiste. Eine *schöne* Freiheit, besser gesagt, Schrankenlosigkeit war das. Hand in Hand damit nahm das Unrechtbewußtsein ab, Raub- und Mordtaten in erschreckendem Ausmaß zu. Der tiefere Sinn der Liebe war von vielen Bewohnern der Polis auf den ekligen Abfallhaufen ihres Lebenswandels geworfen und dann sehr schnell vergessen worden.«

Ich erinnerte mich an Paul, der mir die »platonische Liebe« mit den Worten des Philosophen Wilhelm Weischedel erklärt hatte:
»Sie ist nicht einfach ein Zurückdrängen des sinnlichen Begehrens. Sie läßt vielmehr diesem sein begrenztes Recht, aber sie überschwingt es in eine höhere Form des Verlangens hinein: Über die Schönheit der Leiber, der Seelen, der Lebensführung und der Erkenntnis hinaus drängt sie zur Schönheit an sich selber. Der Eros, wie *Platon* ihn versteht, ist Streben nach dem Urbild des Schönen, an dem alles, was schön ist, teilhat, ist Streben nach der Idee des Schönen.«[2]

»Aber deshalb ein Strafgericht für ein ganzes Volk ... Also – so unbarmherzig kann ein Gott niemals sein.«
Er nickte. »Richtig, aber hier Barmherzigkeit walten zu lassen muß selbst einem verzeihenden Gott schwerfallen. Denn *dieses* Bewußtsein setzte an die Stelle der Götter den Obergötzen Begierde, Gier nach allem, was Genuß versprach, Gier nach der Frau des besten Freundes, Gier nach Gold und Besitz ohne Rücksicht auf andere und ebenso die Gier nach Einfluß und Macht. Diese Gier fraß sich wie eine Krankheit in die Körper der Menschen hinein, vergiftete ihr Blut und ihre Gehirne, ließ sie die Wahrheit nicht mehr erkennen und den lieben Nächsten nicht mehr sehen, so daß jeder Staatsbürger weder Ordnung noch Pflicht kannte, sondern nach Lust und Laune in den Tag hinein lebte und das ein liebliches, freies und seliges Leben hieß.«
Platons Stimme wurde stählern. Jetzt klang sie wie die eines Richters, der ein hartes Urteil verkündet: »Immer

weniger Staatsbürger beachteten die später von meinem Schüler *Aristoteles* fixierte Wertefafel der Ethik.[3] Ich will Ihnen die einzelnen Tugenden gerne vortragen. Sie lauten: *Klugheit, Tapferkeit, Gerechtigkeit, Selbstbeherrschung, Freigebigkeit, Hochherzigkeit, Seelengröße, Ehrliebe, Sanftmut, Wahrhaftigkeit, Höflichkeit, Freundschaft.* Nur im ständigen Streben nach *diesen* liegt das wahre Glück, nicht aber in der fanatischen Sucht nach ständiger Maximierung aller Begierden und deren Vergötzung.« Er schwieg. In seinem Gesicht arbeitete es.

»Wie hat sich denn die Kunst zu diesem Geschehen verhalten«, fragte ich. »Hat sie nicht versucht, hier gegenzusteuern?«

»Leider nein, die Reaktion ihrer Vertreter war nur traurig und von weinerlichem Gebaren. Was sie hätten tun sollen, nein, tun müssen, die ethische Erziehung fördern, davor schreckten sie feige zurück, denn natürlich wußten sie es: Die Masse würde ein solches Umschwenken nicht honorieren. Der tiefere Sinn der Liebe war von dem sittenlosen Treiben schon längst entleert und dann bald vergessen worden. Und weil sie das rechtzeitig erkannten, schlossen sie sich dieser Massenbewegung zu ihrem Vorteil an.« Er sah mich ernst an und fragte: »Nun, verstehen Sie mich jetzt?«

Ja, ich verstand ihn, und das aus gutem Grund. War denn meine Zeit besser? Häuften sich die Gewaltverbrechen denn nicht in erschreckendem Ausmaß, und gab es in meiner Zeit etwa weniger Rücksichtslosigkeit oder Schamlosigkeit? Ich gab mir die Antwort selbst. Nein, meine Zeit war um keinen Deut besser, eher noch schlechter. Aber etwas begriff ich an *Platons* Darlegungen noch nicht. »Ich habe Ihre Berichte über Atlantis gelesen«, begann ich zögernd, »aber eines ist mir dabei noch unverständlich ...« Ich hielt inne, suchte nach passenden Worten, denn ich wollte ihn nicht verletzen.

»So reden Sie doch. Sie brauchen sich nicht zu scheuen«, munterte er mich auf. Sein Gesicht war jetzt wieder so bewegungslos wie die Oberfläche eines Meeres bei lang andauernder Windstille.

Ich gab mir einen Ruck. »Sie beschrieben im Dialog ›Kritias‹ den von rechtswidriger Habsucht und rücksichtsloser Machtgier geprägten moralischen Verfall der Menschen von Atlantis und fuhren dann fort: ...

›Der Gott der Götter aber, Zeus, der nach Gesetzen regiert und einen scharfen Blick für dergleichen hat, beschloß, da er ein tüchtiges Geschlecht in so kläglichen Zustand versetzt sah, sie durch Strafe zu züchtigen, auf daß sie dadurch zur Besinnung gebracht und gebessert würden. So berief er denn alle Götter in ihren ehrwürdigsten Wohnsitz zusammen, der, in der Mitte der ganzen Welt gelegen, den Blick über alles gewährt, was des Werdens teilhaftig geworden, und richtete an die Versammelten folgende Worte.‹[4]

Merkwürdig, es ›folgten‹ keine ›Worte‹; Ihr Dialog hört hier auf. Ich frage mich nun, warum endet Ihre Schrift ausgerechnet an *dieser* Stelle? Warum haben Sie den Bürgern Athens die *näheren* Einzelheiten des Untergangs verschwiegen? Das muß doch Absicht gewesen sein. Ich kann den Grund dafür nicht finden. Pythia, die Wahrsagerin, hatte Ihnen doch das grauenvolle Geschehen vollständig geschildert. Und Sie sollten mit der detailgenauen Veröffentlichung den ganzen Becher des Grauens über Ihre Zeitgenossen ausschütten? Aber Sie gossen nur einige Tropfen davon aus. Warum verzichteten Sie auf die sicher weitaus heilsamere Wirkung des *ganzen* Bechers? Sie mußten es doch wissen – Ihr ›Kritias‹ blieb aus diesem Grund nur ein Torso.«

Ich erinnerte mich an die These von Otto Apelt, einem Übersetzer und Erläuterer von *Platons* Dialogen ›Timaios‹ und ›Kritias‹, die mir Paul vorgelesen hatte:

»Daß der Kritias Bruchstück geblieben ist, erklärt sich nicht etwa daraus, daß *Platon* über der Arbeit vom Tode überrascht worden wäre. Das ist ausgeschlossen durch die Tatsache, daß Platons letztes Werk die ›Gesetze‹[*] gewesen sind, zwischen denen und unserem Bruchstück sicherlich ein Zwischenraum von einigen Jahren liegt. Es müssen also besondere Gründe gewesen sein, die es dem Platon ratsam erscheinen ließen, sein Vorhaben aufzugeben.«[5]

Platon lachte kurz auf. Ein Lachen, das nicht die Spur von Spaß enthielt. »Warum? Ich will es Ihnen erklären. Weil meine dem lockeren Lebenswandel mit Inbrunst frönenden Mitbürger die gesamte bittere Medizin nie und nimmer auf einmal vertragen hätten. Sie können es mir glauben, es gab keine andere Möglichkeit als die, ihnen dieses Grauen tröpfchenweise zu verabreichen. Hätte ich es nicht getan, sie wären über den Mann, der ihnen mit dem Beispiel Atlantis den Spiegel vors Gesicht hielt, wie wilde Bestien hergefallen und hätten ihn erschlagen. Sie müssen es doch wissen, nicht viele Menschen vertragen die Wahrheit.«

»Dieses erste *Tröpfchen* scheint jedenfalls schnell gewirkt zu haben, denn sonst hätte es doch das angedrohte Kataklysma geben müssen, oder etwa nicht?«

Wieder das nachsichtige Lächeln. »Sie kennen doch den Spruch: ›Tausend Jahre sind für *ihn* nur wie ein

---

[*] ›Nomoi‹.

Tag!«« Seine Lippen preßten sich zusammen. »Ich habe zu meinen Lebzeiten leider keinen Umschwung feststellen können, aber vielleicht hat die Menschheit einen Aufschub erhalten. Gottes Handlungen verstehen kann nur ein Gott, aber niemals ein Mensch.« Er brach ab.

Da fiel mir etwas ein. »Sie haben eben ein schlimmes Sittenbild der damaligen Zeit gezeichnet. Wie kommt es, daß Sie trotzdem an den Aufstieg zum Licht des wahren Seins und damit an die Evolution des Bewußtseins glauben, denn das tun Sie doch?«

In *Platons* Augen trat ein Leuchten. Und dieses Leuchten verstärkte sich noch, ließ seine Augen zu zwei kleinen Sonnen werden, als er antwortete: »Weil ich schon damals an die *Sendung* des Menschen im Universum glaubte, an seine Dirigentenrolle im Konzert des kosmischen Spiels. Auch daran, daß, gäbe es keine Evolution, der Mensch nur Produkt eines merkwürdigen Zufalls wäre, ohne jede Bedeutung, sogar völlig nutzlos.« Er machte eine kurze Pause, während der ein geheimnisvolles Lächeln um seine Lippen spielte, dann fuhr er fort: »Auch der größte Skeptiker könnte es nicht bestreiten – wäre der Mensch nur das, dann könnte es unser Gespräch niemals geben. Allein die Tatsache, daß ich aus einer anderen Dimension zu Ihnen kommen kann, ist der beste Beweis für meine Worte. Denn damit wird zwingend ersichtlich, daß der Mensch *kein* materielles Phänomen ist, das seine Existenz lediglich dem reinen Zufall verdankt.«

Ich nickte, wollte antworten, aber da geschah es! Leider viel schneller als bei *Cheops*. *Platons* Gesicht löste sich in atemberaubender Geschwindigkeit auf. Seine Augen hielten sich am längsten: Und wieder ging von ihnen eine Wärme aus, so einhüllend und so voller

Verstehen, daß sie mit noch so viel Worten nicht zu beschreiben ist.

Eine Erklärung dafür, wie ich in dieser Nacht heimfand, werde ich wohl nie geben können. Mein Körper funktionierte gewissermaßen wie ein programmierter Roboter, ließ mich automatisch den richtigen Weg finden. Mein *Ich* weilte dagegen in einer ganz anderen Sphäre, nahm keinen Anteil an dem profanen Geschehen unserer sogenannten realen Welt. Aber war das nicht verständlich – nach *dieser* Begegnung?

Wieder zu Hause in meinen vertrauten vier Wänden, fiel es mir, wie auch schon nach den Besuchen von *Demokrit* und *Cheops,* schwer, die Begegnung mit *Platon* als Realität zu akzeptieren. Erst als ich mich zum Erinnern zwang, mir einzelne Begebenheiten ins Gedächtnis zurückrief, mußte mein rechthaberischer Verstand erneut kapitulieren, worauf er sich trotzig in seinen Schmollwinkel verzog.

Glaubt man, wie ich es tue, daß der Mensch in weit entfernter Zukunft ein weit vollkommeneres Geschöpf als heute sein wird, so ist es ein unerträglicher Gedanke, daß er und alle anderen empfindenden Wesen nach einem so lange fortdauernden langsamen Fortschritt zu vollständiger Vernichtung verurteilt sein sollte.

Eine andere Quelle für die Existenz Gottes, die mit der Vernunft und nicht mit Gefühlen zusammenhängt, macht den Eindruck auf mich, als habe sie viel mehr Gewicht. Das ergibt sich aus der äußersten Schwierigkeit oder vielmehr Unmöglichkeit, einzusehen, daß dieses ungeheure und wunderbare Weltall, das den Menschen umfaßt mit seiner Fähigkeit, weit zurück in die Vergangenheit und weit in die Zukunft zu blicken, das Resultat blinden Zufalls oder der Notwendigkeit sei. Denke ich darüber nach, dann fühle ich mich gezwungen, mich nach einer ersten Ursache umzusehen, die im Besitz eines, dem des Menschen in gewissem Grade analogen Intellekts ist, und ich verdiene, Theist genannt zu werden.

Charles Darwin,
zitiert nach J. Hemleben,
›Darwin‹

5
Mein vierter Besucher:
Ich sprach mit Charles Darwin

Gibt es nur die physische Seite der Evolution oder gibt es auch eine psychische?

Der Weg zur alten Linde war mir fast schon zur lieben Gewohnheit geworden. Ebenso die Tatsache, daß ich in wenigen Minuten ein Gespräch mit einem weiteren Besucher haben würde. Diesmal mit keinem Geringeren als mit dem britischen Biologen *Charles Darwin**, dem berühmten Begründer der Evolutionstheorie!
Als ich auf der Bank saß und in die stille Nacht blickte, rekapitulierte ich noch einmal all das, was mir Paul für dieses Treffen aufgetragen hatte: »Du mußt dich ähnlich wie bei *Platon* verhalten und dich auf die Diskussion des *eigentlichen* Problems beschränken. Ich sagte es dir schon: Die Evolution kann mit einer Münze verglichen werden. *Darwin* hat zu der *einen* Seite, der biologischen Evolution, das Wesentliche bereits gesagt. Uns interessiert heute die andere Seite, die psychische Evolution, eben die Evolution des Bewußtseins! Doch dieser Vergleich ist nur oberflächlicher Natur, denn in Wahrheit stehen beide Seiten in einem innigen Zusammenhang. Die übergeordnete, psychische Seite erhält ihr Gegenstück nicht durch puren Zufall, sondern sucht sich ihr *neues, physisches Kleidungsstück* mit großer Sorgfalt aus. Warum sie das tut? Weil jede *neue* Inkarnation auch *neue* Aufgaben stellt. Zu ihrer Bewältigung gehört eine ganz bestimmte kör-

* 12. 2. 1809 (Shrewsbury) – 19. 4. 1882 (Down/Kent).

perliche Ausstattung. Hier zeigt es sich treffend: Das *Höhere* determiniert das *Niedrigere*!« Nach diesen Worten hatte er mir einen umfangreichen Fragenkatalog diktiert.

Ich blickte nach rechts, denn ich wollte die Ankunft des Geistwesens unter keinen Umständen versäumen. Würde ich wieder für einen winzigen Augenblick in gleißende Helligkeit getaucht werden? fragte ich mich neugierig.
Kaum war mir dieser Gedanke durch den Kopf gehuscht, als das Dunkel neben mir in Bewegung geriet, auf seltsame Art zu wogen begann. Erste Konturen zeigten sich. Der geheimnisvolle Prozeß machte schnelle Fortschritte, wurde zunehmend deutlicher, gewann dabei an Leuchtkraft. Noch ein letztes Wogen, dann hatte sich das übersinnliche Gesicht von *Charles Darwin* endgültig verfestigt. Es wurde von dem silberfarbenen Backen- und Kinnbart wie von einem kostbaren Rahmen eingefaßt. Doch wie bei meinen früheren Besuchern waren es auch hier die Augen, die diesem Gesicht den Ausdruck der Einzigartigkeit verliehen. Augen von ungewöhnlicher Schärfe unter buschigen, silberfarbenen Brauen. Augen eines Naturwissenschaftlers, der die Erkenntnissuche zu seinem Lebensinhalt gemacht hatte. Aber auch Augen eines Wesens, das in seiner jetzigen Existenzform den Tod als das erkannt hat, was er in Wirklichkeit ist – eine komplexe Illusion!
Jetzt veränderte sich ihr Ausdruck. Der Ernst verschwand aus ihnen, und sie begannen zu lächeln. Und dann hörte ich *Darwins* Stimme! Das heißt, ich hörte sie nicht mit meinen Ohren, sondern irgendwo in meinem Gehirn.

»Scheuen Sie sich nicht, nützen Sie die Zeit und fragen Sie!« munterte mein Gast mich auf. Seine Stimme klang warm.

Ich wollte antworten, aber wie bei meinen früheren Treffen saß mir auch jetzt wieder zu Beginn der Unterredung der verflixte Kloß im Hals und hinderte mich am Sprechen. Ich hüstelte, um ihn loszuwerden. Dann begann ich:

»Nicht Ihre bahnbrechenden Forschungsergebnisse auf dem Gebiet der Biologie geben mir Fragen auf, sondern die aus Ihrer Evolutionstheorie gezogenen Schlußfolgerungen im Hinblick auf die menschliche Psyche. Sie werden sich erinnern, die Veröffentlichung Ihrer Werke ›Über die Entstehung der Arten aufgrund natürlicher Auslese‹* und ›Über die Abstammung des Menschen‹** führte in der Folgezeit zu einer fast messianisch zu nennenden Bewegung, dem – psychologischen Darwinismus! Dieser huldigte und huldigt noch heute der Auffassung, daß alle psychischen Eigenschaften des Menschen ihre Wurzeln im Tierreich finden würden.« Ich sah ihn fragend an. »Auch Sie vertraten diese Idee mit großem Elan, obwohl«, ich machte eine kurze Pause, um meine nachfolgenden Worte besser wirken zu lassen, »obwohl ein hieb- und stichfester Beweis für das Verstehen *abstrakter* Phänomene seitens eines Tieres bis heute nicht präsentiert werden konnte.« Ich holte tief Luft, denn ich wollte noch einen wichtigen Zusatz machen. Hoffentlich unterbrach er mich jetzt nicht. Um das zu verhindern, sprach ich schnell weiter. »Ein bedeutender Naturwissenschaftler

---

* ›On the origin of species by means of natural selection‹, 2 Bde. (1859).
** ›The descent of man and selection in relation to sex‹, 2 Bde. (1871).

meiner Zeit hat dazu einige Bemerkungen gemacht, die mir als sehr diskussionswürdig erscheinen.« Ich sah ihn bittend an. »Darf ich sie Ihnen vortragen?« Ich schwieg, sah ihn an.

Sein Lächeln hatte sich während meiner Worte vertieft. Er nickte mir ganz in der Art eines Mannes zu, dem es offensichtlich großes Vergnügen bereitet, den Worten eines Laien – denn mehr bin ich ja schließlich nicht – zuzuhören.

»Aber ja, reden Sie nur«, sagte er freundlich. Wirklich, ich kam mir in diesem Augenblick vor wie ein ziemlich kleiner Wicht. Ich schluckte unwillkürlich und fuhr dann fort: »Dieser Wissenschaftler, immerhin ein Nobelpreisträger, sagte dazu folgendes:

›Es ist eine Sache, ein Tier zu trainieren, daß es aufhört, sich zu bewegen, sobald ein achteckiges Zeichen erscheint oder wenn wir ›Halt‹ sagen. Es ist jedoch eine ganz andere Sache, von diesem Sachverhalt den Sprung zu machen zu der Schlußfolgerung, daß das Tier sich einer Verpflichtung bewußt sei, den Befehlen zu gehorchen, die von einer verfassungsmäßig dazu ermächtigten Autorität erlassen werden. ... Die Hervorbringungen der menschlichen Intelligenz sind sui generis und nirgends in der (bloßen) Natur vorweggenommen. Diese Intelligenz erklären zu wollen, indem man die Instinkte von Tieren ausspäht oder indem man ihre Zeit in Labyrinthen stoppt oder die Futterstückchen zählt, die sie sich durch Tastendruck verschaffen, ist letzten Endes ein wildes Unterfangen. Es liegt ein gewisses wissenschaftliches Verdienst in der Beobachtung des Verhaltens niedrigerer Organismen, wenn dieses Verhalten dem menschlichen Verhalten unter gleichen oder sehr ähnlichen Bedingungen entspricht. Solche Forschung ist potentiell genauso nützlich wie Untersuchungen zur Verdauung oder Fortpflanzung oder Atmung bei verschiedenen Arten. Die Gefahr ist jedoch, daß der Forscher, der einige gemeinsame Eigenschaften zwischen den Spezies entdeckt, zu dem Schluß kommt, daß es zwischen ihnen keinerlei Unterschied gibt. Die Psychologie hat sich in dieser Hinsicht selbst geschadet, indem sie Aufgaben auswählte, die Tiere lösen können, und dann Menschen dieselben tun ließ. Natürlich lernen wir von dieser Art Forschung nur, daß der Mensch einer ganzen Anzahl von Tieren in mancher Hinsicht ›ähnelt‹. In anderer Hinsicht aber ist der Mensch von jedem Tier völlig verschieden, und diese Tatsache kann nicht wegdiskutiert werden …‹«[1]

Ich holte tief Luft, mir war noch etwas eingefallen, deshalb sprach ich schnell weiter. »Der berühmte französische Naturwissenschaftler und Religionsphilosoph *Blaise Pascal** war einer der größten Gegenspieler des naturwissenschaftlichen Rationalismus. Eine Aussage von ihm scheint mir besonders erwähnenswert. Er sagte, es sei gefährlich, den Menschen zu sehr auf seine Verwandtschaft mit dem Tiere hinzuweisen, ohne ihn gleichzeitig mit seiner Größe bekanntzumachen.«
Mit großer Spannung wartete ich auf *Darwins* Antwort. Auch im Hinblick auf das, was mir Paul dazu gesagt hatte: »*Darwin* sah sich hier als Vorkämpfer. Er war fest überzeugt davon, daß seine Erkenntnisse auch für die menschliche Psyche zu gelten hätten und auf sie anwendbar seien.«
Darwins Antwort bestand in einer Gegenfrage. Und er kam mit ihr sofort auf den Kern. »Sie wollen mit mir

---

* 19. 6. 1623 (Clermont-Ferrand) – 19. 8. 1662 (Paris).

doch über die Evolution des Bewußtseins sprechen, nicht wahr? Ihr Freund sagte mir das jedenfalls.«

»Ja, diese Absicht habe ich.«

Er nickte. »Und zwar über die Evolution des Bewußtseins schlechthin und nicht nur des menschlichen Bewußtseins allein, habe ich recht?«

»Ja.« Was hätte ich auch anderes sagen können?

Er sah mich ernst an. Dann sagte er langsam: »Zuerst zu *Pascals* Aussage: Ich kannte sie und ging völlig mit ihr konform, denn ich habe die Größe des Menschen nie bestritten. Doch nun zu dem längeren Zitat ihres«, ein leichtes Lächeln umflog seine Lippen, »ihres Nobelpreisträgers. Es wird Sie überraschen, aber er hatte recht und unrecht zugleich.«

»Wie soll ich das verstehen?« fragte ich erstaunt.

»Gleich werden Sie es«, versprach er mir lächelnd. »Recht hatte er damit, daß der Mensch von *jedem* Tier verschieden ist, recht auch mit seiner These von der absoluten Einzigartigkeit des Menschen.« Er machte eine kurze Pause, schien nach einem bestimmten Gedanken zu suchen und fuhr dann fort: »Aber er hatte auch unrecht, denn seine Behauptungen sind meines Erachtens nach nur dazu geeignet, *Zustände* zu interpretieren, die die sich über Äonen erstreckende *Entwicklung* zu wenig berücksichtigen. Man kann es drehen und wenden, wie man will – der Mensch *ist* im Verlauf der Evolution nicht nur physiologisch, sondern auch psychologisch aus dem Tier *geboren* worden. Und wenn Ihr Wissenschaftler das verneint und jede Untersuchung darüber für ein ›wildes Unterfangen‹ hält, dann ist ihm der tiefere Sinn der Evolution noch nicht klargeworden.« Seine Stimme verlor die Bedächtigkeit, erhielt einen leidenschaftlichen Unterton, als er fortfuhr: »Selbstverständlich unterscheidet sich der

Mensch auch von seinem Bewußtsein her vom Tier! Aber unterscheidet sich denn nicht auch das Tier von der Pflanze und die Pflanze von der Materie als dem Urgrund allen Seins? Merken Sie es sich: Der *höhere* Bewußtseinszustand wird im Verlauf der Evolution *immer* aus dem *niedrigeren* geboren. So und nicht anders verläuft die Entwicklung!« Er schüttelte den Kopf. Es war eine energische Bewegung. Sie gab mir Aufschluß über die Dynamik, die einst in dem Körper dieser Wesenheit gewohnt haben mußte. Dann fügte er hinzu: »O heilige Einfalt – es gibt nur *eine* Evolution und nicht mehrere! Sie durchdringt alles, umfaßt die *gesamte* Schöpfung und ist bestrebt, das Höhere aus dem Niedrigeren zu entwickeln. In meiner jetzigen Existenzform weiß ich, daß diese Entwicklung weitergeht und es dem Menschen bestimmt ist, eines fernen Tages über sich selbst hinauszuwachsen, vielleicht sogar göttergleich zu werden.«

Ich war maßlos überrascht, denn diese Antwort hatte ich nicht erwartet. Sie schien mir nicht in *Darwins* Lehrgebäude hineinzupassen. Das Höhere aus dem Niedrigeren? Soviel ich mich erinnern konnte, hatte ich in seinen Veröffentlichungen davon nichts gelesen. Aber hatte ich denn bei *Demokrit* und *Platon* nicht ähnliches erlebt? Auch sie hatten mir über Dinge berichtet, die ihnen zu ihren Lebzeiten nicht über die Lippen gekommen waren. Ob die höhere Dimension, in der diese Wesenheiten jetzt weilten, hier eine Rolle spielte? Wahrscheinlich, denn dort hatten sie sicherlich Zugang zu Erkenntnisinhalten, an denen gewöhnliche Sterbliche wohl nur in Augenblicken höchster Imagination teilhaben können.

»Das sagen Sie?« Ich war fassungslos.

»Ja, das sage *ich*. Früher habe ich es in stillen Augenblicken nur schwach geahnt und diese Ahnung meinem Hauptwerk anvertraut.«

Ich wollte Näheres wissen. »Wie haben Sie diese Ahnung definiert?«

Er nickte. »Hören Sie jetzt genau zu:

Es liegt etwas Großartiges in dieser Auffassung, daß das Leben mit seinen mannigfaltigen Kräften vom Schöpfer ursprünglich nur wenigen Formen oder gar nur einer einzigen Form eingehaucht worden ist, und daß, während sich unser Planet, den festbestimmten Gesetzen der Schwerkraft zufolge, im Kreise herumbewegt, aus so einfachem Anfang sich eine endlose Zahl der schönsten und wunderbarsten Formen entwickelt hat und noch immer entwickelt.«[2]

Darwin schwieg und sah mich prüfend an, dann lächelte er nachsichtig. Wohl deswegen, weil er meinem verständnislosen Gesichtsausdruck die Antwort schon entnehmen konnte, bevor ich auch nur den Mund aufgemacht hatte.

»Ich sprach von *wenigen* oder gar nur einer *einzigen* Form«, sagte er schließlich geduldig.

Ich hatte verstanden. »Die erste Form ist demnach die Materie, dann folgen, aus ihr geboren wie aus dem Mutterschoß, die sich darauf aufbauenden Hierarchien des Lebens. Zuerst die Urzelle, dann die überwältigende Fülle der Pflanzenwelt, die Welt der Tiere und endlich die der Menschen«, sagte ich atemlos.

»Ja. Diese Einteilung ist zwar unvollständig, berücksichtigt auch nicht die fließenden Übergänge, aber sie genügt zum Verständnis.«

»Ihr Lehrgebäude bleibt davon unberührt«, sagte ich nachdenklich.

Ein anerkennender Blick traf mich. »Ganz richtig, denn es baut ja auf diesem *Grund aller Gründe* auf.

Eine Tatsache übrigens, die mir erst in meiner neuen Existenz richtig bewußt geworden ist. Allerdings ...«
Er brach jäh ab. Aber seine Augen sagten es mir: Er suchte wie schon vorhin nach Worten, die mir das Verständnis erleichtern sollten. Endlich fuhr er fort: »Viele Naturwissenschaftler Ihrer Dimension und Zeit könnten mir jetzt den Vorwurf machen, mit diesen Überlegungen den Boden des rationalen Denkens verlassen und der reinen Spekulation betreten zu haben.«
Er hielt kurz inne und lächelte. »Nun, darauf könnte ich Ihnen antworten, daß mir *diese* Existenzebene einen wesentlich größeren Überblick verschafft, etwa zu vergleichen mit der Gegenüberstellung von Frosch- und Vogelperspektive, wenn Sie verstehen, was ich damit sagen will. Um es deutlicher auszudrücken: *Jetzt* weiß ich, daß *meine* Evolutionstheorie nicht die ganze, sondern nur eine Teilwahrheit darstellt, weil sie nur das materielle, nicht aber das geistige Werden der Organismen berücksichtigt, nicht die Evolution ihres Bewußtseins.«
Ich hatte ihn gut verstanden, denn seine Worte waren im Gegensatz zu dem leider viel zu oft praktizierten schwerverständlichen Gelehrtendeutsch von jener genialen Einfachheit gewesen, die auch einem Laien verständlich sind. Nun kam eine weitere Frage, eine, die für Paul besonders wichtig gewesen war.
»Ließ Sie denn Ihre damalige Froschperspektive ausgerechnet jene Art von *subjektiver Natur* der Menschheit sehen, die doch fern jeder evolutionären Entwicklung liegt? Um es zu konkretisieren: Sie und andere, wie zum Beispiel Sigmund Freud, der Begründer der Psychoanalyse,* waren doch der festen Überzeugung,

* 6. 5. 1856 (Freiberg/Mähren) – 23. 9. 1939 (London).

daß der Mensch mit den Begierden Inzest, Kannibalismus und Mord geboren würden und diese seinen eigentlichen, subjektiven Wesenskern bildeten. Eine Basis, gemauert aus Ungleichheit, Bosheit, Grausamkeit und Unfreiheit.« Ich schüttelte den Kopf. »Eine solche Betrachtungsweise nimmt *diesen* Kern fatalistisch als starres Dogma hin, verneint damit zwangsläufig jede Möglichkeit einer evolutionären Entwicklung des Bewußtseins, denn der Kern bleibt ja, wie er ist, ändert sich nicht?« Mir war die Luft knapp geworden. Ich holte tief Atem und fuhr fort: »Noch etwas verstehe ich nicht: In Ihrem großen Werk ›Über die Entstehung der Arten aufgrund natürlicher Auslese‹ stellten Sie die Hypothese auf, daß sich alle Arten aus einer *einzigen* Urzelle entwickelt haben *könnten*. Und – jetzt kommt's! – diese Urzelle sei möglicherweise durch *göttliches Wirken* in die Welt gesetzt worden.« Ich schüttelte abermals den Kopf. »Auf der körperlichen Seite nahmen Sie also göttliche Schöpferkraft an, auf der geistigen dagegen hielten Sie Gott anscheinend für unfähig, die Menschheit aus dem Gefängnis ihrer Tierhaftigkeit zu befreien. Wie reimt sich das zusammen?« Ich schwieg, sah ihn gespannt an.

»Eigentlich habe ich Ihnen die Antwort darauf schon gegeben, als ich vom Grund aller Gründe sprach«, antwortete er. »Was bedeutet schon eine Zeitspanne von zehntausend Jahren für die Evolution? Um evolutionäres Wirken erkennen zu können, muß in wesentlich längeren Zeiträumen gedacht werden.« Er blickte mich an, und ich las tiefen Ernst in seinen Augen, als er weitersprach. »Und was das von mir erwähnte *göttliche Wirken* angeht – Sie können es mir glauben, ich war mir völlig bewußt, daß ich diese Größe nicht unberücksichtigt lassen durfte, aber ich stand zu stark im Banne meiner, zugegebenermaßen einseitigen Idee, um hier eine Brücke schlagen zu können.«

Seine Augen richteten sich fest auf mich: »Sie sprachen eben vom *Gefängnis* der Tierhaftigkeit. Ich sehe diesen Zustand anders, möchte ihn viel lieber als die *Unschuld* des Tierseins bezeichnen. Die Evolution des Bewußtseins über das Tier hinaus zum Menschen bedeutete leider den Verlust dieser Unschuld.«

»Warum?«

»Weil mit zunehmender Bewußtheit die von Ihnen genannten Übel und Leidenschaften, die das Tier nicht kennt, wie Ungleichheit, Bosheit, Grausamkeit und Unfreiheit, sich mehr und mehr manifestierten. Die zunehmende Abgrenzung des Individuums von der Gemeinschaft und die damit einhergehende, fortschreitende Aufblähung des Egos sind die Folge. Der Mensch, besser gesagt der ärmliche, alles besserwissende menschliche Verstand, preist in seiner Hybris das Streben nach immer mehr persönlicher Macht und Genuß als die herrlichste Lebensphilosophie, die weit treffender als *Entseelungsphilosophie* bezeichnet werden kann. Denn drohendes Gefolge des bis zum Exzeß ausgelebten Individualismus sind Überdruß, Einsamkeit und rücksichtslos fortschreitende Vernichtung der Natur um der Steigerung einer höchst zweifelhaften Lebensqualität willen!«

»Und die Herzlosigkeit und Brutalität nehmen mehr und mehr zu«, sagte ich leise und dachte dabei an jene, die aus der Vergangenheit nichts gelernt hatten und das alte, verderbliche Spiel aufs neue spielen wollten – Haß gegen Andersdenkende, Haß gegen Fremde, Haß gegen alle, die eine weitere »Verwirklichung« der eigenen Persönlichkeit wegen der »Gefahr« des Teilenmüssens behindern konnten.

Darwin schien meine Gedanken zu kennen. »Das ist alles nur die Folge eines maßlos übersteigerten Individualismus, der sich im Kokon seines Egos einspinnt und nur solche Kontakte nach draußen anknüpft, die persönliche Vorteile bieten, andere dagegen für überflüssig hält. Sie sollten es wissen: Der Götze Ego duldet keine anderen Götter neben sich. Nächstenliebe? So töricht können doch nur dumme Menschen sein. Eigenes Engagement? Vielleicht auch Opferbereitschaft? Warum? Dafür gibt es doch genügend staatliche Institutionen, die die notwendige Mildtätigkeit praktizieren können. Die wollen doch beschäftigt werden.«

Ich unterbrach ihn: »Ist es denkbar, daß die in meiner Zeit besonders stark grassierende Individualismushysterie jene Kräfte hemmt, die die Evolution des Bewußtseins vorantreiben sollen? Sind zum Beispiel nicht alle bisher geführten Kriege oder die in der heutigen Zeit überall zu beobachtenden Bürgerkriege nichts anderes als grausige Auswirkungen dieses Strebens nach immer stärkerer Ausweitung des Egos?«

Darwin nickte. »Ja, genau das ist der Fall. Und diese Hysterie wird sich noch verstärken, wenn nicht bald Abhilfe geschaffen wird. Aber was kann dagegen getan werden? Nun, es gibt nur *einen* Weg dahin: Die fortschreitende Vereinzelung und die durch sie bewirkte Verelendung der menschlichen Psyche muß überwunden werden. An ihre Stelle muß das Miteinander treten und die Nächstenliebe auch als Liebe zur eigenen Person begriffen werden.«

»Um damit die Unschuld, von der Sie eben sprachen, wieder zurückzugewinnen?«

»Ja, wobei diese Unschuld eine völlig andere als die erstgenannte ist.«

Ich begriff nicht.

Ich spürte nicht die leiseste Regung von Ungeduld, sondern erfuhr nur Güte. Ich suchte nach einer Erklärung dafür: Die Dimension, in der sich diese Wesenheit aufhielt, schien sich im Zustand jener *Unschuld* zu befinden, von der eben die Rede gewesen war.

»Es ist eine Unschuld, die sehr hoch angesiedelt ist und die der früher so *ichbewußte* Verstand widerspruchslos akzeptiert. Gewissermaßen ein *Verstand* auf einer höheren rationalen* Ebene; denn nur von dieser höheren Warte aus ist er in der Lage, sich nicht von seinen trügerischen Sinnen und seinem Ego blenden zu lassen.«

»Das Höhere wird also *aus* dem Niedrigeren geboren«, wiederholte ich langsam. Ich schaute ihn mit großen Augen an. »Ich erwähnte es schon – angesichts dessen, was heute alles an Schrecklichem passiert, fällt es einem schwer, daran zu glauben. Die Ereignisse überschlagen sich ja förmlich. Alles bröselt auseinander, nicht nur die Familien. Provinzen, Regionen, Gruppen sehen plötzlich ihre nationale und religiöse Aufgabe darin, sich selbständig zu machen, eigene Staaten zu gründen; das Blut fließt dabei in Strömen. Und warum? Doch nur deshalb, weil einige wenige noch mächtiger und noch reicher werden wollen. Wo man auch hinschaut, alles ist in Bewegung geraten. Alte Strukturen zerbrechen, machen neuen Platz; die Werkzeuge sind brutale Rücksichtslosigkeit und viehische Grausamkeit. Die Liebe hat in diesem Prozeß keinen Platz, wird ohne viel Federlesens auf dem Altar des Götzen Ego geopfert. Die mental-ichhafte Struktur verfestigt sich durch dieses Geschehen immer mehr.

* Vernunftgemäß; Gegensatz: gefühlsmäßig = irrational.

Tugenden? Die behindern doch nur das Geschäft, also weg damit! Die Medien werden es mit ihrem Trommelfeuer schon richten und als Oberpriester des Götzen Ego die Menschen weiter in die Maßlosigkeit hineinmanipulieren, lautet doch ihre suggestive, der Masse wie Nektar eingehende und sich ständig wiederholende monotone Gebetsformel: Stärkt euer Ego und verwirklicht euch!« Ich beugte mich etwas vor. »Hier kann man doch weiß Gott nicht von einer Geburt des Höheren aus dem Niedrigeren sprechen.« Er lächelte gütig. »Falsch gedacht. Ich frage Sie: Wo zum Beispiel wachsen Rosen am liebsten, und wo entfalten sie ihre betörendsten Düfte? Ich will es Ihnen sagen: in einem Boden, gedüngt mit Pferdemist. Und der Getreidesamen liebt diese Kost ebenfalls. Wächst denn aus diesem Niedrigeren nicht etwas Höheres? Aber ganz sicher tut es das! In unserem Fall farbenprächtige, duftende Rosen und nahrhaftes Korn. Und was den von Ihnen angesprochenen Niedergang ethischer Werte angeht – auch hier werden aus dem Abfall einer zu Ende gehenden Epoche neue Blumen wachsen, dem Gesetz folgend, nach dem das Niedrigere das Höhere gebären muß. Prägen Sie es sich ein: Auch wenn ein Mist noch so stinkt, als Dünger taugt er allemal vorzüglich.« *Darwin* schwieg, seine Augen lachten.

»Ihre Zuversicht entspringt dem Wissen um die Dinge«, entgegnete ich etwas schwach. »Wir Menschen hingegen besitzen das Wissen Ihrer Dimension nicht und fühlen uns deshalb immer wieder mit unserem Leid allein gelassen.« Als ich das sagte, fiel mir etwas ein, was mir Paul über *Darwins* Selbstzweifel gesagt hatte. »... Besonders in seinen späten Jahren war er nicht mehr davon überzeugt, mit seinen genialen Entdeckungen den *gesamten* Artenwandel erfaßt zu haben. Frage ihn danach.«

Ich tat es. Seine Antwort verblüffte mich.

»Haben Sie meine Schriften aufmerksam gelesen?«

Natürlich hatte ich das mit der tatkräftigen Hilfe meines verstorbenen Freundes getan, aber ob mir auch das, was *zwischen* den Zeilen gestanden hatte, aufgefallen war, ich hegte da gewisse Zweifel.

»Selbstverständlich habe ich sie gelesen.«

Die Augen vor mir blickten sehr ernst. »Ist Ihnen denn dabei nicht aufgefallen, daß ich mir mit zunehmendem Alter mehr und mehr darüber klar wurde, daß meine Theorie allein nicht in der Lage war, das gesamte Spektrum der Evolution in der Natur abzudecken? Deshalb habe ich immer wieder auf den vor uns liegenden Berg der Unkenntnis hingewiesen. Sicher – *einen* Schlüssel hatte ich durch meine Erkenntnisse über Zuchtwahl und Selektion gefunden, aber mir wurde von Tag zu Tag bewußter, daß dieser Schlüssel nicht alle Türen zu den Geheimnissen der Natur zu öffnen vermag. Es stimmt – ich konnte damals nicht den Beweis dafür erbringen, daß alle Mutationen nur zufällig stattfinden würden und allein die Selektion für die Richtung der Evolution maßgebend sei.« Ein Seufzer folgte, dann erhob er seine Stimme: »Die von *außen* wirkende Kraft der Selektion ist von der Logik her leicht einzusehen. Die Fragen aber nach *jener* Kraft, die im *Innern* wirkt, Mutationen auslöst, blieben leider ungelöst. Deshalb konnte mich, je älter ich wurde, *meine* Erklärung des Artenwandels immer weniger befriedigen.«

»Können Sie jetzt mehr darüber sagen?«

Er nickte. »Selbstverständlich kann ich das. Ich sagte Ihnen schon, daß, wenn alles *Eins* ist, auch alles Bewußtsein hat, haben muß. In Wahrheit gibt es *nur*

135

Bewußtsein. Es unterscheidet sich lediglich in der Homogenität, denn es bietet sich in den verschiedensten Erscheinungsformen und Konzentrationen bzw. Hierarchien dar. In sich birgt es die zielgerichtete, dynamische, zur Evolution drängende Kraft. Ohne sie gäbe es keine Entwicklung, denn wo es keinen Impuls gibt, keine einwirkende Kraft, da gibt es auch keine Bewegung.«

Ich nickte, rekapitulierte schnell Pauls Vergleich mit einer »Münze«. »Ist Ihnen während Ihrer langjährigen Forschungsarbeit nicht einmal der Gedanke gekommen, daß die Evolution der Arten zwei Seiten haben könnte – eine körperliche *und* eine psychische? Mit der letzteren meine ich die Evolution des Bewußtseins.«

Ich sah ihm deutlich an, diese Frage war ihm unsympathisch, denn seine Stirn umwölkte sich, und seine Augen verloren den eben noch gezeigten Glanz. Ich wartete, ließ ihm Zeit zur Antwort. Endlich sprach er, aber die Worte kamen nur zähflüssig.

»Ich sagte Ihnen schon, daß ich damals eine Kraft ahnte, die von innen Mutationen auslösen kann, und ich warnte auch davor, den vorhandenen Wissensstand zu überschätzen.« Er machte eine kurze Pause, fuhr dann fort: »Meine Frau war es, die mir die spirituelle Seite der Evolution nahebringen wollte.« Ein weiches Lächeln zeigte sich, vielleicht geboren aus der Erinnerung an glücklich verbrachte Jahre mit einem geliebten Menschen. Dann sah er mich fragend an. »Sicher haben Sie darüber gelesen oder die Briefe sogar selbst gelesen?«

Ich hatte es! Paul hatte diese Briefe besorgt. Von einem war ich sehr beeindruckt gewesen; Emma Darwin fragt darin ihren Mann mit vorsichtigen Worten: »*Ist es nicht möglich, daß es im Wesen der naturwis-*

senschaftlichen Forschung liegt, nichts zu glauben, was sich nicht beweisen läßt, und daß Dein Geist auch in anderen Dingen, die sich nicht beweisen lassen, sich durch die Gewohnheit wissenschaftlichen Denkens zu stark beeinflussen läßt?«[3]

»Warum haben Sie sich nicht von der Meinung Ihrer Frau führen lassen?« Ich schaute ihn an.

Ein seltsamer Blick traf mich. Und seine Antwort war noch weit seltsamer.

»Ich war sogar sehr betroffen. So sehr, daß ich diesen Brief ganz gegen meine Gewohnheit aufhob. Ich habe ihn nach ihrem Tod oft gelesen und dabei geweint.« Er hielt inne. Als er nach einer kurzen Pause weitersprach, bebte seine Stimme. Für mich ein Beweis dafür, daß selbst dieser Existenzebene Kummer und Leid nicht fremd sind. »Emma hatte recht«, sagte er leise. »Ich erfuhr die Wahrheit nicht durch wissenschaftliches Forschen, sie kam ganz plötzlich über mich, während eines größeren Spaziergangs. Ja, sie überflutete mich geradezu, drang tief in mich ein und erfaßte jede Fiber meines Körpers. Als ich wieder mein Haus betrat, war ich ein anderer geworden. Nun wußte ich, daß es außer einer körperlichen auch eine geistige Wirklichkeit gibt und daß meine Evolutionstheorie nur die materielle Seite der Evolution beschrieben hat.«

Ich war fassungslos. »Und ... und warum haben Sie diese Wahrheit nicht aller Welt verkündet? Es wäre doch Ihre Pflicht gewesen, der Wahrheit zu dienen, ihr Verkünder zu sein. Vielleicht hätte die Naturwissenschaft danach einen ganz anderen Verlauf genommen, weg von der Alleinherrschaft des Götzen Rationalismus mit seinem naiven Glauben an eine unbegrenzte menschliche Erkenntniskraft, die sich alles Seienden geistig bemächtigen wird, und hin zur Anerkennung eines durchgängig wirkenden geistigen Prinzips.« Ich fixierte ihn scharf, wollte mir nicht die geringste Reaktion in seinem Gesicht entgehen lassen.

Ich sah deutlich, wie es darin arbeitete. Auf seiner Stirn bildete sich eine dicke Falte, und seine Augen verdunkelten sich. Meine Frage machte ihm wohl sichtlich zu schaffen. Ob er sich wegen seines Schweigens selbst seiner Frau gegenüber Vorwürfe machte? Ich blieb ruhig und wartete ab.

Die Antwort, die dann kam, erstaunte mich aus zwei Gründen: erstens wegen ihres Inhalts und zweitens wegen einer in gewisser Hinsicht verblüffenden Parallelität zu *Demokrit* und *Platon*.

»*Nikolaus Kopernikus** ist Ihnen sicher kein Unbekannter?« fragte er mich leise.

»Natürlich ist mir dieser Astronom bekannt.« Ich war verdutzt. Warum brachte er diesen Gelehrten jetzt ins Spiel?

»Dann kennen Sie sicher seine Bedenken ob der Veröffentlichung seiner Erkenntnisse? Eine Zeitlang erwog er tatsächlich, seine epochale Entdeckung, daß die Erde *nicht* der Mittelpunkt des Weltalls sei, nicht der Masse, sondern nur einem Kreis von sorgfältig ausgesuchten Personen mitzuteilen.« In *Darwins* Augen funkelte es. »Und warum wollte er das? Ich will es Ihnen sagen: Weil er Angst davor hatte, mit seiner Entdeckung vielen Menschen das stützende Geländer wegzunehmen, sie zu verunsichern, ja, ihnen vielleicht den Boden unter ihren Füßen wegzuziehen. Er entschied sich anders und wartete mit der Veröffentlichung, bis er auf dem Sterbebett lag.«

---

* 19. 2. 1473 (Thorn/Ostpreußen) – 24. 5. 1543 (Frauenburg/Ostpreußen).

»Hatten Sie dasselbe Motiv wie Kopernikus?« fragte ich ihn behutsam.

Er nickte, sagte dann energisch: »Ja.« Ein verlegenes Lächeln huschte über sein Gesicht, als er hinzufügte: »Wissen Sie, ich liebte die Harmonie, Streit war mir verhaßt.« Als er fortfuhr, wurde seine Stimme bitter: »Sie können es mir glauben, es hätte sehr viel Streit gegeben, Streit fast mit der ganzen Welt, vor allem aber Streit mit der Kirche. Sie werden es wissen, meine Gesundheit war zu jener Zeit sehr angegriffen. Ich hätte dem Orkan der Wut und der Verleumdung nicht standhalten können. Nein, die Zeit war für eine solche Veröffentlichung damals noch nicht reif. Zu einer wegweisenden Bemerkung habe ich mich aber in meinem Werk ›Über die Entstehung der Arten‹ durchringen können: ›*Viel Licht wird auf die Entstehung des Menschen und auf seine Geschichte fallen.*‹« Ein tiefer Seufzer folgte: »Mit anderen Worten: Licht steht für den zweiten Teil der Wahrheit, meine gezeigte Sicht der Evolution ist ein Teil der Wahrheit, nicht aber die ganze Wahrheit, der andere Teil ist der von der Evolution des Bewußtseins.« Er hielt inne und seufzte noch einmal tief auf.

Demokrit und *Platon* hatten sich schon nicht getraut, ihr gesamtes Wissen offenzulegen, wie auch später *Charles Darwin*! Feigheit war hier ganz bestimmt nicht im Spiel gewesen, sondern vielmehr die Einsicht, daß die Zeit für Erkenntnisse dieser Art noch nicht reif war. Alle drei waren in ihrer Bewußtseinskraft dem Himalaja gleich gewesen, die Masse weit überragend, *Erkenntnisgipfel*, für schwache »Augen« nicht mehr wahrnehmbar. Was auf *Demokrit* und *Platon* zutraf, galt auch für *Darwin*.

Eine letzte Frage stand noch offen.

»Ihre naturwissenschaftlichen Erkenntnisse wirkten doch auf Ihre religiöse Einstellung ein, führten zu Veränderungen. Wie kam es dazu?«

Er schüttelte den Kopf. »Ihre Frage ist so nicht richtig gestellt. Meine *Religiosität* hat sich nie geändert. Ich habe zu keinem Zeitpunkt an der Existenz Gottes und an der Unsterblichkeit der Seele gezweifelt. Was sich bei mir änderte, das war lediglich der Glaube an das kirchliche Dogma.« Er sah mich aus Augen an, denen auch die berühmten letzten Dinge anscheinend nicht mehr fremd waren.

»Und jetzt? Was denken Sie jetzt darüber?«

Darwin nickte. Die Antwort, die er mit gab, klang salomonisch, befriedigte mich nicht. »Es ist besser, einen Glauben zu haben als gar keinen. Wer das ›Geländer‹ irgendeines Glaubens zur Stütze braucht, der ist gut beraten, es zu benützen. Mehr darf ich Ihnen dazu nicht sagen.«

Ich wollte weiter fragen, das Thema vertiefen, aber das jähe Ende der Überlappungsfront verhinderte dies. Das Gesicht vor mir löste sich rasch auf; verabschiedete sich mit einem Lächeln; dann war ich allein.

Auf dem Weg nach Hause versuchte ich, die Eindrücke zu ordnen, ihnen das zu entnehmen, was Paul die Edelsteine des Bewußtseins genannt hatte. Doch diesmal gelang es mir nicht. Ich brauchte Zeit.

Rousseau hat uns den edlen Wilden
hinterlassen, aber die Theorie der Psychoanalyse hinterläßt nur den Wilden.

John C. Eccles,
›Das Wunder des Menschseins.
Gehirn und Geist‹

6
Mein fünfter Besucher:
Ich sprach mit Sigmund Freud

Kann das höhere Licht wirklich mit der niederen Finsternis erklärt werden? Gibt es ein Bewußtseinsnichts? Ein Positivist und seine Ansicht über die Bewußtseinsevolution.

»Merke es dir, die Zeit, die dir die Überlappungsfront gewährt, ist sehr kurz«, hatte mir Paul auch in diesem Fall mahnend mit auf den Weg gegeben. »Wir müssen uns deshalb allein auf jene Fragen beschränken, die geeignet sind, zur Evolution des Bewußtseins Antworten zu erbringen. Du mußt das Gespräch deshalb so lenken, daß sich keine anderen Themen hinein verirren.« Wie für meine vorherigen Besucher hatten wir auch für Sigmund Freud* einen Fragenkatalog zusammengestellt. »Glaubst du wirklich, daß seine Antworten uns weiterhelfen werden?« hatte ich meinen Freund skeptisch gefragt, nachdem wir uns mit Leben und Werk dieses großen Arztes und Wissenschaftlers befaßt hatten. »Du weißt, Freud war Positivist und damit Anhänger einer Philosophie, die lediglich die unmittelbare Wahrnehmung als sichere Grundlage der Erkenntnis gelten läßt. Von einer Evolution des Bewußtseins wird er vielleicht auch in seiner höheren Zustandsform noch nichts wissen wollen.«
»Das wird sich zeigen«, hatte Paul geantwortet und hoffnungsvoll hinzugefügt: »Bedenke seine jetzige Existenzebene! Bestimmt wird er in ihr zu neuen

* 6. 5. 1856 (Freiberg/Mähren) – 23. 9. 1939 (London).

Ansichten gekommen sein. Bei allen deinen bisherigen Besuchern war das doch so gewesen. Keiner von ihnen beharrte in der Denkweise seines früheren Menschseins. Alle, durchweg alle, hatten sich weiterentwickelt.«

Ich hatte ihm lachend entgegnet: »Dann will ich hoffen, daß dies auch bei Freud der Fall ist. Ihm wird es sicher nicht leichtgefallen sein, höhere Erkenntnisse zu akzeptieren; er war schließlich Atheist in Reinkultur. Von einer *anderen* Existenzebene hätte er zu seinen Lebzeiten garantiert nichts gehalten, sie höchstwahrscheinlich als unwissenschaftlichen Mumpitz abgetan. Und von einer *Evolution des Bewußtseins* schon gar nichts, ihm wäre jeder Gedanke daran als Erzeugnis eines kranken Gehirns vorgekommen. Du hast es mir doch eingehend geschildert – in seinem Denken war jedenfalls zu seinen Lebzeiten kein Platz gewesen für Vorstellungen über *die* Art der Evolution, wie wir sie haben. Aber vielleicht hat der Aufenthalt in einer höheren Dimension tatsächlich eine durchgreifende Änderung seines Denkens bewirkt.«

Als ich am späten Abend mein Haus verlassen wollte, um mich auf den Weg zur alten Linde zu machen, begann es von einem Augenblick zum anderen sturzbachartig zu regnen. Ich öffnete das Fenster und blickte hinaus. Das Licht der Straßenlaterne zeigte es deutlich, die Wolken schienen den Ehrgeiz zu haben, sich innerhalb kürzester Zeit zu entleeren. Jetzt hinaus? In dieses Unwetter? Aber blieb mir eine andere Wahl? Ausgeschlossen, daß ich den Termin nur wegen der Nässe platzen ließ.

Ich kam nicht dazu, weiter darüber nachzudenken. Hinter mir war ein leises Räuspern zu hören.

Ich fuhr herum und blickte fassungslos auf die Gestalt im Sessel. Ihre Konturen waren unscharf, machten den Eindruck, als wollten sie jeden Augenblick ineinanderfließen. Der Anblick hatte etwas Unheimliches an sich, denn ich sah das Muster des Sesselbezugs durch den Körper meines Besuchers scheinen. Dafür war das schwach leuchtende Gesicht klar gezeichnet. Doch die Augen darin blickten seltsam abwesend, so, als ob ein Traum sie noch umfangen halten würde. Ich hatte Photos des berühmten Psychoanalytikers gesehen, kein Zweifel, in dem Sessel saß Sigmund Freud!

Und dann hörte ich ihn flüstern. »Wo bin ich hier? Sicher träume ich.«

Ich brauchte mehr als einen Augenblick, bis ich mich gefaßt hatte, dann entgegnete ich in ruhigem bestimmten Ton: »Nein, Sie träumen nicht. Mein Freund hat Ihnen für eine kurze Zeitspanne den Sprung aus Ihrer Dimension zurück in die irdische ermöglicht. Er hat es getan, damit Sie mir einige wichtige Fragen zur Evolution des Bewußtseins beantworten können.«

Seine Augen richteten sich auf mich. Der Schleier verschwand aus ihnen. Es sah aus, als ob ein Vorhang jäh zur Seite gezogen worden wäre, die Bühne freigebend. Aber der Ausdruck in ihnen zeigte keine Freundlichkeit.

»Daran glaube ich nicht. Ich weiß nichts von Ihrem Freund, und ich weiß auch nichts davon, daß ich Fragen beantworten soll.« Er machte eine kurze Pause, fügte dann widerwillig hinzu: »Meinetwegen, fangen Sie schon an. Es ist ja nur ein Traum, aus dem ich bald erwachen werde. Ihre Fragen werden mir vielleicht dessen Analyse erleichtern.«

Ich war erstaunt. Er wußte nichts von Paul? Nichts von der kosmischen Überlappungsfront, die ihm das Hiersein ermöglichte? Gehörte seine Seele etwa einer tieferen Dimension an als die seiner Vorgänger? Herrschte in ihr anstatt höchster Bewußtheit Bewußtlosigkeit? Ich begriff das nicht. Ebensowenig die seltsame Art seines Erscheinens. Ich erinnerte mich an Pauls Mahnung und ließ schleunigst davon ab, mir weiter den Kopf zu zerbrechen, denn woher Freud auch kam und ob er mir glaubte oder nicht, es war mir egal, Hauptsache, er antwortete mir.

»*Darwins* Evolutionstheorie hat Ihre wissenschaftliche Arbeit sehr beeinflußt, sehe ich das richtig?«

Er nickte lebhaft. »In der Tat, genau das war der Fall. Seine Forschungsergebnisse lieferten mir den Unterbau, das Fundament für meine Theorie.« In seinen Augen glühte es auf. »Ich fand in ihnen jene Beweise, die es mir gestatteten, das Animalische und Triebbestimmte im Unbewußten verifizierbar zu machen. Und was das menschliche *Ego* angeht«, er hob seine Stimme an: »*Wir leben nicht, wir werden gelebt,*[1] wenn Sie verstehen, was ich damit sagen will. Die sogenannte Schöpfung? Da gibt es für mich keinen Zweifel mehr, wir Menschen sind durch Prozesse geschaffen worden, die nichts Übernatürliches an sich haben. An die Erschaffung des Menschen durch irgendeinen Gott zu glauben ist Sache kindlicher Gehirne, darf nicht zur Denkweise eines nach objektiver Erkenntnis strebenden Naturwissenschaftlers gehören.«

Unbegreiflich, er war also immer noch Atheist, und das sogar in seiner neuen Dimension. Ich sah ihn an. »Wir werden gelebt? Was wollen Sie damit sagen?«

Er nickte. »Sicher wissen Sie es, im Mittelpunkt meiner Theorie steht das *Unbewußte*, das *Es*! Dieses *Es* entzieht sich jeder wissenschaftlichen Erkenntnis.«

»Wie soll ich das verstehen? Ist dieses mysteriöse *Es* denn nicht objektivierbar?«

»Nein, das ist es eben nicht. Das Unbewußte kann nur durch einen Analytiker gedeutet und bewußt gemacht werden.« Er schwieg einige Sekunden, sagte dann langsam und sehr betont: »Eine Deutung übrigens, die nur dann erfolgreich sein kann, wenn sie den Umweg über das Unbewußte des Analytikers geht. Nur auf diese Weise kann sie fündig werden. Und wenn Sie nach dem Kern des Unbewußten fragen, dieser wird von den Triebrepräsentanzen gebildet, besser gesagt von der Dynamik der Triebe. Den Hauptteil bilden Geschlechts- und Aggressionstrieb. Es ist eine Dynamik, die außerhalb jeder Kontrolle und Einsicht liegt. Deshalb meine These: Wir leben nicht, wir werden gelebt!« Seine Augen weiteten sich, als er hinzusetzte: »Das Unbewußte *lebt* uns, ob wir es wollen oder nicht. Es hat uns im Griff und bestimmt unser Leben. Nur eine sachverständige Psychoanalyse ist in der Lage, Verstehen zu wecken und Heilung von psychischen Beschwerden zu bewirken. Lassen Sie es sich von mir sagen: Wer die These einer Evolution des Bewußtseins vertritt, sie vielleicht sogar an die Seite der Darwinschen Evolutionstheorie stellen will, der huldigt purem Aberglauben.«

Meinen Widerspruch dazu wollte ich mir für später aufheben. Paul hatte mir eingeschärft, zuerst den ethischen Aspekt der Psychoanalyse anzusprechen. Ich fragte ihn danach.

In den Augen vor mir blitzte es auf. Irgendwie hatte ich das Gefühl, einen wunden Punkt in Freuds Lehre angesprochen zu haben. Aber ich konnte mich auch täuschen.

»Ich habe es laut in alle Welt hinausgeschrien: *Wo ›Es‹ war, soll ›Ich‹ werden!* Stück für Stück des Unbewußten muß erobert werden. Das und nur das ist das eigentliche Ziel meines wissenschaftlichen Forschens gewesen. Um es präziser auszudrücken: Die Triebrepräsentanzen müssen derart veredelt werden, daß sie kulturfördernd wirken. Nur so können Ängste und Neurosen abgebaut und Verdrängungen, wenn nicht ganz beseitigt, so doch vermindert werden.« In seiner Stimme schwang plötzlich heiße Leidenschaft, als er hinzusetzte: »Der Weg bis dahin wird sehr lang und steinig werden, aber die Menschheit *muß* ihn gehen, wenn eine angst- und haßfreie Gesellschaft entstehen soll. Die Psychoanalyse ist der Weg, die Befreiung von Ängsten und Neurosen das Ziel.«

Ich war sehr beeindruckt und mußte unwillkürlich an Pauls nachdenkliche Worte zu diesem Thema denken. »Freuds großes Verdienst besteht zweifellos darin, in die Medizin der damaligen Zeit die Bedeutung der Psychoanalyse zur Diagnose und Heilung psychischer Leiden eingeführt zu haben.« Einschränkend hatte er jedoch hinzugefügt: »Seine Lehre definierte nur die Hälfte der Wahrheit, unsere tierhafte Vergangenheit, berücksichtigte nicht die andere Hälfte: unsere evolutionäre Zukunft! Keine Rede war von einer Evolution des Bewußtseins, kein Gedanke an den sich damit zwangsläufig verbindenden Prozeß einer sich über Äonen erstreckenden ›Ent-tierung‹ der Menschheit. Diese ist gleichbedeutend mit der seelischen Aufwärtsentwicklung und ihrer Besetzung immer höherer Bewußtseinsstufen. Eine Tatsache, die Freud nicht sehen wollte. Hier zeigen sich die engen Grenzen der Psychoanalyse. Sie neigt dazu, die nur für das niedere

Vitale geltenden Wahrheiten als Gesamtwahrheit zu nehmen, verbleibt eigensinnig bei ihrer Beobachtungsposition aus der Froschperspektive.«

Ich sah Freud fest an. »Einer der Kernpunkte Ihrer Lehre ist das auf der Menschheit lastende schwere tierische Erbe. Dieses muß Ihrer Theorie zufolge ein triebbestimmtes Selbst erzeugen. Diesem steht als Produkt eines fortschreitenden unumgänglichen Sozialisierungsprozesses ein künstliches Selbst gegenüber. Zwischen beiden kommt es zwangsläufig zur Entfremdung. Die Folge: Der soziale Bruder *verdrängt* die triebbestimmte Schwester. Ergebnis ist das Leid der Neurose!« Ich holte tief Atem. Jetzt kam eine wichtige Frage. »Der Weg, den Sie eben erwähnten, besteht also darin, das Unbewußte mehr und mehr abzubauen, das *Es* gewissermaßen dem *Ich* zuzuführen, es zu integrieren.« Ich schüttelte den Kopf. »Dieser ›Weg‹ verneint das Bestreben des Bewußtseins, sich höher zu entwickeln, zu evolvieren. Und er verneint auch jedwede Schöpferkraft, Inspiration, Transzendenz und – den freien Willen. Das Unbewußtsein in Ihrer Lehre gleicht damit einer üblen Kloake, angefüllt mit den Exkrementen längst dahingegangener Bewußtseinszustände, berücksichtigt in keiner Weise unsere evolutionäre Zukunft, verneint diese sogar.« Ich sah ihn an, sein Gesicht wirkte wie versteinert. Offensichtlich hatten ihn meine Worte tief getroffen. Hastig sprach ich weiter: »Der indische Weise *Sri Aurobindo* hat sich dazu auf beeindruckende Weise geäußert:
›*Das Überbewußtsein, nicht das Unterbewußtsein ist die wahre Grundlage der Dinge. Die Bedeutung der Lotusblume läßt sich nicht dadurch ermitteln, daß man die Geheimnisse des Schlamms untersucht, aus*

dem sie hier emporwächst; vielmehr enthüllt sich ihr Geheimnis oben im göttlichen Archetypus des Lotus, der ewig in höherem Licht erblüht. ... Und an anderer Stelle: ... *Die Psychoanalyse ... greift einen gewissen Teil der menschlichen Natur auf, den finsteren, verhängnisvollen Teil, die unterbewußte Schicht des niederen Vitalen, legt einige seiner verworrensten Erscheinungen bloß und schreibt ihm und diesen eine Wirkung zu, die in keinerlei Verhältnis zu seiner wahren Rolle in der menschlichen Natur steht.‹«[2]*

Ich schwieg, sah ihn aufmerksam an.

Mein Besucher mußte sich im Zustand höchster Erregung befinden, denn seine Augen verschossen Blitze des Zorns, und seine Wangenknochen arbeiteten, stachen förmlich aus der Haut. Das bewies auch seine Stimme. So spricht jemand, der sich ungerecht behandelt fühlt.

»Unsinn, allein *mein* Weg ist der richtige, es gibt keinen anderen zur Triebsublimierung. Nur mittels einer langen und von höchster Sachkunde geprägten Psychoanalyse wird es den Menschen gelingen, sich allmählich von ihren Ängsten und Neurosen zu befreien.« Er funkelte mich an. »Gibt es noch andere Denker, die meine Lehre ablehnen?«

Ich schüttelte den Kopf. »Ich kenne keinen ernstzunehmenden Wissenschaftler, der die Ergebnisse Ihres Schaffens nicht bewundert und zumindest in Teilen nicht anerkennt.«

Er lächelte befriedigt, fragte aber dann: »Nur in Teilen? Da bin ich aber neugierig.«

Ich konfrontierte ihn mit *Ken Wilbers* Urteil:

»Zu behaupten, das mentale Leben beruhe auf der Verdrängung tierischen Lebens, wäre gleichbedeutend mit der Behauptung, das tierische Leben beruhe auf der Verdrängung des Pflanzlichen, und das pflanzliche Leben basiere auf der Verdrängung von Staub. Damit kehrt man die gesamte Große Kette des Seins um. Freuds These erscheint nur deshalb sinnvoll, weil er ein einziges Glied der Kette – die typhonische gefühlsmäßige Sexualität – herausgegriffen und als das einzig reale Glied der Kette definierte, während ihm alle anderen Glieder, vor allem die höheren wie Geist, Ego, Gesellschaft und Kultur (ganz zu schweigen von der Religion), nichts weiter zu sein scheinen als die heimliche Neuordnung dieses niederen Kettenglieds ... Die Transzendenz der niederen Bereiche ist notwendig und wünschenswert; ihre Verdrängung jedoch ist pathologisch, ungesund und bedeutet nichts weiter als das Versäumnis, die Wurzeln des Bewußtseins zu integrieren. Verdrängung bedeutet das fanatische Leugnen der Evolution ... Verdrängung ist schließlich eine Schmähung und Grausamkeit gegenüber jenen primitiven, aber notwendigen Stadien, auf deren anfänglichen Erfolgen unser heutiges Bewußtsein beruht.«[3]

Ich sah ihn an und fügte mit eindringlicher Stimme hinzu:
»Hinsichtlich der niederen Ebene ist *Wilber* Ihr überzeugter und kompromißloser Anhänger, nur dort ist er es nicht, wo es um die höheren Ebenen geht. Die Evolution des Bewußtseins gleicht einer Leiter mit vielen Sprossen. Die Anstrengungen der Psychoanalyse mit ihrem ständigen Eintauchen in den Schlamm unserer Vergangenheit legt nur die unbewußte Schicht des niederen Vitalen bloß, berücksichtigt nur die unteren Sprossen, verweist jeden Gedanken an den weiteren Aufstieg ins Reich der Fabel. Diese

Denkweise ist nicht ungefährlich, denn das ständige Wühlen im unteren Schmutz kann durchaus eine vergiftende Wirkung auf andere Teile unseres Bewußtseins ausüben.«

Ich brach ab. Wie würde er reagieren? Seine Antwort machte mir die Andersartigkeit seines Besuchs klar, Freuds Befindlichkeit unterschied sich deutlich von der seiner Vorgänger. Er sagte sehr leise und mehr zu sich selbst: »Ich träume immer noch, denn nur ein Traum kann mir solche Phantastereien wie die Ihren zeigen, aber bald werde ich aufwachen und mich wieder in der Realität befinden.«

Sein Kopf hob sich. Ich war erstaunt über den jähen Wechsel in seinen Augen, der träumerische Ausdruck darin hatte der Kühle eines scharfsinnigen Analytikers Platz gemacht. Es folgten Sätze, die es in sich hatten.

»Wer von einer Evolution des Bewußtseins spricht, ist märchengläubig und dazu noch ein grenzenloser Utopist.« Seine Augen verrieten Spott. »Wenn ich mir die Menschen der vergangenen Jahrtausende bis heute so anschaue, dann kann ich weiß Gott nichts von einer positiven Evolution erkennen. Nichts davon, daß sie über diesen langen Zeitraum hinweg auch nur ein winziges Stückchen ihrer tierischen Wesenheit verloren hätten. Ob Sie es glauben oder nicht, dieses Tierhafte allein ist es, das das menschliche Bewußtsein immer noch regiert und die Menschen viel zu oft zu Bestien werden läßt.« Er machte eine kurze Pause, fügte dann hinzu: »Die Psychoanalyse ist leider noch eine ganz junge Wissenschaft, wäre sie wesentlich älter, dann stünde die Menschheit auf psychischem Gebiet vielleicht ganz anders, fortgeschrittener, da.« Er wollte noch etwas sagen, aber ich unterbrach ihn:

»Um das Tierische zurückzudrängen, bedarf es nach Ihrer Theorie der Sozialisation, nicht wahr?«

Er nickte heftig, ganz so, als wollte er seine Gedanken unterstreichen.

»Ganz richtig. Durch die Sozialisation hat sich mit der Zeit das entwickelt, was wir Gewissen nennen, mit ihm selbstverständlich auch das Unrechtsbewußtsein, das Rechtsempfinden. Aller zivilisatorischer Fortschritt beruht auf diesem Prozeß. Ohne ihn wären wir wahrscheinlich noch heute nicht viel mehr als ›Wilde im Busch‹. Verzeihen Sie mir diese Übertreibung, aber nur sie verdeutlicht, welch große Bedeutung der Sozialisation des Menschen zukommt.«

»Daraus folgern Sie, daß das Werden des Gewissens von äußeren Gegebenheiten und nicht von evolutionären Vorgängen des Bewußtseins abhängig ist?«

Auf seiner Stirn erschien eine dicke Falte des Unwillens. »Hören Sie mir doch endlich auf, von dieser Art der Evolution zu reden. Die Wahrheit ist viel einfacher, bedarf keiner höheren Sphären.« In seinen Augen funkelte es auf. »Ich habe mich zur Erläuterung meiner Theorie einer tragischen Gestalt aus den griechischen Mythen bedient. Wissen Sie, welchen Mythos ich wählte?«

Natürlich wußte ich das. »Den Ödipusmythos.«

Ein lobender Blick fiel auf mich. »Ganz richtig. Ich nehme an, daß Sie ihn gut kennen und auch wissen, warum ich auf Ödipus gekommen bin?«

Selbstverständlich kannte ich diese mythische Gestalt. Schließlich hatte Paul mir von der tragischen Geschichte des Ödipus, der nicht wußte, daß Iokaste, die er begehrte, seine Mutter und Laios, den er im Streit tötete, sein Vater war, erzählt.

Ich nickte und zitierte:

»So möchte ich ... das Ergebnis aussprechen, daß im Ödipuskomplex die Anfänge von Religion, Sittlichkeit, Gesellschaft und Kunst zusammentreffen, in voller Übereinstimmung mit der Feststellung, daß dieser Komplex den Kern aller Neurosen bildet.«[4]

Ich machte eine kurze Pause: »Sie haben die Religion als *kollektive Neurose* und sogar als *Illusion* bezeichnet. Was hat Sie dazu gebracht?«

Seine Mundwinkel verschoben sich nach unten, was seinem Gesicht einen zynischen Ausdruck verlieh. »Ich habe mich immer wieder nach dem Nutzen der Religion gefragt. Auch danach, was sie bisher für die Menschheit geleistet hat und was sie in der Zukunft noch für sie leisten könnte. Das Ergebnis finden Sie in der von Ihnen eben zitierten Aussage.«

Ich war fassungslos. »Dann haben Sie das wahre Wesen der Religion nicht erfaßt. Du lieber Himmel, die meisten Menschen schätzen den *Nutzen* eines Wiener Schnitzels sicher als weitaus höher ein als zum Beispiel Ludwig van Beethovens Streichquartette. Trotzdem kann am Nutzen der letzteren wohl nicht gezweifelt werden. Eben weil es ein Nutzen von weitaus höherer Qualität ist. Dieser dient nicht der körperlich-materiellen Ernährung, sondern ist so etwas wie Speise für die Seele, wenn Sie verstehen, was ich damit sagen will. So verhält es sich auch mit der Religion. Ihren Nutzen an weltlich-materiellen Dingen messen zu wollen, halte ich für so verfehlt wie das Beispiel mit dem Wiener Schnitzel. Und wenn unbedingt Beurteilungsmaßstäbe herangezogen werden sollen, dann haben Sie die wichtigsten einfach negiert. Sie müssen es doch wissen – *der Mensch lebt nicht vom Brot allein!* Selbst der vehementeste Rationalist kann dies nicht abstreiten; die Religion ist nicht nur notwendig für die seelische Entwicklung, sie dient auch vielen Menschen als stützendes Geländer. Sie als Opium für die dumme Masse zu bezeichnen zeugt von einer ungeheuren Arroganz. Nun ja, die Intellektuellen haben sich ja immer sehr schwer mit dem Blick über den Zaun ihrer Ratio getan. Was das enge Gesichtsfeld ihres ›geschulten‹ Verstandes nicht zeigt, das darf auch nicht existieren.«

Freuds Augen hatten sich während meiner Anklage geweitet, standen, als ich geendet hatte, förmlich in Flammen. Seine Stimme bebte vor Zorn, als er antwortete.

»Sie tun mir unrecht! Ich habe stets nach der Wahrheit gesucht, aber sie in der Religion nicht gefunden. Dafür fand ich sie in der positivistischen Wissenschaft, die nur in dem unmittelbar Wahrgenommenen eine sichere Erkenntnisquelle sieht. Nur deshalb verwendete ich das Nutzenkriterium als Beurteilungsgrundlage.« Ein bitteres Lachen folgte. »Ich konnte nie feststellen, daß die Religion die Menschen in den vergangenen zweitausend Jahren zum Besseren gewandelt, sie moralischer gemacht hätte. Daran ändert auch die Idee von der Religion als ›Stütze‹, als ›Geländer‹ nichts. Deshalb wiederhole ich es: Religion besitzt für mich nur den Charakter einer Illusion. Und es gibt auch keine höheren Sphären. Wir müssen uns mit unserer Welt abfinden, wie sie eben ist. Alles andere ist unwissenschaftlicher Hokuspokus.«

Jetzt hatte ich ihn endlich da, wo ich ihn haben wollte. »Und wie erklärt sich für Sie die Tatsache, daß Sie jetzt hier sind, in einer anderen Zeit und einer anderen Dimension?«

Ich hatte mich getäuscht, denn seine folgenden Ausführungen zeigten mir, daß ich ihn keineswegs »hatte«. Aber erst einmal lächelte er auf eine Art, die mir deutlich zeigte, daß er von meinem Intelligenzquotienten nicht viel hielt, mich vielleicht bestenfalls als einen hemmungslosen, realitätsfremden Phantasten einstufte. Dann erwiderte er mit betont sanfter Stimme: »Aber nein, Sie wollen mir wohl eine Unmöglichkeit einreden. Ich will mich damit aber nicht beschäftigen, denn einem Positivisten wie mir liegen solche Behauptungen, wie die eben von Ihnen geäußerten, nicht. Aber wem sage ich das eigentlich? Sie existieren in Wirklichkeit ja gar nicht, sind doch nur eine zugegebenermaßen sehr real wirkende Traumgestalt.« Einem tiefen Seufzer folgten die Worte: »Ich träume, ja, ich träume einen unerhört plastischen Wachtraum. Nach dem Aufwachen werde ich mich sofort daran machen, ihn zu analysieren. Ich bin schon jetzt sehr gespannt auf das Ergebnis.« Er hielt inne und sah mich auffordernd an. »Wenn Sie noch weitere Fragen haben, bitte, ich stehe Ihnen gerne zur Verfügung.«

Ich wußte, daß Freud sich zur Deutung psychologischer Vorgänge auch der Traumanalyse bedient hatte. Wahrscheinlich bildete seine intensive Beschäftigung mit dieser Materie den Grund für seine anscheinend feste Überzeugung, sein Besuch sei nicht mehr als nur ein Traumerlebnis, das nach dem Erwachen zu analysieren war. Überhaupt – Erwachen? Was für ein Erwachen sollte das sein? Hatte er denn seinen Tod vergessen, das Verlassen seines Körpers? Denn um da zu sein, wo seine Psyche jetzt weilte, *mußte* seine seelische Komponente ja ihr materielles »Gefäß« verlassen haben. Seltsam, warum war ihm das jetzt nicht bewußt? Schließlich, die Wesenheiten auf seiner Existenzebene mußten doch in dieser Hinsicht über ein viel umfangreicheres Wissen als sterbliche Menschen verfügen. Ich begriff das nicht und stellte ihm eine diesbezügliche Frage.

Seine Augen sahen mich verständnislos an, und seine Antwort machte mich fassungslos.

»Was reden Sie da nur für einen Unsinn. Ich soll gestorben sein?« Wieder sah ich das schon zuvor beobachtete Funkeln in seinen Augen, als er fortfuhr: »Sehen Sie es denn nicht ein, wenn ich gestorben wäre, dann könnte ich jetzt unmöglich mit Ihnen reden? Auch nicht im Traum, denn Tote können nicht mehr träumen. Ich wäre dann im *Nichts*, wäre selbst ein Teil davon. Bei Jahwe, lassen Sie es sich doch endlich von mir begreiflich machen, daß ich lediglich träume und Sie nur eine Gestalt dieses Traumes sind. So, hoffentlich haben Sie das jetzt verstanden, denn ich möchte meine Zeit nicht mit ständigen Wiederholungen verschwenden.«

»Du kannst dich darauf verlassen, Freud wird den Begriff *Nichts* irgendwo in seine Argumentation einfließen lassen«, hatte Paul gesagt und mir anschließend einen langen Vortrag über dessen Bedeutung oder auch Nichtbedeutung gehalten. Nun, vielleicht gelang es mir, meinen Besucher so zu packen, daß er mir nicht erneut entschlüpfen konnte. Nach kurzem Nachdenken entgegnete ich: »Ich erwähnte es schon, Sie sind Atheist, glauben nicht an ein wie immer geartetes Fortleben der Seele nach dem körperlichen Tod. Darf ich wissen, worauf sich Ihre Überzeugung stützt?« Ich schwieg und wartete. Welche Antwort würde er mir geben? Ob er jetzt in die Falle hineinlief?

Ich erntete einen verwunderten Blick. »Haben Sie denn noch nie vor einer Leiche gestanden, nicht erkannt, daß es darin kein Bewußtsein mehr gibt, nicht mehr geben kann? Es ist erloschen, wie eine Kerze erlischt, wenn der Talg aufgebraucht ist. Dieses Erlöschen bedeutet für mich *auch* das Eintauchen des Bewußtseins ins *Nichts,* seine Auflösung darin als Folge des Todes. Es wird zu einem Teil des Nichts. Sie müssen es doch akzeptieren: Nach dem letzten Atemzug wird aus einem lebendigen Menschen eben eine Leiche. Der Tod setzt den Schlußpunkt unter ein Kapitel, das mit der Geburt begonnen hat.«

»Und was ist mit dem Ich?« bohrte ich nach. »Ich meine nicht das Ich des Vordergrundes, sondern jenes Ich, das sich zum selbst erkennenden Ich macht. Noch einmal, was ist mit *diesem* Ich? Wird es Ihrer Meinung nach ebenfalls dem Tod überantwortet, oder geht es in eine andere, für den puren Verstand nicht faßbare Existenz über?«

Er schüttelte den Kopf. »Ich sagte Ihnen schon, ich bin Positivist. Was mein Verstand nicht fassen kann oder, besser gesagt, was nicht jederzeit verifizierbar ist, an das kann ich entweder glauben oder es verwerfen. In diesem Fall neige ich zum letzteren, zum Verwerfen.«

Jetzt kam eine Frage, die für Paul von besonderer, ja sogar entscheidender Wichtigkeit gewesen war: Denn sie richtet sich auf das Kommen und Gehen alles Lebendigen, auf das, was vor dem Sein und was hinter ihm liegt. Ein Sein zwischen zwei Dunkelheiten? Dem einfachen menschlichen Verstand muß es so vorkommen. Nur der Glaube und vielleicht eine Intuition höherer Art erlauben eine andere Auffassung. Damit verbindet sich aufs engste die Frage nach der Natur des Nichts. Gibt es ein Nichts des *Bewußtseins seiner selbst* überhaupt, oder verbirgt sich hinter diesem Begriff eine Wahrheit, die der kleine, blasse Verstand noch nicht einmal zu erahnen vermag?

Ich überlegte, denn ich wollte meine Worte sorgfältig setzen: »Sie sprachen vom Nichts, sie sprachen davon, daß das Bewußtsein nach dem körperlichen Tod zu einem Teil dieses Nichts würde. Das ist doch widersprüchlich. Nichts ist nichts, also kein Ganzes, und folglich kann es auch keine Teile geben.«

Sein Antlitz zeigte Ungeduld. »Selbstverständlich ist das so. Ich gebrauchte nur eine Redensart, um mich verständlich machen zu können.«

Ich nickte, erwiderte dann: »Damit ist aber meine Frage immer noch nicht beantwortet. Was ist dieses Nichts? Schon zu Ihrer Zeit war der Physik bekannt, daß sie nicht in der Lage ist, ein Vakuum zu erzeugen, also einen Raum, ›angefüllt‹ mit *nichts*. Und was das Bewußtsein angeht, halte ich es für unmöglich, daß der Verstand sich ein Bewußtseinsnichts überhaupt vorstellen kann. Alle Erfahrung beruht schließlich auf irgendeiner Form des Erlebens. Dieses Erleben schließt selbstverständlich jedwede wissenschaftliche Methode der Erkenntnisgewinnung ein. Können Sie sich vorstellen, daß das Nichts, ich meine das Bewußtseinsnichts, tatsächlich erlebbar ist? Argumente wie körperliche Bewußtlosigkeit oder Tiefschlaf kann ich nicht gelten lassen, denn in diesem Zustand ist der Körper schließlich immer noch beseelt. Trotzdem aber hört man immer wieder, daß nach dem körperlichen Tod das Nichts auf uns warten würde. Noch etwas, wenn es das Nichts tatsächlich geben würde, dann würde es zwangsläufig auch keine Zeit und ebenfalls keinen Raum geben, denn wo nichts ist, da kann auch nichts sein. Nein, ich bleibe dabei, das Nichts ist eine bloße Illusion, eine Hilfsgröße, dazu geschaffen, dem Verstand als Rumpelkammer für alle jene Dinge zu dienen, die sich seinem Verständnis, seiner Einsicht entziehen.«

Freuds Augen hatten sich unter meinen Worten verengt.

»Sie reden unwissenschaftlich«, fuhr er mich ärgerlich an.

»Und warum tue ich das?« fragte ich sanft. Ich wollte ihn keinesfalls verärgern, nicht das Risiko eingehen, daß Freud gehen würde.

»Weil Sie sich nicht auf den Verstand stützen, sondern«, es klang wie eine Rüge, »gefühlsmäßige ›Erlebnisse‹ für Wahrheit, Erkenntnis halten. Ich sage es noch einmal: Diese Betrachtungsweise ist unwissenschaftlich, sie entbehrt jeder experimentell gefundenen Erfahrung.«

»Ist Ihnen noch nie der Gedanke gekommen, daß der Verstand allein unmöglich in der Lage sein könnte, *alle* Fragen nach dem Ursprung des Seins zu beantworten?« fragte ich ihn. »Und daß es eine höhere Instanz als Erkenntnisquelle geben könnte, zum Beispiel die Intuition oder sogar noch etwas, was darüber liegt?«

Ich beugte mich ein wenig vor. Tatsächlich, Freuds Kinnbart hatte sich vor Erregung gesträubt. Auch seine Augen funkelten erneut.

»Papperlapapp! Warum soll der Verstand dazu nicht imstande sein? Die Darwinsche Evolutionstheorie bezieht meines Erachtens dazu eindeutig Stellung. Das Gehirn wird sich wie in den vergangenen Jahrhunderttausenden, seit es Menschen gibt, auch in der Zukunft weiterentwickeln. Damit werden auch seine Fähigkeiten wachsen, Fähigkeiten von einer Art, die wir uns gar nicht vorstellen können. Also nein, das können Sie doch nicht bestreiten. Und was die von Ihnen angeführte Intuition angeht, an ihr ist doch nichts Geheimnisvolles. Für mich ist sie als Folge ständiger biologisch-chemischer Prozesse im Gehirn sehr wohl erklärbar«. Er schwieg. Ich wollte einen Einwurf machen, aber da sprach er auch schon weiter. »Zu dem mysteriösen Nichts bin ich Ihnen aber noch eine Antwort schuldig. Sie haben recht, mit dem Verstand ist dieses Nichts nicht – noch nicht – zu erfassen. Aber Sie können mir glauben, es wird der Zeitpunkt kommen, an dem das möglich sein wird. Vielleicht schon in der allernächsten Zeit, vielleicht aber erst in tausend Jahren. Das ist für mich nur eine Frage der weiteren Entwicklung des Gehirns und hat nichts mit irgendwelchen phantastischen, evolutionären Bewußtseinsentfaltungen zu tun.«

»Damit verneinen Sie die Existenz eines Bewußtseins seiner selbst«, wendete ich ein.

Er schüttelte energisch den Kopf. »Aber nein, das tue ich ganz und gar nicht. Ich reduziere Ihre irrationalen Behauptungen von einem unkörperlichen, aus reinem Geist bestehenden Selbst lediglich auf die Ebene der Körperlichkeit.« Er erhob seine Stimme: »Ist das denn so schwer nachvollziehbar? Der Körper ist doch nichts Minderes, sondern ein herrliches Gefäß für phantastische Lebensäußerungen. Er hat es verdient, anerkannt zu werden.«

Ich gab es auf. Keine Frage, dieses Thema war ausgereizt. Mehr dazu konnte ich von ihm nicht erfahren. Sein »Verständnis« beschränkte sich auf die Welt des experimentell Erfahrbaren. Alles, was sich außerhalb davon befand, hatte in seinem Denken keinen Platz. Jede weitere Frage zu diesem Thema war also sinnlos.

Doch dafür war ein anderes noch nicht genügend behandelt worden. Freud hatte mittels des *Ödipuskomplexes* das menschliche Bewußtsein definiert. Hierzu gab es noch Unklarheiten für mich.

Ich sah ihn bittend ab. »Gestatten Sie mir noch ein paar Fragen?«

Er nickte großmütig. »Selbstverständlich, fragen Sie nur. Sie glauben ja gar nicht, wie sehr mir das meine spätere Analyse erleichtern wird.«

Ich schluckte, wollte etwas dazu sagen, ließ es dann aber doch sein. Die Zeit drängte, denn die Überlappungsfront konnte jeden Augenblick zu Ende sein.

»*Wilber* schreibt zum *Ödipuskomplex* unter anderem: ›Natürlich hat der Freudsche Ödipuskomplex nichts zu tun mit dem Wesen der höheren Sphären ... Er ist nur für den Übergang vom Körper zum Geist ... von zentraler Bedeutung.‹«[5]...

»Hat Ihr Autor diesen Übergang beziehungsweise dessen Problematik näher erläutert?« unterbrach er mich.

»Ja, das hat er. *Wilber* führt dazu folgendes aus:

»*Ödipus rebelliert gegen das Sonnen-Vater-Prinzip einer höheren und größere Anforderung stellenden Form der Bewußtheit. Statt dessen sucht er Vereinigung mit der alten Geborgenheit in der ... Erde, einen emotional-sexuellen Inzest mit der Großen Mutter, ein Eintauchen in ihren Herrschaftsbereich. ... Ihm gelingt nicht die endgültige Transformation vom tellurischen* Körper zum Sonnen-Geist, vom Instinkt zum Ego, vom Vergnügen zur Vernunft. Statt dessen rebelliert er gegen das höhere Sonnenprinzip und ermordet es schließlich, wodurch er in die Umarmung der Großen Mutter zurückfällt ... Er gehört zu den Gestalten, die, immer noch in die alte Ordnung eingebettet, als deren letzte große Opfer dastehen‹.«[6]*

---

* *tellus:* lat. ›Erde‹.

Ich blickte ihn an. »Sie waren von dieser außergewöhnlichen mythischen Gestalt derart fasziniert, daß Sie in ihrem Schicksal anscheinend ein Faktum sahen, vortrefflich dazu geeignet, die Theorie Ihrer Psychoanalyse zu stützen. Was meinen Sie dazu?«

Zu meiner Überraschung sah ich in seinem Gesicht keine Regung des Unwillens, sondern eher eine der Zustimmung. Und er entgegnete, ohne lange zu überlegen:

»Solange Sie Ihre ›höheren Sphären‹ draußen lassen, bin ich mit dieser Erklärung einverstanden. Die menschliche Natur sucht immer nach Geborgenheit, macht Front gegen alle tiefgreifenden Veränderungen. In meinem Fall könnten das Bewußtseinssprünge sein. Das Alte rebelliert gegen das Neue, sucht Zuflucht in der alten Geborgenheit. Als Konsequenz kommt es zur Entfremdung, in diesem Fall zwischen denjenigen, die das Neue annehmen und den anderen, die es ablehnen. Verdrängung findet statt. Unausbleibliche Folge ist letzten Endes die – Neurose.«

»Welche Prognose für die Zukunft würden Sie sich zu diesem Thema jetzt zutrauen?« fragte ich ihn neugierig.

Seine Augen blickten zuversichtlich. »Die Psychologie wird sich weiter entwickeln. In enger Zusammenarbeit mit vielen Bereichen der Medizin wird es ihr mehr und mehr gelingen, die Menschen von ihren neurotischen Leiden zu befreien oder diese mindestens zu lindern. Ich blicke da sehr positiv in die Zukunft.«

»Da bin ich ganz und gar nicht Ihrer Ansicht«, wendete ich ein. »Wollen Sie es denn nicht wahrhaben? Unsere Zivilisation hat eine häßliche Kehrseite. Sie erzeugt laufend neue Ängste, nimmt in ihrer brutalen

Gewalttätigkeit vielen Menschen das Manna des Lebens – die Hoffnung. Wo diese angeekelt davonfliegt, da gibt es keine Heilung, da gibt es bestenfalls Tropfen und Tabletten mit all ihren schädlichen Nebenwirkungen. Nein, die alleinige Chance der Menschheit liegt in einer Beschleunigung der Bewußtseinsevolution, im endlich Begreifen dessen, daß unser kleiner Planet bald seine Geduld mit uns verlieren wird, wenn wir mit unserem liebeleeren Egowahnsinn so weitermachen wie bisher. Nein, die Couch eines Psychologen und das massenhafte Vertilgen von Psychopharmaka führen keine echte Heilung herbei, bieten bestenfalls ein wenig Linderung bis zum nächsten ›Absturz‹.«

»Und was sollte Ihrer Meinung nach getan werden, um den Prozeß der Bewußtseinsevolution zu beschleunigen?« fragte Freud ironisch.

Ich konnte es in seinen Augen lesen. Und was ich las, war nicht sehr schmeichelhaft für mich, denn er hielt mich nach meiner letzten Bemerkung anscheinend nicht mehr für geistig gesund.

Das Heulen des Windes drang bis in mein Wohnzimmer. Ich ging rasch zu dem großen Blumenfenster und ließ die Rolläden herunter. So, jetzt war es doch erheblich leiser. Ich ging zur Sitzgruppe zurück. Der Sessel war leer. Mein Besucher hatte mich verlassen. Bedauern ergriff mich. Ich war ihm die Antwort auf seine Frage schuldig geblieben.

Später, ich konnte lange Zeit nicht einschlafen, erinnerte ich mich an Worte des bedeutenden, noch lebenden österreichischen Biochemikers Erwin Chargaff[*], der Entscheidendes zur Entdeckung der Doppel-Helix

[*] Geb. 1905

der DNS beigetragen hat. Erwin Chargaff äußerte sich zu Freuds Psychoanalyse in seinem Buch ›Das Feuer des Heraklit‹ sehr ironisch:

»Zur Zeit des Augustinus war Dr. Freuds Flohzirkus noch nicht eröffnet. Nichts hätte er herzeigen können, nicht einmal eine gute Identitätskrise oder wenigstens einen Ödipuskomplex. Wer hat denn überhaupt eine Seele? Jetzt haben wir Psychen*, und die sind krank, aber analysierbar.«[7]

* *psyches:* grch. ›Seele‹.

Das Wesentliche der Mystik bleibt der Philosophie, wie wir sie heute kennen, versagt: das Erleben einer wiedergewonnenen Vereinigung mit dem Göttlichen, die Schauung, das bewußte Emporgehobenwerden in eine überweltliche Erkenntnissphäre, von der aus gesehen die Phänomene der Welt sich in ihren verborgenen Urprinzipien enthüllen. Jakob Böhme hat sich zu solchem Erleben durchgerungen. ... Er ist vor allen Dingen Schauender, nicht allein Denkender. ... Der tiefe Sinn seiner Aufzeichnungen erschließt sich nur, wenn die mystische Einsicht, die ihnen zugrunde liegt, als solche erkannt wird.

Die Errungenschaften der modernsten Physik, ihr Wissen um die Identität von Energie und Materie und damit von der Umwandlung von der einen in die andere, von der Endlichkeit des Universums und von dem trotz aller technischen Hilfsmittel eng begrenzten Wahrnehmungsvermögen unserer Sinne, von dem Parallelismus in der Struktur der Makro- und der Mikrowelt, von dem Erfülltsein des Weltalls mit Strahlungskräften ... rücken manches uns näher, was Böhme ... von der Vielfalt der Beziehungen zwischen Geistwelt, Kosmos, Mensch und irdischer Natur ... seinen Zeitgenossen klarzumachen versucht hat. ... Das gesamte Werk Jakob Böhmes weist im Grunde in eine Richtung. Böhme erkennt das Unvermögen der menschlichen Vernunft, von sich aus die letzten inneren Geheimnisse der Schöpfung zu ergründen. Die Vernunft findet den Ursprung der

Dinge nicht. Sie ist an die menschliche Begriffswelt gebunden, blickt auf das Äußere, nicht auf das Innere … Böhme meidet den Pfad willkürlicher Denkoperationen. Seine Einsicht ist die Frucht innerer und im äußeren Leben gewonnener Erfahrung.

Anton Brieger,
Erläuterung, ›Jakob Böhme.
Über die Umkehr und die Einsicht‹

7

Mein sechster Besucher:
Ich sprach mit Jakob Böhme

Alles ist Eins! Der Mensch muß sich selbst erkennen, wenn er sich Gott nähern will. Gott ist in allen Dingen. Die Ewige Natur ist der notwendige Leib, um Gott zu gebären. Das schmerzhafte »Hobeln« der Bewußtseinsevolution.

»Leider ist die Bedeutung dieses Großen der deutschen Mystik bis heute noch nicht richtig erkannt und entsprechend gewürdigt worden«, hatte Paul mir gesagt. »Seine in machtvoller Sprache gehaltenen Aussagen sind wie die Tiefe des Meeres im Vergleich zum seichten Gewässer gelehrt tuender Vernünftelei. Jakob Böhme*, der dialektische Philosoph und Mystiker, erfuhr zu seiner großen Enttäuschung sehr bald die Hilflosigkeit der Vernunft, ist diese doch auf die Verstandeslogik angewiesen, die in ihrer Ignoranz das wahre Bild der Schöpfung eher verhüllt als entschleiert. Und so resümierte er:

›Ich habe viel hoher Meister Schriften gelesen, in Hoffnung, den Grund und die rechte Tiefe darinnen zu finden: aber ich habe nichts gefunden als einen halbtoten Geist.‹[1]

Eine Erkenntnis, die sich schnell in ihm vertiefte. Er ließ davon ab, gelehrte Menschen als eine Art Mittler zwischen sich und der Natur zu befragen, und wandte sich den Quellen selbst und nur noch ihnen zu. So kam fast zwangsläufig der Augenblick, an

* 1575 (Altseidenberg bei Görlitz) – 17. 11. 1624 (Görlitz).

dem er in der ganzen Natur seinen Lehrmeister erblickte.«

Mein Wissen über Jakob Böhme war bis dahin sehr fragmentarisch gewesen, was meine Frage an Paul deutlich zeigte.

»Glaubst du wirklich, daß wir bei ihm Edelsteine des Bewußtseins finden können?«

Pauls Augen hatten mehr als zuversichtlich geblickt. »Es würde mich sehr verwundern, wenn das nicht der Fall wäre.« Danach hielt er mir ein mehrstündiges Privatissimum über Leben und Werk des berühmten Schustermeisters aus Görlitz und diktierte mir dabei den schon zur Routine gewordenen Fragenkatalog.

Und wieder fungierte die alte Linde als Treffpunkt. An was man sich nicht alles gewöhnen kann? Als sich *Böhmes* asketisches Gesicht mit den großen, ein wenig vorstehenden Augen zeigte, war dies für mich eine ganz normale Erscheinung. Ich wollte ihn begrüßen, aber er ergriff sofort das Wort.

»Ich wurde von Ihrem Freund informiert. Wir können uns also unnötige Worte sparen und gewinnen auf diese Weise Zeit. Fragen Sie! Hoffentlich kann ich Ihnen zu allen Punkten Auskunft geben.«

Ich nickte. Schon die erste Frage war sehr bedeutsam, berührte sie doch nachdrücklich das theoretische Gerüst seines Schaffens. Ihre Beantwortung würde mir als Wegweiser für meine weiteren Fragen über das Bewußtsein und dessen Evolution dienen. So hoffte ich wenigstens.

»Sie vertraten den Standpunkt, daß der Mensch lernen muß, sich selbst zu erkennen. Nur auf diese Weise könne er auch die Welt kennenlernen. Warum? Ist das nicht ein Weg, der von Gott wegführt?«

Er schüttelte energisch den Kopf. »Aber nein, das ist ganz und gar nicht der Fall. Meine Forderung stützt sich auf die These – für mich hat sie den Charakter des absoluten Wissens, ist nicht nur eine Behauptung –, daß Gott in *allen* Dingen ist, daß es also *nichts* gibt, worin er *nicht* enthalten ist. Auch *Valentin Weigel** und *Paracelsus*** waren übrigens weitgehend dieser Ansicht. In unserem speziellen Fall heißt das: Der Mensch und die Welt sind nicht zweierlei Dinge, sie sind ein und dasselbe, denn beide sind vom Schöpfer geschaffen worden, sind, ich möchte es so ausdrücken: von seinem eigenen Fleisch und Blut. Deshalb, um die Welt kennenzulernen, ist die Versenkung in sich selbst das beste Mittel, um Erkenntnis zu gewinnen und Gott im Begreifen seiner Größe ein wenig näherzukommen.«

Mir rieselte es kühl über den Rücken. Dieses *Alles ist Eins* von *Cheops* und *Platon* fand bei *Böhme* seine Fortsetzung; auf eine Art und Weise, daß man meinen könnte, sie hätten sich vorher abgestimmt. Mir kam ein Gedanke; er war sicher kein Erzeugnis rationellen Denkens, sondern ein Produkt meiner Intuition. Ich fragte mich: War *allein* die *Weisheit* der Schlüssel zum Verstehen von Zusammenhängen, die weit oberhalb unserer Verstandessphäre angesiedelt waren? War sie und nur sie die über die tiefe Kluft eifersüchtiger Ablehnung führende Brücke von der Vernunft zur Intuition? Beide sich nicht mehr bekämpfend, sondern endlich an *einem* Strang ziehend? Ich schluckte, frag-

---

* Evang. Theologe, 1533 (Naundorf bei Großenhain/Sachsen) – 10. 6. 1588 (Zschopau/Erzgebirge); bedeutendster Vertreter der nachreformatorischen Mystik.
** Arzt und Philosoph, 1493 (Einsiedeln/Schweiz) – 24. 9. 1541 (Salzburg), der ›Luther der Medizin‹ genannt.

te dann: »Sie sagen: So man aber will von Gott reden, was Gott sei, so muß man fleißig erwägen die Kräfte in der Natur.[2] Ich frage Sie: Was ist Gott? Und was ist die Natur?«

Seine Augen begannen zu leuchten, glichen jetzt Laternen, die ihr Licht verbreiteten.

»Um Gott ins Sein zu heben, bedarf es zwingend der *ewigen Natur*. Ohne sie kann es Gott nicht geben. Sie ist der notwendige Leib. Dieser ist allein dazu befähigt, Gott zu gebären.«

»Dann muß es in der ewigen Natur eine besondere Kraft geben, die dieses Gebären bewirken kann, denn ohne sie ...« Ich brach ab, blickte ihn fragend an.

»Ganz richtig. Diese Kraft entspringt dem tiefen Sehnen, Gott aus sich herauszustellen, ihn manifest werden zu lassen.« *Böhme* schwieg. In seinem Gesicht arbeitete es. Es war ihm deutlich anzusehen, zu diesem Thema hatte er noch nicht alles gesagt.

Pauls diesbezügliche Bemerkungen fielen mir ein. »*Böhme* glaubte, einen fundamentalen Widerspruch in der scholastischen Lehre erkannt zu haben. Auf der einen Seite stellte sie in ihrer Kosmologie das Sein Gottes als reine *Geistigkeit* dar, auf der anderen Seite war seine Schöpfung aber rein *materieller* Natur. Immer wieder fragte *Böhme* sich nach dem Warum, nach dem Unterschied zwischen dem rein Geistigen und dem Materiellen und ob das letztere von minderem Rang sei. Fragen, die *Böhmes* Gottesverständnis auf eine neue Ebene hoben und ihn von dem Vorhandensein einer ›ewigen Natur‹ als Gebärerin göttlicher Kraft überzeugten. Da er bei seiner Auffassung blieb, nicht ein Krümchen davon zurücknahm, hatten er und seine Familie nicht nur Lieblosigkeit und Verachtung, sondern den Haß einer engstirnigen, fanatischen Menge zu ertragen. Die protestantische Orthodoxie verfolgte ihn vehement, und auch der Oberpfarrer aus Görlitz gehörte zu seinen erbittertsten Feinden. Dieser ach so ›christliche‹ Kirchenmann hatte nichts unversucht gelassen, seine Gemeinde gegen *Böhme* aufzuhetzen und ihn wegen seiner ›gotteslästerlichen‹ Reden an den Pranger zu stellen. Der Haß dieses Geistlichen war so groß, daß er *Böhme* am liebsten das Schicksal des Dominikanermönchs *Girolamo Savonarola** gewünscht hätte, der wegen seiner Rebellion gegen die Hoffart und den Sittenverfall des Klerus auf dem Scheiterhaufen geendet hatte.«

»Denn wenn keine Natur wäre«, sprach da *Böhme* in meine Gedanken hinein weiter, »so wäre auch keine Herrlichkeit und Macht, viel weniger Majestät, auch kein Geist; sondern eine Stille ohne Wesen, ein ewig Nichts ohne Glanz und Schein.«[3]

Etwas war mir unklar: »Sie sprechen einmal von der ›ewigen Natur‹ und ein anderes Mal bloß von der Natur. Wie soll ich das verstehen? Handelt es sich hier etwa um zwei verschiedene Qualitäten?«

Er nickte. »Das endgültige Wissen darüber ist mir erst in meiner jetzigen Existenz zuteil geworden. Ich will versuchen, es Ihnen zu erklären. Die ›*ewige* Natur‹ gab es schon, *bevor* die Schöpfung begann. Sie war nicht das, was Sie unter dem Begriff Natur verstehen. Sie war mehr, viel mehr. Denn sie war der ›Urgrund‹ oder Ermöglichungsgrund für alles zukünftige Seiende, Konzentration aller Kräfte des späteren Kosmos in einem einzigen substanzlosen Punkt. Und es war die-

---

* 21. 9. 1452 (Ferrara) – (hingerichtet) 23. 5. 1498 (Florenz).

ser ›Urgrund‹, der den Demiurgen* gebar, den Schöpfer aller Dinge, den Weltenbildner.«

»Und der ›Urgrund‹? Was ist er und woher kommt er?« Ich erinnerte mich an *Cheops*. Auch er hatte von einem Urgrund gesprochen, ihn als die Basis der Bewußtseinspyramide und damit alles Bestehenden bezeichnet.

In *Böhmes* Gesicht erschien ein nachsichtiges Lächeln. »Diese Frage kann Ihnen nur der an keine Dimension gebundene Schöpfer beantworten und sonst niemand.«

»Und die Natur im Unterschied zur ›ewigen Natur‹?

»Sie ist das vom Schöpfergott Geschaffene, die Natur, von der die Menschen reden und von der sie überall umgeben sind.«

Ich sah ihn fragend an. »Sicher wissen Sie jetzt mehr darüber, nicht wahr?«

»Das ist richtig, aber je mehr ich darüber erfuhr, um so größere Weiten taten sich vor mir auf. Ich konnte nur kleine Ausschnitte davon in mich aufnehmen, denn sie in ihrer Gänze zu überblicken ist nur Gott möglich.«

»Aber es muß doch einen Plan geben. Ein Kosmos ohne Plan wäre dem Zufall ausgeliefert, und das erscheint mir nun wirklich als ganz und gar unmöglich. Teile dieses Plans, seien sie auch noch so klein, müssen Ihnen doch bekannt sein.«

Die Antwort kam ohne langes Überlegen. »Selbstverständlich habe ich eine, wenn auch mehr punktuelle Kenntnis. Die Annahme von einem ohne Plan, allein

---

* *demiourgos:* grch. ›ein öffentliches Gewerbe frei treibend‹; ›Handwerker‹, ›Künstler‹; bei Platon – und in der Gnosis – ›Gott‹ als Bildner der Welt aus der bereits vorhandenen Urmaterie, im Gegensatz zum Christengott, der aus dem Nichts schafft.

dem Zufall ausgelieferten Kosmos ist irrig. Ohne Plan würde es die Schöpfung niemals geben können, denn das Heraustreten aus dem rein Geistigen ins Materielle *muß* einen Gedanken dieses Geistigen als Ursprung haben, um Schöpfung überhaupt bewirken zu können. Einen Gedanken, erfüllt mit dem Willen zur Tat! Es war ohne Zweifel dieser mit Allmacht versehene Gedanke, der den Schöpfungsakt in Bewegung setzte.« Wieder begannen seine Augen wie Laternen zu leuchten. »*Jetzt* weiß ich, daß Gott in allem existiert, was es gibt, und daß er trotzdem Person ist. Keine Person von der Art, wie es sich der Mensch vorstellt. Gott ist in *allen* Dingen! Er ist Bewußtsein über *allem* Bewußtsein, das im Kosmos vorhanden ist. Er ist auch im Bösen, denn das Böse ist notwendig, um das Gute zu schaffen. Auch hier gilt: Gott ist alles, was es gibt, Pol und auch Gegenpol!« In seinen Augen zeigte sich ein Ausdruck des Bedauerns. »Entschuldigen Sie, besser kann ich Ihnen diese schwierigen Zusammenhänge nicht erklären.«

Es half nichts, ich mußte mich in Geduld fassen, mich langsam vorantasten, um auf diese Weise mein Ziel zu erreichen.

»Bewußtsein ist also etwas Göttliches, habe ich richtig verstanden? Wenn das so ist, dann trägt doch jeder Mensch ein Fünklein dieses Bewußtseins in sich und damit einen Funken der alles überstrahlenden Bewußtseinssonne Gottes.«

Er nickte. »Genau das ist der Fall. Aber nicht nur die Menschen tragen dieses Fünklein in sich, sondern auch Tiere und Pflanzen, sogar die Steine besitzen es. Aber alle Fünklein unterscheiden sich je nach ihrer Stärke voneinander. Es ist wie bei den Himmelskörpern: manche sind klein, verfügen nur über eine geringe Anziehungskraft, andere besitzen eine stärkere Gravitation, wieder andere, von ihnen gibt es nur wenige, sind wahre Bewußtseinsriesen. Doch eines unterscheidet sie von den Sternen am Himmel – sie wachsen, unmerklich zwar, aber sie wachsen, einem herrlichen Ziel entgegen.«

Ich schluckte vor Erregung. »Jedes dieser Fünklein wächst also über viele Leben hinweg ganz allmählich zu einem großen Funken, schließlich zu einem kleinen Licht. Dieses entwickelt sich, wiederum ganz allmählich, zu einem weithin strahlenden Licht. So lange, bis von ihm ein Leuchten ausgeht, das alles Sein erkennt – und versteht. Kann man das im übertragenen Sinn so sagen?«

Er lächelte. »Sprechen Sie es doch aus, Sie verstehen unter dem Wachsen des Fünkleins bis hin zum strahlenden Licht die Evolution des Bewußtseins, ist es so?«

»Ja, die meine ich. Es gibt sie also, die Evolution? Nicht nur, wie bei *Darwin*, die Evolution der Arten, sondern die des Bewußtseins oder der Seele?«

Böhmes Gesichtsausdruck wurde ernst. »Natürlich gibt es sie, und sie ist die Krönung der Schöpfung überhaupt, denn ohne sie würde es den Kosmos als das wundervollste Gedicht Gottes nicht geben können. Hier liegt vielleicht sogar die Lösung des großen Rätsels.«

»Was für ein Rätsel meinen Sie?«

»Ich meine den Sinn der Schöpfung.« *Böhmes* Stimme gewann an Farbe, wurde leidenschaftlich: »Ich schließe jetzt an meine früheren Ausführungen zu diesem Thema an: Überlegen Sie doch: Wenn alles, was es gibt, den göttlichen Bewußtseinsfunken in sich trägt, dann *muß* die Evolution des Bewußtseins doch irgendeinen Sinn haben, denn wozu sonst dieser Funken?

Welchem Ziel wächst also die Evolution entgegen?« Er brach jäh ab. Ich sah es ihm an, er suchte nach einer treffenden Erklärung. Für mich ein Beweis dafür, daß selbst Wesen wie er durchaus noch menschlich sein können. In diesem Augenblick sprach er weiter. »Der ›Urgrund‹, die ›ewige Natur‹, hat den Demiurgen geboren. Vielleicht hat auch die von dem Demiurgen geschaffene Natur das Bestreben, auf einer anderen, niedrigeren Stufe ebenfalls zu gebären! Dieses auf die Evolution gerichtete dynamische Streben im Innersten jedes Atoms und jeder Zelle muß seit Beginn der Schöpfung auf ein ganz bestimmtes, weit in der Zukunft liegendes Ereignis warten, um sich zu erfüllen: auf den Endpunkt der Evolution jener Lebewesen, die als erste das Ziel erreichen, auf ihr Hinüberwechseln in supramentale Bereiche. Wahrscheinlich werden nur einzelne diesen Endpunkt erreichen können. Doch wie viele es auch sein mögen, sie sind, falls der Mensch dazu ausersehen ist, zum Übermenschentum bestimmt. Dann ist jener Zustand eingetreten, den die Offenbarung prophezeit: *Ein neuer Himmel ... eine neue Erde!* Doch was danach sein wird ...« Er schwieg kurz, fügte dann voll Demut hinzu: »Es ist überflüssig, danach zu fragen, denn die Antwort kennt nur – *Gott!*«

Wieder rieselte ein Schauer über meinen Körper. Ich mußte erneut an *Cheops* und *Platon* denken, an die Stufen der Bewußtseinspyramide und an das Höhlengleichnis und den Aufstieg zum Licht der Erkenntnis. Unglaublich wie sich die Bilder glichen.

In *Böhmes* Gesicht trat ein Leuchten. Es schien von innen zu kommen, wirkte überirdisch auf eine Weise, als sei ihm jäh eine Erleuchtung zuteil geworden.

»Was ist?« fragte ich, zutiefst angerührt.

»Prägen Sie es sich ein: Das Bewußtsein *muß* in Richtung Evolution voranschreiten«, antwortete er mit fester Stimme. »Weil dieses Muß von der eisernen Beschaffenheit eines Naturgesetzes ist. Nicht einmal Gott kann den Ablauf der Evolution verhindern, denn der ›Urgrund‹ als der eigentliche Herrscher will es so.« Ich begriff nicht. »Warum?« fragte ich schnell. Wieso konnte er wissen, was der ›Urgrund‹ wollte oder nicht wollte? Mir kam das reichlich konstruiert vor.

Ich blickte ihm in die Augen und las in ihrem Grund ein Wissen, für das mein Gehirn viel zu klein war. Dann erwiderte er: »Warum? Weil Schöpfung war, ist und *immer* sein wird, niemals ihr Ende findet. Sie gleicht einer Straße, die sich im Grenzenlosen zu verlieren scheint. Immer wieder werden neue Wegmarken sichtbar. Schöpfung ohne das dynamische, zielgerichtete Element der Bewußtseinsevolution ist undenkbar. Ich weiß es, eines fernen Tages wird sich der Menschheit die für sie bestimmte Wegmarke am Horizont zeigen – und sie wird dieses Ziel trotz aller Prüfungen und scheinbarer Widerstände erreichen! Und was für das Leben auf der Erde gilt, das gilt selbstverständlich genauso für das Leben im gesamten Kosmos. Überall findet Evolution statt – bis in alle Ewigkeit!«

Er sah mich forschend an und wußte sicher augenblicklich, wie es in mir aussah, denn er sagte tröstend: »Ich verstehe Ihre Zweifel. Ich hatte sie damals auch. Wer mir solche Worte wie die meinen gesagt hätte, den hätte ich für einen Irren gehalten, denn das damalige Leben vieler Menschen glich in vieler Hinsicht dem Aufenthalt in einem Schweinekoben. Und für *dieses* Leben sollten wir auch noch belohnt werden, obwohl vielen von uns das Wälzen in der übelsten Kloake als äußerst genußvoll und sehr fortschrittlich erschien. Wenn ich mich nur an das besonders ›fortschrittliche‹ Leben und den mit ihm verbundenen Sittenverfall des damaligen Klerus erinnere ... Du lieber Himmel, ich hätte solche Worte mit Sicherheit für das Produkt eines kranken Gehirns gehalten.«

Er schüttelte den Kopf, fuhr dann fort:

»Auf ihrem Weg wird die Menschheit noch viel zu erdulden haben, denn die Einsicht, daß die treibende Kraft auf der Straße der Evolution des Bewußtseins *allein* die *Liebe* ist, fällt ihr ungeheuer schwer. Nicht die Liebe, die nur besitzen will, sondern jene, die sich auf den Nächsten erstreckt und vor Opfern, auch größeren, nicht zurückschreckt, ist es. Diese Liebe will helfen, will heilen. Das ist ihr Hauptanliegen. Nichts anderes hat dagegen Bestand.« Einem tiefen Seufzer folgten noch die Worte: »Schon zu meinen Lebzeiten wurden Gefühle dieser Art vom zunehmenden Egoismus mehr und mehr erstickt, einem zarten Pflänzlein gleich, das vom Unkraut überwuchert wird.«

Ich sah ihn verständnislos an. »Ich begreife es nicht: Die Menschen können also tun und lassen, was sie wollen, und trotzdem reden Sie von einem Muß im Hinblick auf den Fortlauf der Evolution?«

»Ich weiß, das ist sehr schwer zu verstehen. Ich werde versuchen, Ihnen den Sinn des Bösen in der Schöpfung zu erklären, aber beantworten Sie mir vorher bitte noch eine Frage: Welchen Stellenwert hat die Liebe bei den Menschen Ihrer Zeit?«

Ich mußte erneut an Paul denken. Er hatte ebenfalls diese Frage angesprochen und mir mit ernstem Gesicht einen Ausspruch von Anton Brieger, einem Kommentator *Böhmes*, vorgelesen; nach Paul war dieser hervorragend geeignet, über das *heutige* ›Umfeld‹ der Liebe Auskunft zu geben, den ›Boden‹ also zu beschreiben, auf dem sie nur schlecht gedeihen kann: »Wir sind inmitten eines materiellen und rationalen Fortschritts einsam und uns selbst fremd geworden, haben Ziel und Richtung aus den Augen verloren. Die Natur um uns scheint ergraut, erkaltet und ohne inneres Leuchten. Unsere Lebenskräfte sind zersplittert und entzweit, sind in Gefahr, im Stofflichen zu erlöschen. Wir dienen längst den Mächten, die wir riefen, nicht sie uns. Wir haben die Früchte unserer Arbeit auf die Waagschale des Erdendaseins geworfen. Das Gleichgewicht des Lebens ist zerstört, die innere Einheit der vergänglichen und unvergänglichen Daseinswerte zerrissen, und das Gefüge jeder menschlichen Einrichtung scheint zu zerbrechen. Allem, was Menschenhand schuf, droht Vernichtung.«[4]

Böhme sah mich auf eine seltsame Weise an. So, als ob er in dieser Aussage etwas vermissen würde. Dann entgegnete er: »Das klingt nicht gut.« Er schüttelte den Kopf. »Es ist nicht zu bestreiten, die Menschheit hat im Verlauf ihrer Entwicklung mehr und mehr den Egoismus zum Götzen gemacht und dabei die Liebe vergessen, vielleicht sogar verloren.« Merkwürdig, seine Worte klangen rein sachlich, hatten den Charakter einer lapidaren Feststellung. Nicht die kleinste Spur von Kummer ob dieser tragischen Entwicklung war in ihnen zu finden. Dabei wäre ein solches Gefühl nach diesen Düsternis erzeugenden Worten angebracht gewesen. Ich verstand das nicht. Aber vielleicht bekam ich nach meinem nächsten Beitrag die Erklärung.

»Liebe gibt es immer noch, aber nur noch sehr wenig von jener Art Liebe, die Sie eben erwähnt haben«, entgegnete ich traurig. Zorn stieg in mir hoch. Einer von der Art, der einem die Selbstbeherrschung raubt und leicht Worte sprechen läßt, die besser ungesagt blieben. Meine Stimme kam mir fast vor wie Donnerhall, als ich fortfuhr: »Hier und da mag es noch Nächstenliebe geben, aber am Meeresstrand gibt es ja auch hier und da noch Muscheln, die kostbare Perlen in sich bergen. Und was die Liebe zwischen Mann und Frau angeht, unsere dem Einschaltquotenteufel ach so untertänigen Medien bemühen sich sehr fleißig, sie auf das rein Geschlechtliche zu reduzieren. Das Gezeigte läßt kaum Wünsche offen. Dieses Tun zahlt sich aus, denn es erhöht die Einschaltquote und damit die Einnahmen durch Werbeträger. Gewissensbisse? Unsinn, unser Volk ist schließlich mündig – und frei. Wenn diese Freiheit weiter so überschäumt, dann reduziert sich die Liebe immer mehr; dann degeneriert sie vollends zur sportlichen Jagd auf den Orgasmus. Auch hier hat natürlich das Leistungsprinzip zu gelten. Wo kämen wir auch ohne Leistung hin?! Vielleicht, nein, sicher werden die Medien in einem solchen ›Sport‹ ein neues Zugpferd publikumswirksamer, gewinnbringender Darbietung entdecken. Ja, unsere Freiheit geht uns über alles! *Seele, Gefühle?* Wer sie erwähnt, der läuft Gefahr, als ein dem Kitsch verhafteter altmodischer Trottel verlacht zu werden. Nahrung für die Seele? Seit wann braucht die Seele Nahrung? Aufgeklärte Menschen können doch an einen solchen Mumpitz unmöglich glauben. Nein, nichts geht daran vorbei, der Mensch findet seine Erfüllung nur dann, wenn er möglichst viele Gelegenheiten erhält, mit denen er sich ein Maximum an Lustgewinn verschaffen kann. Zum Beispiel mit einem neuen Auto, einer gelungenen ›Anmache‹, mit dem Ausstechen beziehungsweise Vernichten eines Konkurrenten am Arbeitsplatz ... Ach ja, es gibt doch so viele Möglichkeiten, mit ›Freuden‹ dieser Art unser Selbstwertgefühl auf den Olymp des Glücks zu schießen. Davon profitiert doch auch die sogenannte Seele, wenn es diese denn tatsächlich geben sollte.« Ich schwieg, holte tief Atem nach diesem schier zwanghaften Erguß. Der Zorn hatte mich getrieben. Welche Antwort würde ich erhalten?

Da packte mich ein anderes Gefühl – Beschämung! Wie konnte ich nur? Was würde mein Besucher nach diesem von Hoffnungslosigkeit gekennzeichneten Lamento von mir halten? Und gerade die Hoffnung ist es doch, die niemals, unter gar keinen Umständen, verlorengehen darf. Denn was ist der Mensch ohne sie? Nichts anderes als ein steuerloses Schiff im Sturm. Es kann den Kurs nicht halten, wird zu einem Spielball der Wellen.

Als *Böhme* antwortete, lag in seinen Augen nicht die Spur eines Vorwurfs, sondern nur Teilnahme und tiefes Verständnis. Das bewiesen auch seine folgenden Worte. »Ich sprach vorhin kurz über das Gute und das Böse, darüber, daß sich beides gewissermaßen bedingt. Eines ist ohne das andere nicht zu denken. Ich weiß, was ich jetzt sage, ist nicht leicht einzusehen – *beides* kommt von Gott, wie auch alle anderen Qualitäten von ihm kommen.« Er sah mich fest an, sagte dann: »Sie können sich einen Tischler vorstellen. Er ist gerade dabei, einen Schrank zu fertigen und ein passendes Brett dafür zu hobeln. Was passiert?«

»Wo gehobelt wird, da fallen Späne«, fiel mir eine alte Volksweisheit ein. Was sollte das? Worauf wollte *Böhme* hinaus?

Mein Besucher lächelte. »Können Sie mir folgen, wenn ich zu diesem Beispiel behaupte: Der Hobel fügt dem Brett ›Schmerzen‹ zu. Jedes Hobeln, jeder abgehobelte Span stellt, sinnbildlich genommen, einen

Schmerz dar, ist für das Brett etwas Böses. In Wirklichkeit wird aber durch das Hobeln eine neue Form erzeugt, eine sehr nützliche Form. Eine auf höherer Ebene. Sie ahnen sicher, worauf ich hinauswill?«

»Soll das heißen, daß das sogenannte Böse im Leben der Menschen ähnlich zu bewerten ist wie das Hobeln des Tischlers?«

»Ja. Das Leben hobelt die Menschen nach seinem Willen zurecht, formt mittels Freude und Leid ununterbrochen an ihrem Bewußtsein.«

»Also, deshalb haben Briegers Worte Sie eben kaum beeindruckt, stimmt das?«

»Sie haben recht, denn in mir ist nur Zuversicht, gibt es keinen Platz für pessimistisches Denken und Hoffnungslosigkeit. Ich sage es Ihnen, die Menschen können sich noch so sehr durch ihr närrisches Tun gegen ihre Bestimmung auflehnen, es wird ihnen nichts nützen. Genausowenig wie den Wolken, die die Sonne nicht auf Dauer hindern können mit ihren Strahlen den Erdboden zu erreichen. Die Evolution schreitet voran, weiter und weiter, mal langsamer, mal schneller, nichts kann sie aufhalten.«

Er sah mich an, sagte dann sehr langsam: »Die beiden Qualitäten Gut und Böse sind schon seit Beginn der Schöpfung so etwas wie ihre Werkzeuge, sind Hobel und Meißel ebenso wie sanftes, liebevolles Streicheln eines geliebten Menschen. In Wirklichkeit gibt es keinen Widerspruch, wenn man alles Geschehen als Dienst an der Evolution ansieht, an dem Herausarbeiten eines supramentalen Bewußtseins. Hämmert nicht auch ein Bildhauer so lange an einem Marmorklotz herum, bis sich nach vielem Bemühen endlich das gewünschte Bildnis zeigt? Doch damit ist er noch nicht zufrieden. Er hämmert und schleift weiter, denn er will der Skulptur Beseeltheit verleihen. Die Evolution des Bewußtseins verfährt nicht anders. Sie ist hier *alles* das, was zum Herausarbeiten der Supramentalität aus dem ›Marmorblock‹ des Anfangsbewußtseins taugt, im übertragenen Sinne alles ›Handwerk‹, was es gibt. Auch sie will die ›Seele‹, hier das Göttliche im Menschen, sichtbar machen.«

Nein, damit war ich nicht einverstanden. Verbrechen, wie es zum Beispiel Mord, Raub und Vergewaltigung doch ohne Zweifel sind, können unmöglich im Dienst der Evolution stehen. Wenn der Hauptantrieb für die Evolution des Bewußtseins die Liebe sein sollte, dann konnten sich solche »Späne« unmöglich darunter befinden. Für sie hatte mit Sicherheit ein anderes »Maß« zu gelten. Ich fragte ihn.

Ich konnte sehen, wie *Böhme* zu einer Antwort ansetzte, doch geben konnte er sie nicht mehr. Sein Gesicht löste sich auf einmal auf, verschwand innerhalb einer flüchtigen Sekunde. Die kosmische Überlappungsfront war vorbeigezogen, die Zeit des Besuches damit zu Ende. Schade, dachte ich bedauernd, gerade an der Beantwortung meiner letzten Frage hätte mir viel gelegen.

Noch lange danach befand ich mich im Banne dieser hohen geistigen Potenz, fühlte mich am nächsten Morgen ihr immer noch so nahe wie am Abend unter der Linde. Ja, Pauls Vermutung hatte sich bestätigt, ich hatte bei *Böhme* einen wahren Schatz an *Edelsteinen* des Bewußtseins heben können. Dieser Denker hatte mir mit Sicherheit geholfen, die Vervollkommnung des Bildes zu befördern.

Die Vergleichung des Weltalls mit einer
Maschine menschlicher Erfindung ist ...
naheliegend und natürlich, und ist durch
so viel Fülle von Ordnung und Absicht in
der Natur gerechtfertigt ...

Das Schöne ist keine Eigenschaft der
Dinge selbst; es existiert nur im Bewußtsein
des Betrachters, und jedes Bewußtsein
nimmt eine besondere Schönheit wahr ...

David Hume,
zitiert nach
›Philosophenlexikon‹

8

Mein siebenter Besucher:
Ich sprach mit David Hume

Die Empfindungen sind die eigentlichen Wahrheiten.
Nur Sinne und Erfahrungen zählen. Metaphysisches
Denken huldigt dem Aberglauben.

Paul und ich hatten die Schriften des schottischen Philosophen *David Hume** gründlich durchgenommen. Auf
diese Weise lernte ich einen Philosophen kennen, der
wie kaum ein anderer die *Erfahrung* in den Dienst seiner Erkenntnissuche gestellt hat. »Er glaubte nur an
das, was ihm seine Sinne zeigten, und war damit, grob
gesagt, ein Verfechter des ›gesunden Menschenverstan-
des‹«, sagte mir Paul. »Als einzige Quelle des Wissens
galt ihm die durch die Sinne vermittelte Erfahrung,
während ihm das Denken nur dazu zu dienen schien,
den durch die Sinne vermittelten ›Stoff‹ zu verarbeiten.
Es hat nur, zitierte er, die Fähigkeit der Verbindung,
Umstellung, Vermehrung oder Verminderung des Stof-
fes zu leisten, den uns Sinne und Erfahrungen liefern.«[1]
Paul hatte einen Augenblick nachdenklich geschwiegen und dann hinzugefügt: »Großes Aufsehen hat auch
seine Kritik am Kausalitätsdenken erregt.«
»Warum?«
»Weil seiner Ansicht nach die Abfolge von Ursache
und Wirkung auf nichts anderes als auf die Gewohnheit zurückgeführt werden kann. Um es dir besser zu
verdeutlichen: Was passiert, wenn deine Hand einen
Ball wirft?«

---

* 26. 4. 1711 (Edinburgh/Schottland) – 25. 8. 1776 (ebd.).

»Der Ball fliegt kürzer oder weiter, je nach der Kraft, mit der ich ihn werfe. Allgemein gesagt: Der Wurf konstituiert einen kausalen Verknüpfungszusammenhang zwischen der Kraft des Werfenden und dem Flug des Balls.«

Paul hatte über meinen Versuch, mich wissenschaftlich auszudrücken, gelächelt. Dann erwiderte er: »Und eben diesen Verknüpfungszusammenhang bestreitet *Hume*. Seiner Ansicht nach zeigten sich den Sinnen lediglich einerseits die werfende Hand und andererseits der fliegende Ball. Eindrücke, die, jeder für sich allein genommen, absolut feststehen würden. Doch das würde nicht für die angenommene kausale Verknüpfung *zwischen* der werfenden Hand und dem Ball gelten.« Paul hatte mit der Hand durch die Luft gestrichen: »Diese Zusammenhänge brauchen uns nicht zu interessieren. Laß dich deshalb auf keine Diskussion mit ihm darüber ein, denn das würde deinem Hauptthema viel Zeit stehlen.«

»*Hume* muß ein sehr skeptischer Mann gewesen sein«, hatte ich gemeint.

»Ja, das war er. Die folgende Äußerung von ihm kennzeichnet seine Geisteshaltung, die das menschliche Erkenntnisvermögen allein auf das Feld der Erfahrung beschränkt sah. In seiner Skepsis verstieg er sich sogar zu dem Ausspruch, daß ›die Betrachtung der menschlichen Blindheit und Schwäche das Ergebnis aller Philosophie‹ sei.«[2]

Paul hatte eine kurze Pause gemacht. Als er weitersprach, geschah das mit bedeutsamer Stimme:

»Ein ganz besonderes Anliegen war ihm der Kampf gegen ein Denken, das sich mit metaphysischen Ideen befaßte. Sie seien ›entweder … Produkt unfruchtbarer Anstrengungen der menschlichen Eitelkeit, welche in

Gegenstände einzudringen sucht, die dem Verstand durchaus unzugänglich sind, oder das Gespinst eines Aberglaubens, der auf offenem Felde sich nicht zu verteidigen vermag und daher das verworrene Dickicht aufsucht, um seine Blößen zu bedecken und zu schützen.‹«[3]

Nach diesem Dialog hatten wir den Fragenkatalog aufgestellt.

Wie schnell man sich an übersinnliche Manifestationen gewöhnen kann, mußte ich wieder denken, als ich auf der Bank unter der alten Linde saß. Die interdimensionale Überlappungsfront würde mir in wenigen Augenblicken den Geist eines berühmten schottischen Philosophen bescheren, und ich fand das ganz natürlich.

Zu weiteren Gedanken in dieser Richtung kam ich nicht mehr. Gleißendes Licht verbreitete sich. Ich wendete mich ein wenig nach rechts – und erblickte das Gesicht meines Besuchers. Bei dessen Anblick erinnerte ich mich an die Beschreibung, die ein Zeitgenosse – und Anhänger seiner Lehre! – von *David Humes* Äußerem abgegeben hatte: »Sein Aussehen spottete jeder Physiognomik, und der Tüchtigste in dieser Wissenschaft würde nicht die mindeste Spur seiner Geisteskräfte in den nichtssagenden Gesichtszügen haben entdecken können. Sein Gesicht war breit und fett, sein Mund groß und von einfältigem Ausdruck. Die Augen waren leer und geistlos … «[4] *Hume* soll zu seinen Lebzeiten ein ungeduldiger Zeitgenosse gewesen sein, was ich auch sofort zu spüren bekam.

»Nun fangen Sie doch schon an, ich bin nicht hierhergekommen, um meine Zeit zu verplempern«, fuhr er mich an. Seine Augen blickten mißmutig.

»Sie wissen doch, warum Sie hier sind?« fragte ich ihn. »Mein Freund hat Sie über mein Anliegen unterrichtet, nicht wahr?«

»Ja, aber meine Antworten werden Ihnen keine reine Freude bereiten«, entgegnete er schroff. Es war ihm deutlich anzusehen, daß ihm seine Besucherrolle nicht gefiel. Wie Paul es wohl angestellt haben mochte, dieses störrische Wesen zu überreden?

»Komm zuerst auf die Religion zu sprechen«, hatte mein Freund mir geraten. »Erst danach stelle Fragen nach der Evolution des Bewußtseins. Wenn er zur Religion immer noch seinen alten agnostizistischen Standpunkt einnimmt, dann ist im Hinblick auf die Evolution nicht viel von ihm zu erwarten.«

»Wenn du jetzt schon skeptisch bist, wäre dann ein anderer Besucher nicht sinnvoller gewesen?« hatte ich ihn damals gefragt.

»Nein, auf keinen Fall. Wir wollen doch nicht nur das Pro, sondern auch das Kontra zu Wort kommen lassen.« Paul hatte danach lächelnd hinzugefügt: »Nur Zustimmung zu verarbeiten wäre nicht nur gräßlich langweilig, sondern auch in höchstem Maße unwissenschaftlich.«

Ich sah meinen Besucher fest an. »In Ihren Werken haben Sie sich sehr unfreundlich über die Religion geäußert«, begann ich.

Auf der Stirn meines Gegenübers bildeten sich Furchen, und in seinen Augen glühte es auf. »Es gibt auch nichts Freundliches über sie zu sagen«, entgegnete er heftig. »Können Sie sich denn nicht denken, welche Gründe für das Entstehen der Religionen verantwortlich waren?« Ohne innezuhalten, gab er selbst die Antwort: »Alle Religionen dieser Welt verdanken ihr Entstehen allein der Furcht und der Hoffnung des

Menschen, aber mitnichten einem sogenannten höheren Wesen. Auf der einen Seite ist es die Furcht vor dem Tod und auf der anderen die Hoffnung, nach dem Hinscheiden würde sich die aus dem Körper austretende Seele auf den direkten Weg in den göttlichen Himmel begeben.« In seinem Gesicht zeigte sich ein spöttisches Lächeln. »Die Guten dürfen hinein, und auf die Bösen wartet die Hölle, in der sie schmoren müssen bis zum Jüngsten Tag!« Er schüttelte den Kopf. »Mag daran glauben, wer will, ich habe es nie gekonnt und kann es in meiner jetzigen Existenzform erst recht nicht.« Er schwieg.

»Jetzt auch noch nicht?« fragte ich fassungslos.

»Nein, *jetzt* auch noch nicht«, erwiderte er mit grimmiger Miene. »Was hat sich denn für mich geändert? Ich will es Ihnen sagen, nichts hat sich geändert, überhaupt nichts.«

»Aber Sie befinden sich doch in einer ganz anderen, viel höheren Dimension als vorher«, wandte ich ein. »Nicht mehr in der materiellen, sondern in der reinen Geistform.« Ich hob die Schultern. »Und Sie behaupten trotzdem, es hätte sich nichts geändert. Das verstehe ich nicht.«

Seine Augen blitzten mich zornig an. »Das einzige, was sich geändert hat, ist, daß ich keinen leiblichen Körper mehr habe, der gewisse Anforderungen stellt. Aber sonst ist alles gleich geblieben. Ich arbeite wie früher an der weiteren Ausgestaltung meiner Philosophie. Wenn nur ...«, er schwieg, schüttelte abermals den Kopf. In seinen Augen stand Ratlosigkeit.

Ich hakte sofort nach. »Was ist mit ›wenn nur...‹?« fragte ich gespannt.

Er nickte: »Ich lebe wie in einem dichten Nebel«,

klagte er. »Nur ganz selten öffnet sich der Dunst, und ich sehe in eine wundersame Bläue hinein. Doch kaum habe ich sie erblickt, dann schließt sich der Nebel auch schon wieder, und ich muß weiter in diesem alles verhüllenden Dunst leben. Warum nur – warum? Schon oft habe ich mich das gefragt, aber nie eine Antwort erhalten.« Seine Augen funkelten wütend auf. »Das ist sehr ungerecht.«

Ich begriff das nicht. Warum war das ausgerechnet bei ihm so? Keiner der vorherigen Besucher hatte ähnliches gesagt. Doch weitere Fragen zu diesem Thema verkniff ich mir, sie würden mir kostbare Zeit rauben.

»Dann glauben Sie auch nicht an religiöse Wunder?«

Ein verächtlicher Blick traf mich. »Wer glaubt schon daran? Doch nur das gemeine Volk, dem die Pfaffen das mundgerecht von der Kanzel herab servieren.«

»Das stimmt nicht – auch andere glauben daran«, widersprach ich ihm.

»Doch nur jene, die ihren Nutzen daraus ziehen«, entgegnete er heftig. In seinen Augen las ich bitteren Spott, als er hinzufügte: »In Wirklichkeit glauben sie nicht, sondern tun nur so, um die Masse zu täuschen. Sie müssen es doch wissen: Der Glaube an die Religion sorgt für die Einhaltung der Gesetze und ist von großem Nutzen für das friedliche Zusammenleben der Menschen. Ohne Religion könnte leicht brutalste Anarchie nach dem Zepter greifen und die Menschen unglücklich machen.«

»Sie akzeptieren die Religion also nur von ihrer Nützlichkeit her und nicht, weil Sie an ihre Inhalte glauben?«

»Ja, so und nicht anders verhält es sich bei mir.«

»Sie waren auch ein scharfer, kompromißloser Gegner

jeder Art von metaphysischer Philosophie.* Eine Forderung von Ihnen macht das ganz besonders deutlich. Ich darf Sie zitieren:

›Sehen wir die Bibliotheken durch, wie müßten wir dann hier aufräumen! Nehmen wir etwa ein theologisches oder metaphysisches Buch zur Hand, so müßten wir fragen: Enthält es eine abstrakte Untersuchung über Größe und Zahl? Nein! Enthält es erfahrungsgemäße Erörterungen über Tatsachen und Existenz? Nein! So übergebe man es den Flammen, denn es kann nur sophistische Täuschungen enthalten.‹«[5]

Ich sah ihn an und fragte: »Sind Sie immer noch dieser Ansicht?«

Aus seinen leicht herausquellenden Augen traf mich ein funkelnder Blitz.

»Ja. Und es gibt nichts, was mich in meiner Überzeugung wankend machen könnte.«

Keine Frage, *David Hume* war zu seinen Lebzeiten sicher sehr von sich eingenommen gewesen. Ich war gespannt, was er auf meine nächste Frage antworten würde.

»Sie können es nicht bestreiten – Ihr Sein besteht seit Ihrem Ableben in einer körperlosen Existenz, in einer Geistform.«

Hume sprach kein Wort, nickte nur.

Ich holte tief Atem. »In einer Form also, die Sie früher für unmöglich gehalten hätten. Geben Sie es zu: Ein Buch, in dem Sie solches gelesen hätten, wäre damals bei Ihnen auf dem Scheiterhaufen gelandet.«

»Ja, das wäre es«, sagte er gleichmütig.

---

* Überempirische, jede mögliche Erfahrung überschreitende philosophische Disziplin; *meta ta physika:* grch. ›nach, hinter der Physik, dem Physischen‹, hier im Sinne von ›jenseits‹.

»Jetzt können Sie es doch nicht mehr abstreiten: Es gibt tatsächlich übersinnliche Phänomene, und diejenigen, die sich damit befassen, huldigen deswegen doch keiner Pseudophilosophie, wie Sie es damals auszudrücken beliebten.«

Seine Antwort setzte mich in Erstaunen. *Hume* sagte: »Ich habe nie bestritten, daß die Fähigkeiten des menschlichen Verstandes beschränkt sind. Eine meiner Äußerungen, die nachlesbar ist, läßt das doch zweifelsfrei erkennen. Nur einen Weg gibt es, um die Forschung von diesen unfruchtbaren Fragen zu befreien, nämlich den: den menschlichen Verstand streng zu untersuchen und vermittels einer genauen Analyse seiner Kräfte und Fähigkeiten darzutun, daß er für solche entlegenen und dunklen Gegenstände durchaus ungeeignet ist.«[6]

»Mit anderen Worten, Sie überlassen dem menschlichen Verstand und der Erfahrung allein das Feld, lassen Inspiration oder Imagination als dynamische Antriebe für schöpferisches Tun nicht gelten, trauen ihnen keine richtige Urteilskraft zu, denn diese muß ja Ihrer Meinung nach auf Erfahrung gestützt sein. Habe ich mich richtig ausgedrückt?«

»Ja, das haben Sie.« Seine Augen standen in Flammen. »Ist es denn so schwer zu begreifen? *Unsere Vernunft kann niemals ohne den Beistand der Erfahrung irgendwelche Ableitungen in bezug auf wirkliches Dasein und Tatsachen vollziehen.*«[7]

Hatte ich jetzt eine schwache Stelle in seinem Gedankengebäude entdeckt? Rasch entgegnete ich: »Immerhin, Sie erkennen damit die Beschränktheit des menschlichen Verstandes an. Das heißt aber doch automatisch: Sie geben zu, daß es Dinge gibt, die *außerhalb* seiner Reichweite, also außerhalb seines Erkenntnisvermögens liegen.« Ich sah ihn fragend an.

»Warum dann, um Himmels willen, Ihr heftiger Kampf gegen das metaphysische Denken?«

»Weil die metaphysische Philosophie dem Bewußtsein einen Rang einräumt, den ich für völlig unangebracht, ja sogar für schädlich erachte.«

»Was für einen Rang meinen Sie?« fragte ich verwundert.

Mein Besucher plusterte verächtlich seine dicken Backen auf, was seinem breiten, grobflächigen Gesicht einen possierlichen Ausdruck verlieh.

»Es ist wirklich unglaublich: den Rang einer über allen Dimensionen stehenden geistigen Substanz. Diese seltsamen Philosophen reden großmächtig von einem göttlichen Fünklein, das in jeder Menschenbrust wohne und sich ständig fortentwickle. Nein, meine Philosophie spricht da eine ganz andere, weil wirklichkeitsnähere Sprache.«

»Und was für eine ›Sprache‹ soll das sein?«

Seine Antwort kam wie aus der Pistole geschossen.

»Für mich ist das Ich, also das Bewußtsein, keine Substanz an sich und beileibe keine von besonderer Art. Für mich hat es den Charakter eines Stromes, der von den Rinnsalen unzähliger Empfindungen gespeist wird. Ohne diese Empfindungen könnte es keinen sich in ständiger Bewegung befindenden Strom geben. Deshalb sind sie, und nur sie, die *eigentlichen* Wahrheiten. Die Religion dagegen ...« Er brach ab, doch in seinem Gesicht arbeitete es heftig.

»Was ist mit ihr?« fragte ich.

Seine Augen richteten sich auf mich, und ich las Strenge, vermischt mit Resignation in ihnen. »Die Religion erzieht die Menschen zu Heuchlern und Lügnern. Wer hält schon die zehn Gebote ein? Niemand, sage ich Ihnen, absolut niemand! Aber alle sogenannten Gläubigen tun so, als sei ihnen die Befolgung der Gebote ein dringendes Anliegen. Und sie versäumen fast nie ihren sonntäglichen Kirchgang. Aber wie sind sie wirklich? Was versteckt sich hinter ihrer Maske? Ich will es Ihnen sagen: Sobald diese ›Christen‹ die Kirche verlassen haben, eilen sie im Laufschritt zu ihren weltlichen Vergnügungen, können es kaum erwarten, daß sie die ›Welt‹ wieder in die Arme schließt. A bah! Alles nur geheuchelt und gelogen.«

»Andererseits haben Sie die Religion aber für nützlich gehalten, weil sie dazu geeignet sei, die Leidenschaften der Menschen im Zaum zu halten.«

Die Resignation in seinem Gesicht verstärkte sich noch. »Sie haben recht. Sie ist für das Zusammenleben der Menschen und damit auch für den Staat von großem Nutzen. Aber dieser muß um den Preis von Lüge und Heuchelei erkauft werden.«

Ich sah es ihm an, er wollte weitersprechen, das Thema ausweiten, aber ich hinderte ihn daran, denn ich wollte endlich mit dem Hauptthema, der Evolution des Bewußtseins, beginnen.

»Was halten Sie von der Bewußtseinsevolution?« fragte ich ihn. Sicher würde er jeden Gedanken an sie für pure Verschwendung halten.

In seinem Gesicht zeigte sich Widerwillen. »Wollen Sie mich das wirklich fragen? Ich hatte gehofft, Sie würden es lassen.«

»Aber warum? Finden Sie diese Frage denn so ungewöhnlich?«

Seine Augen blickten entrüstet: »Ich begebe mich nicht gerne in die Niederungen puren Aberglaubens. Sie sollten es doch wissen: Bei mir zählt nur das, was mir meine Sinne und meine Erfahrung offenbaren.«

»Aber Sie gaben doch zu, daß es Dinge gibt, die der

menschliche Verstand nicht zu fassen vermag. Ist es denn besser, sie deshalb zu negieren, beiseite zu schieben? Sie müssen es doch einsehen, auf diese Weise wird man auf dem Weg der Erkenntnis nicht einen einzigen Schritt vorankommen.«

Seine Miene wurde störrisch. »Was der Verstand nicht erfassen kann, darum sollte er sich auch nicht kümmern.«

»Nicht allein Verstand und Erfahrung dienen der Erkenntnisgewinnung«, entgegnete ich. »Was zum Beispiel wäre der Künstler ohne die Kraft der Imagination? Nur Verstand und Erfahrung hätten niemals einen Michelangelo oder einen Beethoven hervorgebracht. Nein, sie gleichen lediglich einem mehr oder weniger scharfen Skalpell in der Hand eines Chirurgen. Doch eine gelungene Operation hängt allein, und nur allein, von der Fertigkeit des Chirurgen ab, dessen Hand das Skalpell führt.« Ich hielt kurz inne, holte tief Atem und fuhr dann fort: »Das Bewußtsein ist zu vergleichen mit der Hand des Chirurgen, der Verstand dagegen ist nur notwendiges Werkzeug, in diesem Fall das Skalpell. Ähnliches läßt sich von der Hand des Malers sagen, die den Pinsel führt. Sie führt ihn aufgrund der Vorstellungskraft, der Imagination, das können Sie doch nicht bezweifeln. Ohne Einbildungskraft und Phantasie ist schöpferische Tätigkeit doch überhaupt nicht vorstellbar. Beide wiederum sind zu vergleichen mit seltenen exotischen Blumen, die einen ganz besonderen Mutterboden – eben ein besonders entwickeltes Bewußtsein – zum Gedeihen brauchen.«

Ich schwieg. Welche Antwort würde er mir geben?

Der Ausdruck seiner Augen gefiel mir nicht: So blicken Menschen, die am Verstand ihres Gegenübers ernsthafte Zweifel hegen.

»Worauf gründet sich denn Ihre Behauptung vom Bewußtsein?« fragte er mit herablassender Stimme. »Denn auf irgend etwas muß sie sich doch gründen, wenn sie glaubwürdig sein will.«

Ich ärgerte mich und entgegnete schroff: »Sie haben auf den Altar Ihrer Erkenntnis die Erfahrung gesetzt und beten sie an, lassen nichts anderes neben ihr gelten. Für Sie ist das menschliche Bewußtsein grob gesagt doch nichts anderes als eine Art Wohnung mit Räumen für Sinneseindrücke, Vorstellungen und notwendigen Assoziationen. Eine *Seele?* Die gibt es in dieser Wohnung nicht. Sie ist nur ein ›Bündel von Wahrnehmungen‹. Ein Bewußtsein seiner selbst gibt es selbstverständlich ebenfalls nicht. Für Sie gibt es nur aktuelle Bewußtseinsinhalte als alleinige Quelle der Wahrheit, sehe ich das so richtig?«

Meine Worte mußten ihn getroffen haben, denn er funkelte mich zornig an. Als er antwortete, war die Erregung in seiner Stimme nicht zu überhören.

»Ihre Ansicht von meiner Vorstellung des menschlichen Bewußtseins ist nur unvollkommen, aber sie trifft trotz größerer Lücken im wesentlichen zu. Ja, für mich stellt sich das so und nicht anders dar.« Er blies seine Wangen auf, Zeichen für die Verachtung, die er jenen Philosophen entgegenbrachte, die tief im Bewußtsein den göttlichen Funken zu erkennen glaubten.

Da sprach er schon weiter. »Nun verraten Sie es mir doch endlich! Was für eine Vorstellung haben *Sie* denn vom menschlichen Bewußtsein?«

Jetzt wußte ich es, dieses Geistwesen verharrte immer noch im Zustand des Damals. Nein, auch in seiner neuen Dimension hatte *Hume* sich in seiner Erkenntnisfähigkeit nicht fortentwickeln können. Woran das wohl lag? Aber darüber nachzudenken erschien mir nutzlos, denn ich würde keine Antwort auf meine Fragen finden. Hatte es überhaupt einen Sinn, diesem Wesen Gedanken über ein Bewußtsein näherzubringen, die Lichtjahre von seinen Vorstellungen entfernt lagen? Andererseits – wäre es nicht überheblich von mir, es deshalb nicht zu tun? Ja, das wäre es, gab ich mir selbst die Antwort, und deshalb würde ich die gestellte Frage beantworten.

Doch als ich meine Vorstellungen über das menschliche Bewußtsein, oder besser gesagt, über die allgemeine Bewußtseinsevolution, in Worte fassen wollte, verschwand das Gesicht vor mir, wurde wie von einem schwarzen Blitz zerschmettert. Die »Besuchszeit« war abgelaufen!

Auf dem Weg nach Hause drängten sich mir unzählige Fragen auf. Was war die Quintessenz dieses Besuchs, und was konnte die Diskussion mit dem Geistwesen zur Lösung der Aufgabe, die Paul und ich uns gestellt hatten, beitragen? Doch ich fand keine Antwort. Ich würde auf meinen letzten Besucher, auf Paul, warten müssen, auf seine Sicht der Dinge.

Wem es nicht zu Kopfe will, daß Geist und
Materie, Seele und Körper, Gedanke und
Ausdehnung oder Wille und Bewegung
die notwendigen beiden Doppelingredien-
zien des Universums waren, sind und sein
werden, die beide gleiche Rechte für sich
fordern und deswegen beide wohl als
Stellvertreter Gottes angesehen werden
können, wer zu dieser Vorstellung sich
nicht erheben kann, der hätte das Denken
längst aufgeben und auf gemeinen Welt-
klatsch seine Tage verwenden sollen.

Johann Wolfgang von Goethe,
zitiert nach ›Goethes Selbstzeugnisse‹

Was wär' ein Gott, der nur von außen
stieße,
Im Kreis das All am Finger laufen ließe?
Ihm ziemts, die Welt im Innern zu bewegen,
Natur in Sich, Sich in Natur zu hegen,
So daß, was in ihm lebt und webt und ist,
Nie seine Kraft, nie seinen Geist vermißt.

Johann Wolfgang von Goethe,
zitiert nach ›Goethes Selbstzeugnisse‹

Kein Wesen kann zu nichts zerfallen!
Das Ewge regt sich fort in allen,
Am Sein erhalte dich beglückt!
Das Sein ist ewig: denn Gesetze
Bewahren die lebendgen Schätze,
Aus welchen sich das All geschmückt.

Johann Wolfgang von Goethe,
›Wilhelm Meisters Wanderjahre‹

Geheimnisvoll am lichten Tag,
Läßt sich Natur des Schleiers nicht
berauben,
Und was sie deinem Geist nicht
offenbaren mag,
Das zwingst du ihr nicht ab mit Hebeln
und mit Schrauben.

Johann Wolfgang von Goethe,
›Faust I‹

9
Mein achter Besucher:
Ich sprach mit Johann Wolfgang von Goethe

Die Natur ist beseelt. Die Menschen als Pflanzen im Garten Gottes. Ihr Wachsen ist gleich dem Voranschreiten der Bewußtseinsevolution. Masse verdunkelt.

»*Johann Wolfgang von Goethe** hat sein Dasein einmal als Pyramide bezeichnet und dabei von seiner Begierde gesprochen, deren Basis *so hoch als möglich in die Luft zu spitzen*«, hatte mir Paul gesagt, als wir uns in langen Abenden mit dem deutschen Dichterfürsten beschäftigten. Dann hatte er bedeutungsvoll hinzugefügt: »Mache dich bei ihm auf reiche Funde hochkarätiger Bewußtseinsedelsteine gefaßt.«
»Aber die mir zur Verfügung stehende Zeit wird unmöglich reichen, ihn auch nur einigermaßen zu fassen«, beklagte ich mich. »Du lieber Himmel, wenn ich allein an seine naturwissenschaftlichen Schriften ›Zur Farbenlehre‹ und ›Versuch, die Metamorphose der Pflanzen zu erklären‹ denke ...«
Pauls Antwort hatte mich beschwichtigt. Aus eben diesem Grund habe ich größere Teile seiner naturwissenschaftlichen Forschungen draußen gelassen, denn sie sind für unser Thema nur von geringerer Bedeutung. Wenn du dich streng auf meine Fragen beschränkst und jeder Versuchung widerstehst, von ihnen abzuweichen, dann wirst du es schaffen, bei *Goethe* einen wahren Schatz zu heben.«
Als *Goethes* Gesicht Gestalt annahm, sich leuchtend in

* 28. 8. 1749 (Frankfurt a.M.) – 22. 3. 1832 (Weimar).

der Dunkelheit formte, mußte ich unwillkürlich an *Platon* und an das Gefühl der Unermeßlichkeit sowie auch der eigenen Winzigkeit denken, das mich bei dessen Anblick befallen hatte. Hier war es ebenso. Die Ausstrahlung dieses Geistwesens war derart stark, daß sich mir, obwohl ich kein Gefühl der Angst verspürte, buchstäblich die Haare sträubten. Tatsächlich, ich mußte mich anstrengen, meine Stimmbänder unter Kontrolle zu bringen. Endlich hatte ich es geschafft und fragte:

»Es stimmt doch, nicht wahr, Sie sind auf Veranlassung meines Freundes hier.«

»Ja, ich habe seiner Bitte gerne entsprochen.« In seinem Gesicht lag ein schalkhaftes Lächeln, als er mich zum Reden aufforderte, »... damit Sie keine Zeit verlieren.« Er sagte »Sie« und nicht »wir«, ein Zeichen für mich, daß es die ›Einrichtung‹ *Zeit* in *seiner* Dimension nicht gab. Ich nahm mich zusammen und fragte:

»Es wird berichtet, daß Sie in einem Gespräch mit dem Kanzler v. Müller die Meinung vertraten, hinter jedem Wesen stecke eine höhere Idee. Stimmt das so?«

Er nickte mir freundlich zu. »Ja. Dieses Gespräch hat im Mai 1823 stattgefunden. Ich erinnere mich genau. Er wollte von mir wissen, ob ich an eine Beseelung der Natur glauben würde. Ich antwortete ihm:

›*Wir können uns bei der Betrachtung des Weltgebäudes in seiner weitesten Ausdehnung, in seiner letzten Teilbarkeit der Vorstellung nicht erwehren, daß dem Ganzen eine Idee zu Grunde liege, wonach Gott in der Natur, die Natur in Gott von Ewigkeit zu Ewigkeit schaffen und wirken möge.*‹«[1]

Goethe schwieg, musterte mich dann mit einem forschenden Blick, so, als ob er darüber nachdenken würde, was er mir geistig zumuten könnte. Aber in seinen Augen lag nicht die geringste Spur von Arroganz oder

Hochmut. Nein, ihr Ausdruck war eher fürsorglich zu nennen.

Dann stellte er eine Frage, die mich verblüffte, weil ich ihren Sinn nicht, besser gesagt: noch nicht, erkennen konnte: »Wie geht die Naturwissenschaft Ihrer Zeit bei der Erforschung von Naturerscheinungen vor? Glauben Sie es mir, ich stelle diese Frage aus gutem Grund.«

Ich antwortete wie aus der Pistole geschossen: »Die Naturwissenschaften wollen durch Beobachtung, Sammlung und Vergleich von Tatsachen – hier sind besonders experimentelle Verfahren angesprochen – die Kenntnis vom Naturgeschehen erweitern und Gesetzmäßigkeiten in ihm erkennen.« Da ich die Wahrheit liebe, fügte ich lächelnd hinzu: »So ungefähr wird dies in einem gängigen Lexikon definiert.«

Als Goethe antwortete, glaubte ich in seinen großen, ausdrucksvollen Augen eine Gewißheit zu lesen, die wohl nur in höheren Bereichen als der irdischen Dimension zu finden ist. »Die Ideen, von denen *ich* eben sprach, werden Sie durch *dieses* Vorgehen allein aber niemals finden können. Weil es eben vollkommen unmöglich ist, Ideen zu quantifizieren und sie in ein mathematisches Korsett zu zwängen.« Er schüttelte den Kopf:

»*Was ist auch im Grunde aller Verkehr mit der Natur, wenn wir auf analytischem Wege bloß mit einzelnen materiellen Teilen uns zu schaffen machen und wir nicht das Atmen des Geistes empfinden, der jedem Teile die Richtung vorschreibt und jede Ausschweifung durch ein innewohnendes Gesetz bändigt oder sanktioniert? Was helfen mir denn die Teile, was ihre Namen?*«[2]

»Was sollte *Ihnen* denn *damals* helfen?« fragte ich.

Seine Augen weiteten sich, als er mir antwortete: »Mein ganzes Leben war ich auf der Suche nach Erkenntnis. Dieses Suchen sollte mir helfen, den quälenden Durst in meinem *Inneren* zu stillen. Mich interessierte nicht nur das Außen, sondern auch das Innen. Denn ich wollte immer wissen, was im Innern von allen Dingen, die es gibt, vor sich geht, wirkt, vorantreibt zu einer immer komplexer werdenden Form. Ja, ich war auf der ständigen Suche nach Gott in meinem Tun und Handeln. Meine Intuition sagte es mir schon sehr früh, daß Gott in *allem* ist, sich das Allergrößte im Allerkleinsten widerspiegelt, so der Makrokosmos im Mikrokosmos, und daß in Wahrheit alles, was besteht, *eins* ist! Diese mich erschütternde Erkenntnis faßte ich einst in Versform:

Willst du in's Unendliche schreiten?
Geh nur im Endlichen nach allen Seiten.
Willst du dich am Ganzen erquicken,
So mußt du das Ganze im Kleinsten erblicken.«[3]

»Haben Sie denn je daran geglaubt, Gott schon während Ihres Erdenlebens finden zu können?«
»Nein, so vermessen war ich nie. Ich wußte es eigentlich schon immer«, und er setzte hinzu:
»*Das Göttliche läßt sich niemals von uns direkt erkennen; wir schauen es nur im Abglanz, im Beispiel, im Symbol, in einzelnen und verwandten Erscheinungen; wir werden es gewahr als unbegreifliches Leben und können dem Wunsch nicht entsagen, es dennoch zu begreifen.*«[4]
In seine Augen trat ein ehrfürchtiges Leuchten, als er fortfuhr: »Gottes Wirken und Schöpfertum sind unbeschreiblich.«

»Warum sagen Sie das?« rutschte es mir heraus. Ich ärgerte mich. Diese Frage war naiv, ich hätte sie mir sparen können.

Mir wurde ein nachsichtiges Lächeln zuteil. »Warum? fragen Sie. Fühlen Sie es denn nicht? Spürt es nicht jede Fiber Ihres Körpers? Nun, ich will es Ihnen gerne sagen: weil der Mensch die höchste Stufe der von Gott gewollten Entwicklung darstellt. Diese plumpe Welt aus einfachen Elementen zusammenzusetzen und sie jahraus jahrein in den Strahlen der Sonne rollen zu lassen, hätte ihm sicher wenig Spaß gemacht, wenn er nicht den Plan gehabt hätte, sich auf dieser materiellen Grundlage *eine Pflanzschule für eine Welt von Geistern* zu gründen. So ist er nun fortwährend in höheren Naturen wirksam, um die geringeren heranzuziehen.«[5]

»Die Menschen als Pflanzen im Garten Gottes? Meinen Sie das?«

»Ja. Das Wachsen der Pflanzen bedeutet das Wachsen des Bewußtseins, also die Bewußtseinsevolution.« Mir wurde ein verständnisvolles Lächeln zuteil. »Für Sie ist das doch die *Kernfrage*, die Sie mit Ihren Besuchern ausführlich erörtert hatten oder noch behandeln wollen. Ihr Freund sagte mir das.«

»Frage ihn nach der persönlichen Fortdauer«, hatte mir Paul aufgegeben. »Erst wenn er dir dazu eine erschöpfende Auskunft gegeben hat, leite über zur Evolution des Bewußtseins. Wir zäumen damit zwar das Pferd beim Schwanz auf, aber diese Vorgehensweise wird es dir leichter machen.«

Ich folgte Pauls Rat und fragte.

Auch Geisteraugen können durchaus menschlich aussehen. Bei allen meinen bisherigen Besuchern hatte ich diese Beobachtung machen können. Auch *Goethes*

Augen sahen wirklich aus. Ein Licht schien jäh in ihnen angezündet worden zu sein. Als ob heiße Sehnsucht in ihnen brennen würde. Aber Sehnsucht wonach? Doch da antwortete er mir schon:

»Ich habe die feste Überzeugung, daß unser Geist ein Wesen ist ganz unzerstörbarer Natur; es ist ein Fortwirkendes von Ewigkeit zu Ewigkeit; es ist der Sonne ähnlich, die bloß unsern irdischen Augen unterzugehen scheint, die aber eigentlich nie untergeht, sondern unaufhörlich fortleuchtet ... Kein tüchtiger Mensch läßt seiner Brust den Glauben an Unsterblichkeit rauben! Die *persönliche Fortdauer* steht keineswegs mit den vieljährigen Beobachtungen, die ich über die Beschaffenheit unserer und aller Wesen in der Natur angestellt habe, im Widerspruch; im Gegenteil, sie geht sogar aus denselben mit neuer Beweiskraft hervor.«[6]

Das war eindeutig, das war es: Ich meine nicht die Worte, sie hatte ich schon gelesen, ich meine das Wie, wie mein Besucher sich äußerte, mit welcher Vehemenz, ja, mit welcher Leidenschaft!

Meine nächste Frage sollte ihn provozieren:

»Für Sie ist das Fort- oder Nichtfortbestehen sicherlich nicht mehr wichtig?« fragte ich.

Seine Augen veränderten sich, glühten, standen in Flammen, und seine Stimme glich dem Klang einer Glocke: »Nicht mehr wichtig? Lassen Sie es sich gesagt sein, für uns Geistwesen ist diese Frage sogar ganz besonders wichtig. Warum? Weil die Kette unserer dauernden Wiederkehr erst dann ihr Ende findet, wenn das Fortbestehen erreicht und der Tod damit besiegt ist.«

»Ich verstehe das nicht«, warf ich ein.

»Weil die Seele *nur* im Körper wirken kann, weil sie nur *da* in der Lage ist, die Herrschaft über die Materie zu gewinnen, sich mit ihr zu versöhnen. In meiner jetzigen Dimension kann ich das nicht, bin ich nur ein Wartender, muß darauf hoffen, daß mich die nächste Inkarnation meinem Ziel näherbringt, die Materie meines Körpers nach meinem Willen formen zu können. Ist das erreicht, dann ist auch die Unsterblichkeit erreicht! Ich weiß es, einmal wird meine Seele diese Beschränkung hinter sich lassen können.«

»Soll das etwa für die gesamte Menschheit gelten? Eine unmögliche Vorstellung für mich. Die Menschen würden sich auf unserer armen Erde bald so schnell vermehrt haben, daß aus Platzmangel einer dem anderen auf den Schultern stehen müßte. Was soll also das Ziel der Unsterblichkeit? Vor allen Dingen aber, was für ein neues Ziel würde sich dann wie eine brennende Fackel am Horizont zeigen, denn solange es Menschen gibt, so lange wird es auch Ziele geben?«

»Sie irren sich«, erhielt ich sofort zur Antwort. »Nicht alle Menschen, sondern nur einige wenige werden die Schwelle zur Unsterblichkeit überschreiten können und sich dann weiterentwickeln, immer weiter, bis sie göttergleich geworden sind, befähigt, als Demiurg zu fungieren. Aber wie ich schon sagte: Nur einzelne werden dieses letzte Entwicklungsziel erreichen, ihre Häupter mit der Krone der Evolution schmücken zu können. Ähnlich einem Baum, der zwar viele Blätter, aber nur wenige Früchte trägt. Nicht jedes Blatt ist zur Frucht auserkoren. Die allermeisten fallen ab, werden wieder zu Dünger, geben dem Baum auf diese Weise Kraft zu weiterem Leben, auf daß er Früchte tragen und Samen spenden kann.«

»Nur einzelne?« fragte ich empört. »Und die anderen nur als Dünger? Ich halte das für sehr ungerecht.«

In den Augen meines Besuchers blitzte es amüsiert

auf. »Das Werden der Dinge gehorcht einer Logik, die für menschliche Gehirne nicht faßbar ist. Nein, auch die anderen werden einmal, wenn auch in späteren Zeitaltern, dieses Ziel erreichen. Einem Rad vergleichbar, das rollt und immer weiterrollt. Jede Stelle des Rades kommt früher oder später während des Rollens mit dem ›Erdboden‹ in Kontakt.«

Ich konnte nicht folgen, das ging über meinen Verstand. Ich sah ihn bittend an. »Mir will nicht einleuchten, *warum* dieser Prozeß stattfindet? Was geschieht zum Beispiel mit dem Samen, den diese Früchte in sich bergen? Sie sprachen eben davon. Wird dieser benötigt? Und wenn das so ist – wozu?«

Seine Antwort war rätselvoll.

»Jedem Samen ist es bestimmt, neues Leben zu schaffen, in unserem Fall heißt das: der kosmischen Dunkelheit ›Räume‹ zu entreißen und sie mit Leben zu erfüllen. Auf diese Weise wird Samenkorn auf Samenkorn in die kosmische ›Erde‹ gesenkt. Neue Bäume wachsen, und neue Früchte werfen Samen ... alte Bäume sterben ab, fallen wieder der Dunkelheit anheim – ein ewiger Kreislauf. Auf diese Weise entstehen und vergehen Universen, wenn Sie für das Wort Bäume das Wort Universen setzen. Die ›Dunkelheit‹? Sie stellt nicht das Nichts dar, denn ein Nichts gibt es nicht. Sie ist der lichtlose, ungeschaffene, sehnsüchtig des Lebens harrende Raum.« Wieder leuchtete das Licht der Ehrfurcht in seinen Augen auf. Er sah mich fest an und sagte dann: »Begnügen Sie sich mit dieser Erklärung. Viel mehr weiß auch ich nicht. Gott läßt sich auch von unseresgleichen nicht in seine allerletzten Karten blicken.«

»Haben Sie zu Ihren Lebzeiten nie an der Fortdauer gezweifelt?« fragte ich.

»Nein, mir kam die Gewißheit schon bald, ... *die Natur kann die Entelechie* nicht entbehren. Aber wir sind nicht auf gleiche Weise unsterblich und, um sich künftig als große Entelechie zu manifestieren, muß man auch eine sein.*«[7]

Mir verschlug es nach diesen Worten buchstäblich die Sprache. Ich brauchte einige Zeit, um mich wieder zurechtzufinden. Dann kam mir Paul in den Sinn.

»Erkundige dich bei ihm danach, auf *welche* Weise sich die Seelen voneinander unterscheiden«, hatte er mir eingeschärft. »Denn ich bin überzeugt davon, daß es Unterschiede geben muß.« Ich trug *Goethe* Pauls Gedanken vor.

Er stimmte mir zu. »Ja, es gibt sogar ungeheure Unterschiede. Ich gebe Ihnen ein Beispiel. Sie kennen doch Magnete, wissen, daß es unter ihnen solche von starker und schwacher Anziehungskraft gibt. Das ist optisch sehr leicht darzustellen. Schüttet man Eisenfeilspäne auf einen Papierbogen und hält man darunter einen Magneten, dann ordnen sich die Späne nach dem Verlauf der Kraftlinien, die von dem Magneten ausgehen.« Er hielt kurz inne und sah mich prüfend an. »Sie haben verstanden, was ich damit sagen will, nicht wahr?«

»Selbstverständlich habe ich das«, entgegnete ich leicht beleidigt. »Und ich kann mir vorstellen, was Sie mit diesem Beispiel sagen wollen. Die Menschen gleichen im Hinblick auf ihre persönliche seelische ›Feldstärke‹, im Volksmund spricht man auch von der Aus-

---

* *en:* grch. ›in‹, *telos:* grch. ›Ziel‹, *echein:* grch. ›haben‹; ›was sein Ziel in sich selbst hat‹; inne wohnendes Formprinzip; aktives Prinzip; die Kraft, die Entwicklung und Vollendung bewirkt; nach *Aristoteles* ist die Seele die Entelechie des Leibes: ›werde, was du bist‹.

strahlung eines Menschen, den Magneten! Und das im Guten wie im Bösen.«

Er lächelte wohlwollend. »Das ist richtig. Niemand kann es ernsthaft bestreiten, es gibt ungeheuer viele ›Ameisenmagnete‹, aber es gibt auch andere, wenn auch nur wenige, deren Kräfte wie die eines Elefanten sind. Trotzdem kann man sagen: *Alles ist Eins!*« Er sah mich aufmunternd an. »Warum ist das so?«

Mir war zumute, als hätten sich meine Gedanken jäh in einen wild hin und her schießenden Mückenschwarm verwandelt. Ich wollte etwas sagen, brachte aber kein Wort heraus.

Goethe sah das und nickte mir beruhigend zu, sagte dann: »Weil die *Ursache* für die Kraftentfaltung, also der Magnetismus, überall dieselbe ist, der Unterschied liegt allein in der verschiedenartigen Stärke, oder auch, wenn wir an das Bewußtsein denken, im Grad der Verdichtung.« Er endete, schwieg einen Augenblick, um dann hinzuzusetzen: »Zu meinen Lebzeiten habe ich mich zu diesem Thema nicht so bestimmt ausdrücken können, erst jetzt ist mir das möglich. Um bei dem Beispiel mit den Magneten zu bleiben – mit ihnen will ich die *Rangordnung der Seelen* kennzeichnen. Es gibt, wie Sie leicht einsehen werden, entwickeltere und weniger entwickelte unter ihnen. Die höchstentwickelten haben die Aufgabe, ihre Brüder und Schwestern an der Hand zu nehmen und sie in Liebe einer höheren Bewußtseinsstufe zuzuführen.«

»Die Masse kann aber in ihrer Majorität sehr träge sein«, gab ich skeptisch zu bedenken.

Er nickte zustimmend. »... die Majorität ist notwendig immer absurd und verkehrt; denn sie ist bequem, und das Falsche ist stets bequemer als die Wahrheit ... schließlich ist nichts widerwärtiger als die Majorität, denn sie besteht aus wenigen kräftigen Vorgängern, aus Schelmen, die sich akkomodieren, aus Schwachen, die sich assimilieren, und der Masse, die nachtrollt, ohne nur im mindesten zu wissen, was sie will. Alles Große und Gescheidte existiert in der Minorität ... Die Vernunft wird immer nur im Besitze einzelner Vorzüglicher sein.«[8]

»Und diese Vorzüglichen sollen es tatsächlich fertigbringen, die Masse *in Liebe* zu führen?« fragte ich leicht spöttisch. Unwillkürlich mußte ich an unsere politischen Parteien und andere mächtige Organisationen denken. Was sind ihre Wortführer denn? Mit Liebe erfüllte Menschen, deren Hauptanliegen die Liebe zum Nächsten ist? Alle Teufel der Hölle würden bei einer solchen Behauptung in ein schallendes Gelächter ausbrechen.

Goethes Stimme wurde sehr ernst, als er erwiderte: »Ja, sie werden es fertigbringen, denn nichts ist stärker als die Liebe. Aber um sie zu besitzen und übertragen zu können, ist ein bestimmter Grad der Evolution des Bewußtseins notwendig. Das Gefäß, in dem die Liebe wohnt, muß sauber sein, darf nicht mehr von Gefühlen wie Haß, Neid und Unwahrhaftigkeit beschmutzt werden. Dann, und nur dann, wird es gelingen.«

Worte, die mich elektrisierten. »Sie haben damals Ihr Leben als eine Pyramide bezeichnet und von Ihrer Gier berichtet, deren Basis *so hoch als möglich in die Luft zu spitzen.*« Ich holte tief Atem. Jetzt kam eine sehr wichtige Frage: »Wieso kamen Sie ausgerechnet auf die Form einer Pyramide?« Ich mußte an *Cheops* denken. Welche Antwort würde ich von *Goethe* bekommen?

»Weil diese Form ganz besonders dazu geeignet ist, das Aufsteigen und die damit einhergehende Verdichtung des Bewußtseins darzustellen. Und was damals meine Gier, besser gesagt, meine Sehnsucht anging, höher, immer höher zu kommen, der Spitze immer näher, die Erklärung dafür ist sehr einfach – aus dem Drang heraus, nicht nur zu sehen, sondern auch zu erkennen, an Bewußtsein zu gewinnen, es zu verdichten. Denn nur höchstverdichtetes Bewußtsein schafft den Übergang über die Schwelle. Natürlich gibt es gewaltige Unterschiede zwischen den Menschen hinsichtlich des Grades der Verdichtung.«

»Was Sie eben über das Aufsteigen und die allmähliche Verdichtung des Bewußtseins gesagt haben, steht aber in schroffem Gegensatz zu der herrschenden Meinung, daß alle Menschen gleich seien.

Aus dem übersinnlichen Gesicht wich die Ruhe. Während *Goethe* nun zu mir sprach, wurde er zunehmend ernster und strenger. Ich wiederhole:

»Gesetzgeber und Revolutionäre, die Gleichheit und Freiheit zugleich versprechen, sind Phantasten oder Charlatans. Es kann keine Gesellschaft auf den Begriff der Freiheit gegründet sein. Die Gleichheit will ich in der Gesellschaft finden; die Freiheit, nämlich die sittliche, daß ich mich subordinieren mag, bringe ich mit. Die Gesellschaft, in die ich trete, muß also zu mir sagen: du sollst allen uns andern gleich sein, sie kann aber auch hinzufügen: wir wünschen, daß du dich mit Überzeugung, aus freiem, vernünftigem Willen einer Forderung von Privilegien begibst. Es ist mit der Freiheit ein wunderlich Ding, und jeder hat leicht genug, wenn er sich nur zu finden weiß. Und was hilft uns ein Überfluß von Freiheit, die wir nicht gebrauchen können? … Nicht das macht frei, daß wir nichts über uns anerkennen wollen, sondern eben, daß wir etwas verehren, das über uns ist. Denn indem wir es verehren, heben wir uns zu ihm hinauf und legen durch unsere Anerkennung an den Tag, daß wir selbst das Höhere in uns tragen und wert sind, seinesgleichen zu sein. ... Freiheit, recht verstanden, ist nichts als die Möglichkeit, unter allen Bedingungen das Vernünftige zu tun.«[9]

Irgendwie kam mir ein Lächeln. Aber es war eines, das mir gallebitter schmeckte. Meine Zeitgenossen waren des Verehrens müde geworden. Und das aus vielerlei Gründen. Gebrannte Kinder scheuen bekanntlich das Feuer. Das heißt, das stimmt nur zum Teil, denn werden als Ersatzidole Konsum und Genuß in jeder Schattierung etwa nicht verehrt? Tönerne Götzen, die jeden Augenblick in tausend Stücke springen können. Und was dann? Vielleicht Hinwendung zu den Autoritäten? Sie muß es doch noch geben oder etwa nicht? Geister, die sich ihre gedankliche Freiheit bewahrt hatten und jedem Bestechungsversuch widerstanden, es verschmähten, im Filz einer Partei fett zu werden. Gibt es diese Spezies noch, oder ist diese »Rasse« bereits ausgestorben?

Goethe unterbrach meine Gedanken. »Beruhigen Sie sich, es gibt kein Pendel, das ständig immer nur nach einer Seite ausschlägt. Glauben Sie mir, es wird die Zeit der großen Ernüchterung kommen. Die Masse braucht nicht nur Brot und Spiele, denn satte Mägen und lustvolle Orgasmen allein befriedigen den seelischen Hunger nicht. Die Menschen werden aufwachen und sich verwundert, vielleicht auch zornig die Augen reiben – und mit dem Nachdenken beginnen. Und dann werden sie suchen: und vielleicht die verlorene Schönheit unter dem Schutt ihrer Hybris wiederfinden.«

Ich wollte eine Bemerkung machen, aber er kam mir zuvor. Und wieder war ich maßlos erstaunt, denn aus seinem Mund kamen Worte, ähnlich denen meiner vorherigen Besucher. *Goethe* fuhr fort: »Dem Menschen ist die Führungsrolle in der Bewußtseinsevolution bestimmt, er ist ausersehen dazu, im Bewußtseinsstrom stetig seinem Ziel entgegenzuschwimmen. Er wird dabei immer wieder gefährliche Untiefen passieren müssen und sich laufend an ihnen verletzen. Ab und zu wird er sogar mutlos im Schwimmen innehalten, aber der Impetus in ihm wird nicht verstummen, sondern ihn trotz aller Hindernisse immer wieder energisch vorantreiben. Mögen sich ihm auch Millionen von Schwierigkeiten entgegenstellen, das Ziel ist ihm gewiß.«

Eine Mücke oder eine Fliege surrte an meinem Gesicht vorbei; ich schloß die Augen. Als ich sie wieder öffnete, war der Platz neben mir leer. *Johann Wolfgang von Goethe* war in seine Dimension zurückgekehrt.

Seltsam, als ich mich todmüde zum Schlafen niederlegen wollte, sah ich auf dem Nachttischchen den ›Faust‹ liegen. Aufgeschlagen! Erst gestern hatte ich das Büchlein aus dem Bücherschrank genommen und aus dem Prolog eine Passage gelesen. Ich wußte genau, danach hatte ich es wieder an seinen alten Platz gestellt. Wieso lag es jetzt hier? Ich schaute genauer hin: und entdeckte zu meinem Erstaunen jene Stelle, die ich schon oft aufgeschlagen und mit innerer Bewegung gelesen hatte. Die Zeilen nahmen mich erneut gefangen:

Erhabner Geist, du gabst mir, gabst mir alles,
Warum ich bat. Du hast mir nicht umsonst
Dein Angesicht im Feuer zugewendet.

Gabst mir die herrliche Natur zum Königreich,
Kraft, sie zu fühlen, zu genießen. Nicht
Kalt staunenden Besuch erlaubst du nur,
Vergönnest mir in ihre tiefe Brust
Wie in den Busen eines Freunds zu schauen.
Du führst die Reihe der Lebendigen
Vor mir vorbei und lehrst mich meine Brüder
Im stillen Busch, in Luft und Wasser kennen.
Und wenn der Sturm im Walde braust und knarrt,
Die Riesenfichte stürzend Nachbaräste
Und Nachbarstämme quetschend niederstreift
Und ihrem Fall dumpf hohl der Hügel donnert, –
Dann führst du mich zur sichern Höhle, zeigst
Mich dann mir selbst, und meiner eignen Brust
Geheime, tiefe Wunder öffnen sich.
Und steigt vor meinem Blick der reine Mond
Besänftigend herüber, schweben mir
Von Felsenwänden, aus dem feuchten Busch
Der Vorwelt silberne Gestalten auf
Und lindern der Betrachtung strenge Lust. *

Ich schlug das Büchlein wieder zu. Ich war mir sicher,
auf eine mir unerklärliche Weise war mein nächtlicher
Besucher in dieses mysteriöse Geschehen verwoben.
Warum? Was hatte dies zu bedeuten?

* ›Faust‹, Wald und Höhle 3217–3239

Ich lehre euch den Übermenschen.
Der Mensch ist etwas, das überwunden
werden soll. Was habt ihr getan, ihn zu
überwinden? Der Übermensch ist der Sinn
der Erde. Euer Wille sage: der Übermensch sei der Sinn der Erde! Ich
beschwöre euch, meine Brüder, bleibt der
Erde treu und glaubt jenen nicht, welche
euch von überirdischen Hoffnungen
reden! Giftmischer sind es, ob sie es wissen oder nicht.
Verächter des Lebens sind es, absterbende
und selber Vergiftete, deren die Erde
müde ist: so mögen sie dahinfahren!
Einst war der Frevel an Gott der größte
Frevel, aber Gott starb, und damit starben
auch diese Frevelhaften. An der Erde zu
freveln ist jetzt das Furchtbarste und die
Eingeweide des Unerforschlichen höher zu
achten, als den Sinn der Erde! Einst blickte die Seele verächtlich auf den Leib: und
damals war diese Verachtung das Höchste
– sie wollte ihn mager, gräßlich, verhun-
gert. So dachte sie ihm und der Erde zu
entschlüpfen. Was ist das Größte, das ihr
erleben könnt? Das ist die Stunde der
großen Verachtung.

Friedrich Nietzsche,
›Also sprach Zarathustra‹

Der Teufel ist bloß der Müßiggang Gottes
an jedem siebten Tage …

Friedrich Nietzsche,
›Ecce homo‹

10

Mein neunter Besucher:
Ich sprach mit Friedrich Nietzsche

Der sinnlose Kosmos. Eine neue Rasse im Aufbruch. Der Übermensch muß kommen. Die ewige Wiederkehr des Gleichen. Nein zur Bewußtseinsevolution. Herdenmenschen und Herrenmenschen.

»*Friedrich Nietzsche*** hat von einer *unsinnigen Überschätzung des Bewußtseins* gesprochen«, hatte sich Paul über den deutschen Philosophen geäußert. »Er wird dir wahrscheinlich einen Vortrag über den *Nihilismus*, den *Willen zur Macht*, die *Ewige Wiederkehr* und den *Übermenschen* halten wollen. Lasse ihn gewähren, solange sich die Diskussion nicht zu weit von unserem Hauptthema, der Evolution des Bewußtseins, entfernt. Passende Fragen habe ich dir schon zusammengestellt. Du wirst wesentlich mehr Zeit haben als bei deinen vorherigen Besuchern, denn die interdimensionale Überlappungsfront hat während Nietzsches Besuchs eine beträchtlich größere Breite. Das kann uns in Anbetracht des Gewichts dieses Philosophen nur recht sein.«

Und dann war es soweit, Nietzsches Gesicht modellierte sich aus dem Dunkel der Nacht. Der weit vornübergekämmte Schnurrbart verlieh ihm – aber nur auf den ersten Blick – einen gewalttätigen Eindruck. Doch ein Blick in seine Augen vertrieb dieses

---

* 15. 10. 1844 (Röcken bei Lützen/Sachsen) – 25. 8. 1900 (Weimar).

Bild. Lou Andreas-Salomé[*], Schriftstellerin, Freundin Rainer Maria Rilkes, Vertraute Sigmund Freuds und von Nietzsche abgöttisch geliebte Frau, die ihn nie erhört hatte, sagte über seine Augen: Sie sahen aus »wie Hüter und Bewahrer eigener Schätze, stummer Geheimnisse, die kein unberufener Blick streifen sollte ... Wenn er sich einmal gab, wie er war ... dann konnte in seine Augen ein ergreifendes Leuchten kommen und schwinden; – wenn er aber in finsterer Stimmung war, dann sprach die Einsamkeit düster, beinahe drohend aus ihnen, wie aus unheimlichen Tiefen.«[1]

»Nun fragen Sie schon«, hörte ich ihn ungeduldig sagen. »Ihr Freund hat mich informiert. Es geht Ihnen um die Evolution des Bewußtseins, um meine Meinung dazu.« Er war fassungslos: »Es ist unbegreiflich für mich, in Ihrer Zeit gibt es also tatsächlich noch Philosophen oder solche Menschen, die sich für intelligent halten und an das Ammenmärchen vom Bewußtsein seiner selbst glauben. Daran, daß seine höchste Form mit Gott identisch sei.« Er fixierte mich und fragte spöttisch: »Sie sind wohl auch einer von diesen, äh, Gläubigen, die von der ›reinen Vernunft‹ nichts halten, weil sie einen metaphysischen Urgrund als geistigen Ursprung alles Seienden und damit auch des Bewußtseins annehmen?«

Ärgerlich entgegnete ich: »Ja, ich bin auch einer von diesen Gläubigen, denn ich bin von einem Bewußtsein seiner selbst und dessen Evolution überzeugt.« Ich sah ihn fest an und fragte: »Woran glauben Sie, denn an etwas müssen Sie doch glauben?« Kaum hatte ich dies ausgesprochen, als es mir auch schon widersinnig vor-

---

[*] 12. 2. 1861 (St. Petersburg) – 5. 2. 1937 (Göttingen).

kam. *Nietzsches* irdischer Leib war doch schon lange nicht mehr existent und seine jetzige Daseinsform rein geistiger Natur. War es denkbar, daß ihm sein völlig andersartiger, unkörperlicher Zustand noch immer nicht bewußt geworden war? Ich hielt das im Hinblick auf sein Dasein in einer übergeordneten Dimension für ausgeschlossen, denn von ihr aus *mußte* er doch einen viel größeren Überblick haben als ich im beschränkten Gehäuse meiner Körperlichkeit. Es war unbegreiflich, seine folgenden Worte schienen meinen ersten Eindruck zu bestätigen.

Seine Stirn legte sich in Falten. »*Ich* glaube nicht an das verlogene Geschwätz von einer Seele, die fühlt, die denkt und die will, in meinen Augen ist das nichts anderes als Falschmünzerei.«

»Und warum ist es das?«

Seine dichten Schnurrbarthaare sträubten sich. »Weil der Glaube an ein Bewußtsein und dessen Evolution ein aus menschlicher Hybris geborener Aberglaube ist. Dieser will überall im Geschehen einen Sinn erblicken und nicht einsehen, daß allein die *Sinnlosigkeit* regiert.« Er machte eine Pause und sah mich prüfend an. »Kennen Sie *Darwin?*« fragte er mich. Als ich das bejahte, entgegnete er: »Dann wissen Sie, woran *ich* glaube. Für mich ist alles biologisch erklärbar. Alle Regungen der sogenannten Seele können auf biologisch-chemische Prozesse zurückgeführt werden. Ich werde Ihnen jetzt eine Stelle aus einem meiner Werke zitieren. Sie werden mich dann besser verstehen. Er räusperte sich kurz und begann:

»Es ist zu allen Zeiten besser an den Leib als an unseren eigentlichsten Besitz, unser gewissestes Sein, kurz unser ego geglaubt worden als an den Geist (oder die ›Seele‹ oder das Subjekt, wie die Schulsprache jetzt

statt Seele sagt). Niemand kam je auf den Einfall, seinen Magen als einen fremden, etwa einen göttlichen Magen zu verstehen: aber seine Gedanken als ›eingegeben‹, seine Wertschätzungen als ›von einem Gott eingeblasen‹, seine Instinkte als Tätigkeit im Dämmern zu fassen ... Noch jetzt ist, namentlich unter Künstlern, eine Art Verwunderung ... vorzufinden, wenn sich ihnen die Frage vorlegt, wodurch ihnen der beste Wurf gelungen und aus welcher Welt ihnen der schöpferische Gedanke gekommen ist: Sie haben, wenn sie dergestalt fragen, etwas wie Unschuld und kindliche Scham dabei, sie wagen es kaum zu sagen: ›Das kam von mir, das war meine Hand, die den Würfel warf.‹«[2]
Nietzsche hielt inne, sagte dann zornig: »So ein Wahnsinn, die Menschen schämen sich, ihre *eigene* Kraft anzuerkennen, wollen unbedingt an eine geheimnisvolle, lenkende himmlische Macht glauben und geben ihr den Namen *Gott*!« Er schwieg verbittert.

»Sie verneinen also die Existenz eines unkörperlichen Bewußtseins und bezeichnen die Religion als *Menschen-Werk und Menschen-Wahnsinn*. Bezeichnend dafür ist ein Ausspruch von Ihnen. Sie sagten: Wer mir in seinem Verhältnis zum Christentum heute zweideutig wird, dem gebe ich nicht den letzten Finger meiner zwei Hände. Hier gibt es nur eine Rechtschaffenheit: ein unbedingtes Nein.«[3]

Die Augen vor mir blickten spöttisch.

»Und gilt das nicht auch für Ihre Zeit? Oder sind Ihnen die untrüglichen Tendenzen des Verfalls bisher entgangen? Gibt es ihn etwa nicht? Nicht die zunehmende Aggression und Gewalt, die immer stärker um sich greift, vor nichts haltmacht, selbst nicht vor Greisen und Kindern? Nicht den moralischen Niedergang, dessen geifernde Wortführer verächtlich auf jene Werte spucken, die der Masse noch wenige Jahre zuvor heilig und teuer waren? Wo sind denn die Christen, die diesem Tun Einhalt gebieten? Ja, wo sind sie? Es scheint zu stimmen – je liberaler sich die feige Bourgeoisie gebärdet, um so schneller vollzieht sich der geistig-kulturelle Niedergang. Der Glaube an das Fortschreiten der Kultur wird immer brüchiger, zerbricht schließlich. Was ist die unausbleibliche Folge: Werte, die bisher den Charakter von Naturgesetzen besaßen, verlieren ihre Stabilität, stürzen ab ins Bodenlose. Eine Tatsache, die von gewissen illusionären, aber geistig unterbemittelten Weltverbesserern als schätzenswerte Erweiterung des individuellen Freiheitsspielraums begeistert gefeiert wird.« Seltsam, mein Besucher lächelte. Es war ein Lächeln, das Zufriedenheit ausdrückte. Dann fuhr er fort:

»Der Abfall, Verfall, Ausschluß ist nichts, was an sich zu verurteilen wäre: er ist eine notwendige Konsequenz des Lebens, des Wachstums an Leben. Die Erscheinung der décadence ist so notwendig wie irgendein Aufgang und Vorwärts des Lebens: man hat es nicht in der Hand, sie abzuschaffen. Die Vernunft will umgekehrt, daß ihr ihr Recht wird.«[4]

»Damit rechtfertigen Sie alles Böse und Schlechte auf dieser Welt«, widersprach ich ihm.

Tief in mir »hörte« ich ihn leise und sehr verächtlich lachen.

»Was ist *gut* und was ist *böse?* Es gibt Herrenmenschen und es gibt Herdenmenschen. Für jede dieser beiden Kategorien gelten je nach *Nützlichkeit* unterschiedliche Wahrheiten.«

»Und was ist mit Gefühlen wie zum Beispiel Mitleid und Selbstlosigkeit?« fragte ich ihn. Hier von Nützlichkeit zu reden erschien mir fast wie ein Sakrileg.

»Das sind doch nur Herdentugenden«, widersprach er mir. »Sie haben mit dem wirklichen Leben nichts zu tun. Dieses kann nur von einem freien Geist erfaßt und gelebt werden.«

Nietzsche war nicht einfach zu verstehen. Ich mußte meine Konzentration schärfen, um mich in seinem Wortschwall nicht zu verlieren. Paul hatte mir zwar *Nietzsches* freien Geist erklärt, aber ich wollte mich an die Quelle, also an ihn, halten.

»Was soll ich mir unter ihrem ›freien Geist‹ vorstellen?«

»Er soll erstens Vorurteile und falsche Wahrheiten von ihren Marmorsockeln stürzen. Zweitens soll er die herrschende Moral der Lüge überführen, denn die Menschen halten sich nicht an ihre kodifizierten Grundsätze. Er hat drittens die Aufgabe, jeden Glauben an irgendeine Religion und an einen allmächtigen Gott *ad absurdum* zu führen und an ihre Stelle den Glauben an die absolute Wertlosigkeit und Sinnlosigkeit alles Bestehenden zu setzen.«

»Dauerhafte Werte scheint es für Sie nicht zu geben?«

Er nickte. »Das bisherige menschliche Zusammenleben zeigte es doch deutlich: Die Werte gleichen Schranken. Sie werden zum Zweck der Machtausübung errichtet. Aber sie werden fallen, denn nichts ist von Dauer. Das, was heute oben ist, ist morgen unten. Das Rad muß sich drehen. Dafür sorgen jene Individuen, denen das Alte nicht mehr paßt, weil es ihnen angeblich die Luft zum Atmen nimmt. Sie brüllen es laut in alle Welt hinaus: ›Fort mit allem alten Plunder! Wir wollen zu neuen Ufern schwimmen, wollen neue Kontinente entdecken. Fort also mit allem, was sich dem Dämmern eines neuen Morgen entgegenstellt. Fort auch mit der Anbetung eines sogenannten Gottes, den es nicht gibt und den es nie gegeben hat‹« *Nietzsches* Augen standen plötzlich in Flammen. »Die Wahrheit lautet: *Gott ist tot!* Und wissen Sie, warum er tot ist? Wir, ja wir sind seine Mörder! Und warum sind wir das? Weil wir endlich erkannten, daß der Glaube an die Existenz Gottes lediglich eine fromme Lüge war, nicht mehr als der Glaube an einen Popanz. Damit wurde eine bloße Mutmaßung vom hohen Podest einer falschen Anbetung gestoßen. Ich bin mir gewiß, nach der Entwertung aller Werte dreht sich das Rad weiter, durchläuft die Menschheit ein notwendiges Zwischenstadium! Es bringt ihr die ›Heraufkunft‹ des *Nihilismus!*«

»Ich kann die Notwendigkeit einer solchen Heraufkunft nicht einsehen. Können Sie mir das etwas näher erklären?«

Mein Besucher lachte wütend auf. »Sie fragen nach dem Warum? Der Grund dafür liegt doch auf der Hand und ist sehr einfach zu verstehen. Außerdem habe ich in einem meiner Werke die Erklärung dafür schon geliefert. Aber meinetwegen noch einmal: Die Heraufkunft des Nihilismus ist notwendig … weil unsre bisherigen Werte selbst es sind, die in ihm ihre letzte Folgerung ziehn; *weil der Nihilismus die zu Ende gedachte Logik unsrer großen Werte und Ideale ist*, – weil wir den Nihilismus erst erleben müssen, um dahinter zu kommen, was eigentlich der Wert dieser ›Werte‹ war … Wir haben, irgendwann, neue Werte nötig.«[5]

»Ich halte einen solchen Zustand für nicht vorstellbar, denn ohne die Beachtung von Werten kann es meiner Meinung nach kein menschliches Zusammenleben geben. Eine Rückentwicklung wäre die zwangsläufige Folge, eine Vertierung. Trotzdem – was kommt *nach* diesem Zwischenstadium des Nihilismus?«

Das Feuer in seinen Augen sprühte bei den folgenden Worten Funken. »Es wird eine *neue* Wertetafel geben. Dem Gesetz folgend, daß nur aus der Asche alter Werte neue Werte wachsen können. An oberster Stelle wird die *Wahrheit* stehen. Eine, die aufräumt mit der Verherrlichung der Masse und der wahnsinnigen Forderung, in ihr den wahren Souverän sehen zu müssen. Eine auch, die endlich Schluß macht mit der Unterdrückung der Eliten. Schluß auch macht mit dem hirnrissigen Unsinn von *Freiheit, Gleichheit und Brüderlichkeit!*«

Das übersinnliche Gesicht vergrößerte sich. Es sah so aus, als ob *Nietzsche* sich vorbeugen würde, um seinen folgenden Worten größeres Gewicht verleihen zu wollen. »Noch nie in der Weltgeschichte hat es eine Forderung so illusorischen, ja lügnerischen Inhalts gegeben. Sie hört sich zugegebenermaßen an wie die Sphärenklänge eines himmlischen Orchesters, aber sie läßt die Triebe außer acht. Und was die Intelligenz angeht«, er unterbrach sich und lachte höhnisch, fuhr dann fort: »Es ist doch nicht zu leugnen, die Intelligenz steht im Dienst der Triebe, sucht immerfort listig nach Wegen, diese zur weiteren Entfaltung zu bringen, sich Macht zu verschaffen. Meine Behauptung lautet: Alles Denken und alles Tun sind nichts anderes als Instrumente des Willens zur Macht. Es gibt nur wenige echte Wahrheiten, das ist eine meiner Thesen.« Er schwieg, aber ich sah, daß er diesen Punkt noch nicht zu Ende gebracht hatte, und wartete ab.

»Fangen wir an mit dem Grundsatz der *Gleichheit*«, begann er. Als er weitersprach, schwang in jedem seiner Worte tiefste Verachtung. »Eigentlich müßte es selbst der Dümmste merken, wie grenzenlos verlogen dieses Postulat ist. Es ist doch die Forderung nach

Gleichheit, die mit einem brutalen Sichelschnitt die Triebe heranwachsender Eliten beschneidet, damit sie nicht über das Maß des geheiligten Durchschnitts hinauswachsen. Eliteschulen? Um Himmels willen, das würde doch dem Prinzip von der Gleichheit widersprechen. Wahre Elite bedarf keiner Förderung – setzt sie sich nicht sowieso durch? Es kann doch nicht bestritten werden, daß das Postulat der Gleichheit erzwingt, zuerst die *Benachteiligten* oder sogenannten Benachteiligten in unserer Gesellschaft entsprechend zu fördern. Junge Menschen, die zum Beispiel hervorragende Schuster, Bäcker oder Schlosser abgegeben hätten, werden mit allen Mitteln gefördert und davon überzeugt, einen akademischen Beruf ergreifen zu müssen. Denn was sind schon Handwerker? Wir brauchen noch mehr Akademiker, denn wir haben immer noch nicht genug schlechte Juristen, sich in ständiger Nabelschau befindende Sozialwissenschaftler, die sich mit verzückten Gesichtern und prophetengleichen Mienen als große Verkünder und Macher des Zeitgeistes gebärden, geeigneten Großschwätzernachwuchs unserer Medien abgeben.«

Ich wollte ihm widersprechen, doch er kam mir zuvor. »Und erst die Lüge von der *Brüderlichkeit!* Sie ist noch viel gemeiner als die von der Gleichheit. Wo gibt es denn Brüderlichkeit? Lassen Sie es sich gesagt sein: Entweder ist sie mit Falschheit durchtränkt, weil mit ihrer Übung irgendwelche egoistischen Ziele verfolgt werden, oder sie ist das Produkt von ekelhaften Herdeninstinkten, dienendes Schielen nach oben.«

Ich war erschrocken. Paul hatte mir *Nietzsche* in all seinen Schattierungen geschildert: »Er war ohne Zweifel ein Genie, aber seine Psyche war in Düsternis getaucht, in eine Dunkelheit, die selbst das wenige einfallende Licht noch für ein Erzeugnis der Finsternis hielt. Hinzu kam seine maßlose Selbstüberschätzung, erstes Anzeichen seines allmählich sich entwickelnden Wahnsinns.«

»Bleibt noch die Forderung nach *Freiheit*«, fuhr *Nietzsche* fort. Jetzt aber nicht mehr mit verächtlicher, sondern belustigter Stimme. Auch seine Augen zeigten es, er schien diese Forderung höchst amüsant zu finden. Seine folgenden Worte bewiesen es.

»Dieses Postulat mag für Herrenmenschen seine Berechtigung haben. Aber was die Herdenmenschen damit anfangen sollen, werde ich wohl nie begreifen. Letztere fressen doch willig alles in sich hinein, was ihnen der von *Wahrheit* triefende Zeitgeist jeden Tag vorsetzt. Du lieber Himmel, wo bleibt da die Freiheit des Denkens? Sie besteht bei ihnen doch nur darin, an diesen Zeitgeist, besser gesagt: an seinen Hersteller, entweder zu glauben oder nicht. Verlassen Sie sich darauf, fast alle glauben an ihn! Und was die Werte angeht, damit Sie es wissen: Es sind nur die Herdenmenschen, die Gefühle wie Liebe, Selbstlosigkeit und Güte für Tugenden halten. Warum? Die Erklärung ist einfach. Diese Werte sollen Schutz und Schild gegenüber den Mächtigen sein, und da letztere nicht als gierige Unholde – meistens sind sie welche –, sondern als edle Menschen gelten wollen, beachten sie die von der Masse hochgehaltenen, aus der Schwäche geborenen Werte wenigstens einigermaßen.« Er hob seine Stimme an. »Für alle drei Postulate gilt: Da das Leben Wille ist, ein Sich-ständig-über-sich-Hinausdrängen, der Wert und das Ziel selbst, das Werden, der ›Wille zur Macht‹, verdecken sie letztendlich diesen

Willen zur Macht. Die Macht der Starken. Die Macht derer, die aus der Menge herausragen. Nach einer gewissen Zeitspanne, sie mag kürzer oder länger sein, kommt dann endlich der große Umbruch! Da das alte Herrentum sich den neuen Anforderungen nicht mehr gewachsen zeigt, muß, ich betone es: *muß* der Übermensch die Bühne des Lebens betreten.«

Ich hatte mit Paul darüber diskutiert, er ließ *Nietzsche* selbst sprechen:
»*Mißriet der Mensch: Wohlan, wohlauf! Der Übermensch liegt mir am Herzen, er ist mein Erstes und Einziges, nicht der Mensch, nicht der Nächste, nicht der Ärmste, nicht der Mitleidende, nicht der Beste ... Gott starb, nun wollen wir, daß der Übermensch lebe!*«[6]
»Aber wie soll dieser Übermensch, diese Idealgestalt, denn beschaffen sein?« hatte ich Paul gefragt. »Welche Eigenschaften muß er haben, um turmhoch sogar über den bisherigen Herren zu stehen, ja, stehen zu müssen? Es müßten ohne Zweifel doch Eigenschaften der wunderbarsten Art sein?«
Paul hatte kopfschüttelnd erwidert: »*Nietzsche* hat ihn in seinem Miteinander mit Gleichgesinnten als höchst empfindsam und rücksichtsvoll dargestellt, ihn dazu noch mit einer hohen Geisteskultur ausgestattet. Doch dieses angenehme Bild verzerrte sich auf das Schrecklichste, wenn er gegen hypothetische Feinde zu kämpfen hatte. Dann wurde aus dem ›Übermenschen‹ ein Wesen, bis oben angefüllt mit rücksichtsloser Härte und Grausamkeit.
Ja, sein ›Übermensch‹ war gedacht als der Herr der Erde, als selbstbestimmter, aktiver Mensch, auch als Herr über Leben und Tod.« Paul hatte eine kurze Pause gemacht, wurde nachdenklich, und fügte dann mit

eindringlicher Stimme hinzu: »Versuche herauszube-
kommen, wie er sich in seiner jetzigen Existenz den
›Übermenschen‹ vorstellt. Vielleicht haben sich seine
Ansichten geändert.«

Nietzsche schien diese Frage geahnt zu haben, denn er
gab mir die Antwort, bevor ich den Mund aufmachte.
»Er wird mehr sein als der heutige Mensch, weit mehr.
Er wird sich von ihm unterscheiden, wie sich die arm-
selige Höhlenwohnung eines Urmenschen von dem
Palast eines Königs unterscheidet.« In seinen Augen
stand Verachtung. »Der heutige Mensch ist doch nur …
›ein Seil, geknüpft zwischen Tier und Übermensch, –
ein Seil über einem Abgrunde‹.[7] Dieser Zustand kann
nicht länger hingenommen werden, der Übermensch
wird ihn beseitigen. Er wird, wie einstmals Moses den
Israeliten, den Menschen eine eherne Tafel zeigen, auf
der mit glühenden Lettern die *neuen* Werte einge-
brannt sind. Und er wird unerbittlich darauf achten,
daß niemand sie verletzt.«
»Und wie geht es dann weiter?« fragte ich ihn spöttisch. »Die Entwicklung muß doch nach dem Auftreten
des ›Übermenschen‹ und der Proklamation neuer Werte einem Ziel zustreben. Denn was wäre die Schöpfung ohne ein Ziel? Sie wäre zweck- und sinnlos. Für
mich eine unmögliche Vorstellung.«
Auf seiner Stirn erschien eine Falte des Zorns. »Hören
Sie mir doch auf mit den Worten Schöpfung oder Ziel.
Es gibt keine Schöpfung, hat nie eine gegeben. Und
das Wort Ziel ist eine Lüge, denn was für ein Ziel
könnte es in einem Kosmos der Sinnlosigkeit geben,
denn Sinnlosigkeit kennt kein Ziel. Das *Leben selbst*
ist das Ziel, und mehr braucht es nicht.«
Mir genügte das nicht. »Damit ist meine Frage noch

nicht beantwortet. Ich wiederhole es: Was geschieht *nach* dem Auftreten des ›Übermenschen‹? Und was die von ihm zu schaffenden neuen Werte angeht – mir fehlt jede Vorstellung davon, welche Werte zum Beispiel anstelle der Zehn Gebote treten könnten. Für mich haben sie jedenfalls Charakter von ewigen Konstanten. Aber sicher werden Sie diese Unklarheit in mir ausräumen können.«

Er antwortete nicht sofort, sah mich mitleidig an. Keine Frage, er mußte meinen Geist für ziemlich unterentwickelt halten, unfähig dazu, seine Gedanken zu verstehen. Aber er war dennoch bereit, mir zu antworten. »Ich weiß, daß der Übermensch kommen wird, ausgestattet mit einer Macht, die ihm das Herrschen leichtmachen wird. In ihm werden sich Klugheit, Schönheit, Kraft, Tapferkeit und Kultur zu einem Höchstmaß an Wirkungskraft vereinigen. Und er wird jenseits von Gut und Böse stehen, aus der Masse der gewöhnlichen Menschen in jeder Beziehung herausragen wie ein gewaltiger, den Himmel stürmender Turm und deshalb alle Bereiche des Lebens überblicken und beurteilen können. Der Imperativ der Tugend, von den Herdenmenschen zu ihrem Schutz eingeführt, wird für ihn nicht mehr gelten. Seine von ihm geschaffenen neuen Werte werden Gesetzeskraft besitzen und nicht ihr Dasein als *Eckensteher-Werte* wie die bisherigen fristen müssen. Über den Inhalt der neuen Werte kann ich Ihnen nichts sagen, sie aufzustellen ist allein Sache des Übermenschen. Aber soviel weiß ich: Mit ihnen wird er die Welt regieren und, wenn es notwendig sein sollte, die Masse notfalls zu ihrem Glück zwingen. Sein Erscheinen gleicht der Geburt einer völlig neuen Rasse. Sie wird sich so zwingend ausbreiten wie ein Ölfleck auf der Wasseroberfläche. Und es wird nichts geben, was dieses Ausbreiten verhindern könnte. Ein Prozeß, der so lange währt, bis die neue Rasse die alte Menschheit überflüssig gemacht hat.« Ich gab nicht nach. »Aber was wird *dann* sein? Ich meine, wenn es nur noch ›Übermenschen‹ geben wird? Wenn sein Kommen nicht Teilstück eines Weges zum Ziel ist, warum soll er dann in einer Welt der Sinnlosigkeit überhaupt erscheinen?«

»Weil nur der Übermensch in der Lage sein wird, den Prozeß der ewigen Wiederkehr des Gleichen zu begreifen und ihn zu leben. Man kann hier auch von der ›Unschuld des Werdens‹ sprechen. Wertebegriffe gibt es dann nicht mehr. Nur noch das nackte Dasein existiert. ›Der Gegensatz ist aus den Dingen entfernt, die Einartigkeit ist in allem Geschehen gerettet ... daß man nichts anderes haben will, vorwärts nicht, rückwärts nicht, in alle Ewigkeit nicht. Das Notwendige nicht bloß ertragen, noch weniger verhehlen – aller Idealismus ist Verlogenheit vor dem Notwendigen –, sondern es lieben!‹«[8]

»Aufgrund welcher Überlegung kamen Sie auf die Idee der ›ewigen Wiederkehr des Gleichen‹?«

Nietzsche nickte beifällig. Anscheinend hatte er eine derartige Frage von mir nicht erwartet.

»Das war gar nicht schwer. Passen Sie jetzt aber gut auf:

Wenn die Welt als bestimmte Größe von Kraft und als bestimmte Zahl von Kraftzentren gedacht werden darf ... so folgt daraus, daß sie eine berechenbare Zahl von Kombinationen im großen Würfelspiel ihres Daseins durchzumachen hat. In einer unendlichen Zeit würde jede mögliche Kombination irgendwann einmal erreicht sein. Und da zwischen jeder Kombination und ihrer nächsten Wiederkehr alle überhaupt noch möglichen Kombinationen abgelaufen sein müßten und jede dieser Kombination die ganze Folge der Kombinationen in derselben Reihe bedingt, so wäre damit ein Kreislauf von absolut identischen Reihen bewiesen: die Welt als Kreislauf, der sich unendlich oft bereits wiederholt hat und der sein Spiel *in infinitum* spielt.«[9]

»Könnte man vielleicht von einer Kreisform sprechen, die immer wieder, bis in alle Ewigkeit, durchlaufen wird?« fragte ich.

»Nur in etwa«, meinte er lächelnd. »Eine Behelfskonstruktion, nichts weiter. Aber sie wird Ihnen das Verstehen erleichtern.«

Entsetzt entgegnete ich: »Wenn ich richtig verstanden habe, dann fordert die ›ewige Wiederkehr des Gleichen‹, daß auch der Mensch ewig wiederkehren muß. Das bedeutet zwangsläufig eine ständige Wiederholung seines Schicksals.«

Sie können es mir glauben, mir grauste es. Wie kann man sich nur so etwas ausdenken, dachte ich fassungslos. Von einem Kosmos, der, weil es ja keinen Gott gibt, sich in sinnlosem Tun per Zufall selbst erschaffen haben muß und in dem weiterhin die Sinnlosigkeit regiert, sowie von ›Übermenschen‹, die gefühllosen Automaten gleichen und deshalb keine Werte kennen. Von welcher Beschaffenheit mußte ein Gehirn sein, in dem solche Gedanken gesponnen wurden?

»Sie scheinen meiner Theorie nicht den richtigen Geschmack abzugewinnen, habe ich recht?« fragte *Nietzsche* hochmütig.

Nein, ich würde ihn nicht schonen. Warum auch? Ich nahm mich zusammen, um meine Erregung zu zügeln, und entgegnete: »Nicht nur das, ich halte sie sogar für eine zu höchster Potenz erhobene Unmöglichkeit. Ich frage Sie: *Wie* kam das Leben auf eine Welt, die einmal nichts anderes war als ein feuriger Glutball? Durch puren Zufall? Eine Antwort, die mir wie ein Witz vorkam. Doch ich wollte meine Frage noch ein Stück höher ansetzen. Ehe sich das Leben entfalten konnte, mußte es mit zwingender Notwendigkeit so etwas wie eine Vorstufe gegeben haben, den Ermöglichungsgrund dafür, daß Leben überhaupt in der Lage war, aufzuflammen, aufzuflammen wie ein Zündholz nach dem kräftigen Streichen an der Reibfläche.« Ich spürte, daß er mich unterbrechen wollte und winkte energisch ab, denn ich wollte den Faden nicht verlieren. »Und wenn der von vielen Wissenschaftlern so hofierte und als ›deus ex machina‹* hochwillkommen geheißene *Zufall* tatsächlich diesen Kosmos mit allem Leben darin zuwege gebracht hat, dann steht immer noch die Frage im Raum: Was verbarg sich *hinter* ihm, was *ermöglichte* ihn? Ich will es Ihnen verraten, und Sie mögen mich meinetwegen danach auslachen: Ich bin zutiefst überzeugt von einer lenkenden Hand in der Schöpfung!«

»Ein Glaube ohne Wert«, unterbrach er mich verächtlich. »Nichts Objektives kann ihn stützen, rein gar nichts.«

»Du lieber Himmel, an was *glauben* denn nicht wenige der allein dem Objektivismus anhängenden Naturwissenschaftler? Sonderbarerweise an den Ersatzgott Zufall. Sie haben ihn auf den Altar Ihrer Erkenntnissuche gestellt und beten ihn an. Eigentlich dürfte ich

* Lat: ›Gott aus der Maschine‹, in der grch. Tragödie die über der Bühne erscheinende Göttergestalt, die den scheinbar unlösbaren Konflikt löst. Bezeichnung für jeden unerwarteten Helfer in einer kritischen Lage.

mich nicht darüber wundern, denn wie sollte auch der den gewohnten Dimensionen verhaftete menschliche Verstand Eingriffe aus höheren Dimensionen verstehen können? Dafür wurde er nicht konzipiert. Das Dumme dabei ist, daß selbst höchst erlauchte Geister die Beschränktheit des menschlichen Verstandes nicht einsehen können und mit ihm alles, aber auch wirklich alles, erklären wollen. Mir kommt das so vor, als ob ein Maler allen Ernstes vorhätte, sein wandgroßes Gemälde in einen klitzekleinen Rahmen zu zwängen. Und wenn Überlegungen dieser erlauchten Geister an einer unübersteigbaren Schranke enden müssen, dann gibt es schließlich immer noch den modernen Geist in der Flasche: den Zufall. Mit ihm zu operieren ist sehr einfach. Man braucht nicht mehr mit der berühmten Stange im Nebel herumzustochern, denn mit seiner Hilfe löst sich, wie durch Zauberei, der dichteste Nebel auf, und es herrscht wundervolle, klare Sicht.« Ich holte tief Atem. »Für mich ist es lediglich eine Sicht auf Trugbilder. Ich bin im schroffen Gegensatz zu Ihnen von einer zielgerichteten Schöpfung überzeugt, die das Leben immer weiter vorantreibt, einem uns noch unbekannten Ziel entgegen. Natürlich, im Hinblick auf das Voranschreiten der Evolution des Bewußtseins ist es nicht auszuschließen, daß es eines noch fernen Tages den ›Übermenschen‹ geben wird, aber er wird sich diametral von *Ihrem* Übermenschen unterscheiden, denn für ihn wird das alleroberste Gebot die *Liebe* sein. Und er wird es schaffen, allen Unfrieden auf unserer vom menschlichen Unverstand geplagten Erde mit der Kraft seiner Liebe zu beseitigen! Und seine Sanftheit wird stärker sein als alle gegen ihn anstürmenden feindlichen Kräfte zusammen – und sie verwandeln, versöhnen, sie zu dem machen, was er selbst ist.«

Sein Gesichtsausdruck war eindeutig: *Nietzsche* war nicht zu überzeugen. »Alles umwandeln – auch den Willen zur Macht?« fragte er höhnisch.

»Ja. Auch den ›Willen zur Macht‹. Der Mensch ist aus dem Tier geboren worden und wird noch lange an dem tierischen Erbe zu tragen haben. Eine schwere Belastung für die Seele, die allein durch die Evolution des Bewußtseins reduziert werden kann. In einem Prozeß, der nicht sinnlos, sondern zielgerichtet ist und Äonen in Anspruch nimmt. Anstatt eines Kreises mit der unsinnigen Behauptung einer ›ewigen Wiederkehr des Gleichen‹, gilt hier die These vom *spiralenförmigen Aufstieg des Bewußtseins*. Es wird alle Dunkelheit hinter sich lassen und sämtliche Belastungen in Liebe umwandeln und integrieren. Weitere Stufen sind unter anderem das Erreichen des kosmischen Bewußtseins und endlich das Überschreiten der Schwelle zum Supramentalen. Für den ›Willen zur Macht‹ wird es im menschlichen Bewußtsein dann nicht mehr den allerkleinsten Platz geben. Er wird ebenfalls in Liebe umgewandelt werden, denn die Gravitationskraft der Liebe wird alles an sich ziehen – und umwandeln!«

Meine Worte zeigten Wirkung. Sie vertrieben den Hohn aus dem Gesicht meines Besuchers und setzten an seine Stelle flammenden Zorn.

»Nie habe ich Unsinnigeres gehört als diese leeren Hypothesen«, rief er mit Augen, die vor Erregung schier aus dem Kopf zu springen schienen. »Ich werde Ihnen sagen, was Kategorien wie Sein, Materie, Kausalität, Bewußtsein, Wahrheit und Vernunft, um nur einige zu nennen, in Wirklichkeit sind: nichts anderes als Phantasiegebilde, dazu erdacht, ein Ordnungsgefüge zu erstellen, in dem es sich besser leben läßt. Die *wahre* Welt, also die Welt, wie sie in Wirklichkeit ist, stellen sie nicht dar. Diese ist lediglich ein wildes Chaos ohne Ordnung.« Seine Augen blickten verächtlich, als er hinzufügte: »Die Liebe, die Sie eben erwähnten, ist ein Wert allein für die Schwachen, für die Herdenmenschen. Sie ist nur dazu da, die Starken zu schwächen und die Tapferen zu entmutigen.«

Eine Antwort darauf erschien mir sinnlos. Dagegen drängte sich eine andere Frage energisch in den Vordergrund.

»Wissen Sie eigentlich, daß Sie sich nicht mehr in der irdischen, sondern in einer ganz anderen Dimension befinden?« fragte ich ihn.

»Selbstverständlich weiß ich das«, sagte er bestimmt. Im ersten Augenblick war ich verblüfft, denn ich hatte eine andere Antwort erwartet. Rasch ordnete ich meine Gedanken neu und fragte:

»Sind Ihnen denn in Ihrer jetzigen Existenz nicht neue Gedanken gekommen?« bohrte ich nach. »Eigentlich müßte das doch der Fall sein, denn als Geistwesen sind Sie nicht mehr den Beschränkungen der Körperlichkeit ausgesetzt, müssen jetzt einen unendlich größeren Überblick und Einblick als zu Ihren Lebzeiten haben. Wie verhält es sich damit?«

Seine Augen zeigten Ablehnung, als er entgegnete: »Es stimmt, ich habe jetzt einen anderen Körper, einen, den sich Ihr Vorstellungsvermögen nicht ersinnen kann, aber das ist auch der einzige Unterschied, den ich zu meiner irdischen Existenz feststelle. Sonst hat sich mein Leben nicht verändert. Ich arbeite weiter an meiner ›Philosophie der Zukunft‹.« In seinem Gesicht zeigte sich ein Ausdruck der Ratlosigkeit.

»Aber ich bin allein, lebe in einem Nebel, der alles um mich herum verhüllt, und frage mich, warum das so ist und wie lange mein Alleinsein noch andauern wird.« Ein tiefer, gequälter Seufzer folgte.

Das waren seine letzten Worte. Der Kontakt riß ab, und das schwach leuchtende übersinnliche Gesicht meines Besuchers verschwand, wurde vom schwarzen Vorhang der Nacht zugedeckt.

Später, kurz vor dem Einschlafen, durchfuhr es mich wie ein Blitz. Dieser Geistesblitz erzeugte eine wahre Kettenreaktion von Gedanken. Meine Müdigkeit war wie weggeblasen. Ich setzte mich auf und versuchte, Ordnung in den geistigen Mückenschwarm zu bringen. Als ich das endlich geschafft hatte, übertrug ich einige von *Nietzsches* Aussagen auf die heutige Zeit. Keine Frage, viele seiner Thesen galten wie für sie aufgestellt. Er hatte beileibe nichts Falsches gesagt, als er von der Entwertung aller Werte sprach. War es denn nicht jeden Tag immer wieder aufs neue zu beobachten: Die Menschen setzten doch alles daran, diese Behauptung zu bewahrheiten. Und was die prophezeite »Zwischenperiode« des Nihilismus anging – war die Menschheit zum größten Teil nicht schon mittendrin? Ihre »Frömmigkeit« bestand doch nur noch daraus, ihr Ego anzubeten und es zu einem Riesenballon aufzublasen. Andere Werte? Weg damit! Weg mit allem, was die selbstzentrierte Entwicklung störte. Waren gewisse Wortführer der Masse denn nicht mit Schaum vor dem Mund dabei, Tugenden wie zum Beispiel Treue, Mut und Bescheidenheit als entwicklungshemmende Faktoren abzuqualifizieren und sie auf den Misthaufen ihrer eigenen Denkweise zu werfen? Und was war mit echter, praktizierender Nächstenliebe? Nun, hier und da gab es sie wohl noch, aber im Grunde genommen fristete sie doch nur ein Eckensteher-Dasein.

Mir fiel *Nietzsches* Forderung nach dem Auftreten des ›Übermenschen‹ ein. Sie entsprang sicher den schon damals zu beobachtenden moralischen Verfallserscheinungen. In seiner zutiefst pessimistischen Denkweise gab *Nietzsche* den *normalen* Menschen keine Chance mehr. Für ihn hatte die normale Menschheit endgültig abgewirtschaftet, hatte sie Platz zu machen für die neue Rasse des ›Übermenschen‹. Seine Hoffnungslosigkeit ließ ihn nicht sehen, was seiner Theorie fehlte. Es fehlte ihr, neben der Anerkenntnis des Bewußtseins seiner selbst und dessen Evolution – die *Liebe!* Beide, Evolution und Liebe, gehören zusammen, bedingen sich geradezu, denn die *Evolution des Bewußtseins* ist der Meißel, der aus dem stumpfen Kiesel der Unbewußtheit das göttliche Antlitz der Liebe in seiner strahlendsten Schönheit herausarbeitet. Wo sie herrscht, da kann es weder Sinnlosigkeit noch eine ›ewige Wiederkehr des Gleichen‹ geben!

Heute ist man sich ziemlich einig darüber, und auf der physikalischen Seite der Wissenschaft fast ganz einig, daß der Wissensstrom auf eine nichtmechanische Wirklichkeit zufließt; das Weltall sieht allmählich mehr wie ein großer Gedanke als wie eine große Maschine aus. Der Geist erscheint im Reich der Materie nicht mehr als ein zufälliger Eindringling; wir beginnen zu ahnen, daß wir ihn eher als den Schöpfer und Beherrscher des Reiches der Materie begrüßen sollten ... Das neue Wissen zwingt uns, unsere flüchtigen ersten Eindrücke, daß wir in ein Weltall gestolpert seien, das sich entweder um Leben nicht kümmere oder dem Leben direkt feindlich sei, zu revidieren. Der alte Dualismus von Geist und Materie ... scheint zu verschwinden: nicht dadurch, daß die Materie irgendwie schattenhafter oder unkörperlicher wird als bisher oder daß der Geist zu einer Funktion der Tätigkeit der Materie wird, sondern dadurch, daß körperliche Materie zu einer Schöpfung und Offenbarung des Geistes wird. Wir entdecken, daß das Weltall Spuren einer planenden oder kontrollierenden Macht zeigt, die etwas Gemeinsames mit unserem eigenen individuellen Geist hat ... wir sind im Weltall nicht so sehr Fremdlinge oder Eindringlinge, wie wir zuerst dachten.

James Jeans,
›Der Weltraum
und seine Rätsel‹

11

Mein zehnter Besucher:
Ich sprach mit Albert Einstein

Gott würfelt nicht. Supramentale Eruption im Vergleich zur Nuklearkraft. Jacques Monods Sicht der Dinge. Die Bewußtseinsevolution beginnt als zwanghaftes Drängen im Innern der Materie.

»Der Physiker *Albert Einstein** war kein Anhänger der Religion, wie es sich die Kirche vorstellt, er bezeichnete sich als *Forscher von kosmischer Religiosität*«, hatte Paul mir gesagt. »Allein *diese* Art der Religiosität berge in sich die erfrischenden Wasser, die jenen Forschern reiche Erquickung schenkten, die nach der Befreiung von der Ich-Fessel im *Tempel der Wissenschaft* suchten. Einstein war ein Gegner jeder Offenbarungsreligion und verneinte die Existenz eines personalen Gottes, der von außen einwirkend die Naturgesetze steuern würde. Sein Gottesverständnis wies in Anlehnung an den Philosophen *Baruch Spinoza*** pantheistische Züge auf. Die kosmische Religiosität ›sei ein Gefühl, wie es Liebende kennen oder wie es religiös schöpferische Menschen aller Zeiten erfüllt habe: es äußere sich in einigen Psalmen *Davids*, bei *Franz von Assisi*, im *Buddhismus*, bei den Philosophen *Demokrit* und *Spinoza*. Die Anschauung der objektiven Natur wird zur Kraftquelle der Befreiung aus den Fesseln des Ich.‹«[1]

---

* 14. 3. 1879 (Ulm) – 14. 4. 1955 (Princeton N. J./USA).
** 24. 11. 1632 (Amsterdam) – 21. 2. 1677 (Den Haag).

»Er vertrat doch auch das Prinzip einer durchgängigen Kausalität?« fragte ich.

»Ja. Deshalb tat er sich ja auch so schwer mit dem Indeterminismus der Quantenphysik, mit der behaupteten Zufälligkeit des Quantensprungs.* In *Einsteins* Welt hatte der Zufall keinen Platz. Auf ihn angesprochen, sagte er einmal: ›*Gott würfelt nicht!*‹«

Anschließend hatte mir Paul eindringlich gesagt:

»Du mußt den französischen Chemiker *Jacques Monod*** ins Spiel bringen. Er hat manche Züge mit *Nietzsche* gemein. Mit seiner Zufallstheorie *verneint* er nicht nur Einsteins Weltbild, sondern auch die Behauptung von einer Evolution des Bewußtseins. Da es nach ihm keine zielgerichtete Schöpfung, sondern nur ein chaotisches, sinnloses Durcheinander gibt, ruft *Monod* als rettenden Ersatzgott den Zufall zu Hilfe. Mit ihm definiert er den gesamten *Kosmos als ein Zufallsprodukt* und der Mensch muß ... seine totale Verlassenheit, seine radikale Fremdheit erkennen ... ein Zigeuner am Rande des Universums.«[2]

Ich hatte mich nach diesen Worten geschüttelt und dann erwidert: »Eine grauenhafte Vorstellung ist das. Wie kann ein Naturwissenschaftler nur einer solchen Theorie verfallen und sie derart erbittert, ja sogar fanatisch verteidigen, wie es *Monod* getan hat? Was

---

* *Indeterminismus* (lat.): Lehre, daß es Zustände und Ereignisse gibt, für die eine Ursache nicht besteht bzw. nicht angegeben werden kann; *das Quant* (lat): nicht weiter teilbares und ausgesendetes Energieteilchen, das verschieden groß sein kann, *Quantensprung:* unstetiger Vorgang der Mikrophysik (Physik der kleinsten materiellen Teilchen wie Atom, Atomkern etc.), das mikrophysikalische Geschehen ist nicht stetig, sondern stoßweise diskontinuierlich (quantenhaft).

** 9. 2. 1910 (Paris) – 31. 5. 1976 (Cannes).

für eine Anmaßung, allein mit der winzigen Spannbreite des menschlichen Verstandes die Ursache für das Leben im Kosmos für ewig und alle Zeiten festschreiben zu wollen und dabei die Behauptung aufzustellen, das Leben verdanke seine Existenz ausschließlich einer Kette von *Zufällen* und den daraus resultierenden *Notwendigkeiten*. Nun gut, für diese, aber nur für *diese* Spannbreite mag seine Theorie gelten, aber was ist mit dem, was außerhalb von ihr liegt? Es sei denn, daß er ein *Außerhalb* nur deshalb verneint, weil diese *Kategorie* von der Naturwissenschaft nicht zu messen oder zu reproduzieren ist und aus diesem Grund als nicht existent abgelehnt wird. Wiederum nach dem altbekannten Motto: Das nicht sein kann, was nicht sein darf.«

Paul hatte genickt und dann entgegnet: »*Monod* verkörpert für mich den Typus eines Naturwissenschaftlers, der dem Objektivitätspostulat die Rolle eines Götzen zuteilt. In seinem Buch ›Zufall und Notwendigkeit‹ findet sich folgende Passage, höre: Wenn es stimmt, daß das Bedürfnis nach einer umfassenden Erklärung angeboren ist und daß das Fehlen einer solchen Erklärung eine Ursache tiefer Angst ist; wenn die Angst nur durch eine Erklärung beschwichtigt werden kann, die in Gestalt einer umfassenden Geschichte die Bedeutung des Menschen aufzeigt, indem sie ihm einen notwendigen Platz in den Plänen der Natur zuweist; wenn die Erklärung, um den Eindruck einer wirklichen, bedeutsamen und beruhigenden Erklärung zu machen, aus der langen, animistischen Tradition hervorgehen muß – dann ist es begreiflich, daß so viele Tausende von Jahren vergehen mußten, bis die Idee der objektiven Erkenntnis als der einzigen Quelle authentischer Wahrheit im Reiche der Ideen erschien.‹ Und an anderer Stelle: ›... Alle Religionen, fast alle Philosophien und zum Teil sogar die Wissenschaft zeugen von der unermüdlichen, heroischen Anstrengung der Menschheit, verzweifelt ihre eigene Zufälligkeit zu verleugnen.‹«[3]

Pauls Stimme war lauter geworden. »*Monod* hat ohne Zweifel mit peinlichster Akribie in seinen Untersuchungen alles angeführt, was die Naturwissenschaft an objektiven Beobachtungen zu diesem Thema liefern konnte. Auf diese Weise gewann er einen Rahmen, der dem Wissen seiner Zeit entsprach. Doch die Naturwissenschaft schreitet weiter voran. Eine Unmöglichkeit, zu behaupten, dieser Rahmen habe für alle Ewigkeit Bestand. Und genau das hat *Monod* mit seiner Behauptung, daß *einzig und allein der Zufall jeglicher Neuerung, jeglicher Schöpfung in der belebten Natur zugrunde liegt,* getan.« Paul hatte mir zum Beweis folgende Textstellen vorgelesen:

»Der Mensch weiß endlich, daß er in der teilnahmslosen Unermeßlichkeit des Universums allein ist, aus dem er zufällig hervortrat. Nicht nur sein Los, auch seine Pflicht steht nirgendwo geschrieben. – Es ist an ihm, zwischen dem Reich und der Finsternis zu wählen.«[4]

Paul hatte das Buch zugeklappt und dann kopfschüttelnd gesagt: »Das nenne ich Materialismus in einem neuen Gewand. Die alten Götter geben sich also immer noch nicht geschlagen. Nach ihrer schon längst ins Abseits gestellten Theorie besitzt nur die Materie Realität, nur sie allein. Doch dieser alte Glaubenssatz mußte auf Grund der Erkenntnisse der modernen Physik – Licht und Strahlung jeder Art sind gleichzeitig Welle *und* Materiepartikelchen, Teilchen – revidiert werden. *Monod* hat in seinem umstrittenen Buch ›Zufall und Notwendigkeit‹ den Versuch unternommen, dem abgetakelten Materialismus früherer Zeiten ein neues, passendes Gewand zu schneidern. Als Ergebnis seines Tuns kam aber nur ein Anzug für eine winzige Puppe statt eines Kleidungsstücks für einen ausgewachsenen Menschen heraus. Seine Theorie läßt sich in zwei Sätzen darstellen: Das Leben verdankt sein Dasein allein dem Zufall. Es ist genauso sinnlos wie der ebenfalls sinnlose, chaotische Kosmos. Geist, Bewußtsein, Evolution? Blutleere Gespenster, die in *Monods* Kosmos nichts zu suchen haben.«

Ich hatte dazu eine Frage stellen wollen, aber Paul hatte energisch abgewinkt und gesagt: »Ein viel besserer Gesprächspartner wartet zu diesem Thema auf dich: *Albert Einstein.* Von ihm erhoffe ich mir viel im Hinblick auf einen Brückenschlag zwischen dem naturwissenschaftlichen Objektivitätsdenken und der philosophisch-esoterischen Ideenwelt.«

»Du glaubst anscheinend fest daran, daß seine Einsichten unsere Arbeit befruchten könnten?«

»Ja, daran glaube ich.«

»Warum?« fragte ich weiter.

»*Einstein* war der Überzeugung, daß das Unerforschliche existent sei und die *einzige* Wahrheit verkörpere. Das ist eine Einsicht, die im Hinblick auf die Evolution des Bewußtseins interessante Aussagen von ihm erwarten läßt.« Paul hatte süffisant gelächelt. »*Lincoln Barnett*[*], ein amerikanischer Autor, bemerkte in seinem Buch: ›Einstein und das Universum‹, für das *Einstein* ein Vorwort geschrieben hatte, ganz richtig: ›*Alle Pfade des menschlichen Geistes, alle Wege der Theorie und der Vermutung führen letztlich an*

[*] 12. 2. 1909 (New York) – 8. 9. 1979 (Pittsburgh).

Abgründe, die der menschliche Geist nicht mehr über-
brücken kann. Der Mensch ist gekettet an die Bedin-
gungen seines Seins, seiner Endlichkeit und seiner
Natur. Je weiter er seinen Gesichtskreis ausdehnte,
desto deutlicher mußte er die Tatsache erkennen, daß
wir, wie Niels Bohr feststellte, gleichzeitig Zuschauer
und Schauspieler im großen Drama des Seins sind.‹«[5]
»Eine Aussage, die sicher für alle Zweige der Naturwissenschaft Geltung haben sollte, meinst du nicht
auch?«

»Ja, das meine ich. Du kannst dich darauf verlassen,
dein Besucher wird dir zu unserem Thema allerhand
zu sagen haben.«

In mir war, wie schon bei meinen letzten Treffen, ein
Gefühl der Gewohnheit, als *Albert Einsteins* Gesicht
neben mir übersinnlich aufleuchtete, was sicherlich
nur ich allein wahrnehmen konnte. Kein Zweifel, er
war es, wenn auch nicht in seiner ganzen körperlichen Gestalt. Ich hatte schon viele Bilder von ihm
gesehen, darunter war mir besonders das Photo mit
der herausgestreckten Zunge im Gedächtnis geblieben, ein Zeugnis für den Humor dieses genialen Mannes. Eine Eigenschaft, die in der verbissen forschenden wissenschaftlichen Welt mit dem vom Ehrgeiz
bestimmten Gegeneinander leider nur selten anzu-
treffen ist.

»Fangen wir an, wir vergeuden nur unnötige Zeit«,
unterbrach *Einstein* meine Erinnerungen. Seine sono-
re Stimme klang angenehm, war weder zu laut noch
zu leise.

»Hatten Sie Kontakt mit meinem Freund?« fragte ich
ihn unnötigerweise. Selbstverständlich mußte er einen
gehabt haben.

Er lächelte auf eine Art, die Wärme vermittelte: »Ja, ich weiß von ihm: Unser Thema soll sich der Evolution des Bewußtseins widmen.«

Paul hatte es mir eingeschärft: »Du weißt es – *Einstein* war nicht nur ein genialer Naturwissenschaftler, er war auch ein Mystiker. Eine sehr seltene Kombination übrigens. Frage ihn, warum er beides war.«

Ich beugte mich ein wenig vor. »Sie bezeichneten das Erlebnis des Mystischen einmal als das tiefste und erhabenste Gefühl, dessen wir fähig sind. Sie sagten auch:

›Das kosmische Erlebnis der Religion ist das stärkste und edelste Motiv naturwissenschaftlicher Forschung.‹
Und Sie bekannten sogar: *›Meine Religion besteht in der demütigen Anbetung eines unendlichen geistigen Wesens, das sich selbst in den kleinsten Einzelheiten kundgibt, die wir mit unseren schwachen und unzulänglichen Sinnen wahrzunehmen vermögen. Diese tiefe, gefühlsmäßige Überzeugung von der Existenz einer höheren Denkkraft, die sich im unerforschten Weltall manifestiert, bildet den Inhalt meiner Gottesvorstellung!‹«*[6]

Ich sah ihn fest an. Wie ruhig sein Gesicht war – und wie beseelt. »Wie vereinbart sich eine solche Geisteshaltung mit dem naturwissenschaftlichen Erkenntnisstreben? Danach darf doch nur anerkannt werden, was objektivierbar und reproduzierbar ist; all das, was mit einer subjektiven Auffassung oder gar metaphysischen Sichtweise zu tun hat, hat unberücksichtigt zu bleiben.«

Einsteins Antwort war klar. »Das ist doch auch richtig so. Die Naturwissenschaften *müssen*, wenn sie der Wahrheit dienen wollen, dem Objektivitätspostulat verpflichtet sein.« Er schwieg, lächelte mich an, fügte dann bedeutungsvoll hinzu: »Aber das darf nicht zu der Auffassung führen, daß als *wahre* Erkenntnisse *allein* jene anzusehen seien, die objektivierbar sind. Mit anderen Worten: Außer objektivierbarer Erkenntnis gäbe es keine andere.« *Einstein* schüttelte energisch den Kopf. »Denn diese gibt es, aber der beschränkte menschliche Verstand *allein* ist nicht imstande, das wahre Wesen der Dinge zu ergründen.« Ich mußte an den Astronomen und Physiker *James Jeans** denken, bei dem ich zu diesem Thema etwas sehr Bildhaftes gelesen hatte. Ich bat, ihn zitieren zu dürfen. *Einstein* nickte zustimmend.

»Mich erinnern die Gesetze, denen die Natur gehorcht, weniger an jene, denen eine in Bewegung befindliche Maschine gehorcht als an jene, denen ein Musiker gehorcht, wenn er eine Fuge, oder ein Dichter, wenn er ein Sonett schreibt. Die Bewegungen von Elektronen und Atomen ähneln nicht so sehr den Bewegungen der Teile einer Lokomotive als denen der Tänzer in einem Kotillon. Und wenn das ›wahre Wesen der Dinge‹ uns für immer verborgen bleibt, so bedeutet es nicht viel, ob der Kotillon auf einem Ball im wirklichen Leben oder auf der Leinwand eines Kinos oder in einer Geschichte Boccaccios getanzt wird. Wenn sich dies alles so verhält, dann kann man sich das Weltall am besten ... als aus reinem Denken bestehend vorstellen, als das Denken eines Wesens, das wir, weil uns ein umfassenderes Wort fehlt, als mathematischen Denker bezeichnen müssen.«[7]

Ich sah meinen Besucher fragend an: »Die Ansicht dieses großen britischen Naturwissenschaftlers, eines

* 1877–1946.

Wegbereiters der Neuen Physik*, unterscheidet sich doch grundlegend von jener, nach der das Leben auf unserer Erde wie auch im gesamten Kosmos ein Produkt des Zufalls ist. Was halten Sie von *dieser* Theorie? Könnte man sie überheblich nennen?«

In *Einsteins* Gesicht war während meiner Rede keine Regung zu verspüren gewesen. Als er antwortete, tat er es mit gleichmütiger Stimme.

»Warum sollte man das? Hier steht eben Meinung gegen Meinung. Das ist doch in der wissenschaftlichen Welt gang und gäbe.« Als er weitersprach, sah ich den Schalk in seinen Augen blitzen. »Die Zufallstheoretiker glauben zwar nicht an einen Schöpfergott, aber dafür um so mehr an den Ersatzgott *Zufall* und an seinen Helfershelfer *Notwendigkeit*. Selbst ihre scharfsinnigsten Überlegungen hierzu sind letzten Endes nichts anderes als ein ständiges Ausweichen vor der Frage, ob die behaupteten Zufälle nicht lediglich *Wirkungen* von *Ursachen* sind, die lenkend und planvoll einer höheren Dimension angehören und deshalb dem menschlichen Verstand verschlossen bleiben.«

Paul hatte diesen Stand der Diskussion vorausgesehen. »Zitiere dann *James Jeans* und seine *blinden Würmer*. Ich bin überzeugt, daß dieses Bild seine Zustimmung findet.«

Mein Besucher war einverstanden. Ich war in der Lage, *Jeans'* Zitat aus dem Gedächtnis wiederzugeben. »Man denke sich zum Beispiel ein Geschlecht blinder Würmer, deren Wahrnehmungen auf die zweidimensionale Oberfläche der Erde beschränkt wären.

---

* Das neue naturwissenschaftliche Weltbild wurde bereits um 1900 erkennbar.

Dann und wann würden Stellen der Erde sporadisch feucht werden. Wir, deren Fähigkeiten durch drei Dimensionen reichen, nennen das Phänomen ein Regenschauer und wissen, daß Ereignisse in der dritten Raumdimension absolut und allein bestimmen, welche Stellen feucht werden und welche trocken bleiben.

Aber wenn die Würmer, die sich nicht einmal der Existenz der dritten Raumdimension bewußt sind, versuchten, die ganze Natur in ihren zweidimensionalen Raum zu pressen, würden sie nicht imstande sein, in der Verteilung feuchter und trockener Stellen irgendeinen Determinismus zu entdecken; die Wurmphysiker würden über die Feuchtigkeit und Trockenheit winziger Erdstückchen in Wahrscheinlichkeitsausdrücken sprechen können und würden versucht sein, diese als letzte Wahrheit zu behandeln ... Wie die Schatten an einer Mauer die Projektion einer dreidimensionalen Wirklichkeit in zwei Dimensionen bilden, so sind die Phänomene des Raum-Zeit-Kontinuums vierdimensionale Projektionen von Wirklichkeiten, die mehr als vier Dimensionen annehmen, so daß *Vorgänge in Zeit und Raum*

nichts anderes als ein flücht'ges Bild
gespensterhaften Schattenzuges

werden.«[8]
So, jetzt kam meine Frage. »Ist ein Vergleich zwischen nur in zwei Dimensionen denkenden *Wurmphysikern* mit Wissenschaftlern, die an den Zufall glauben und ihm zur Verwissenschaftlichung ein passendes Mäntelchen umhängen, statthaft?«
Einstein nickte. »Ich kannte diesen. Er trifft den

berühmten Nagel mitten auf den Kopf. Die Zufallstheorie darf sich nicht dogmatisieren, nicht für sich in
Anspruch nehmen wollen, den Charakter einer ewigen Konstanten zu besitzen. Sie ist nur eine Hypothese, nicht mehr. Und es wird eine Zeit kommen, in der
selbst ihre glühendsten Verfechter sie für überholt halten werden. Ich habe das schon zu meinen Lebzeiten
getan, und *jetzt* weiß ich erst recht, wie grenzenlos
verfehlt diese Hypothese ist.« Er schwieg, sah mich
abwartend an.

Erneut mußte ich in diesem Zusammenhang an Paul
denken. Ich hatte ihn damals nach dem Charakter des
Zufalls gefragt. »Wann kann man – philosophisch
gesehen – von einem Zufall sprechen? Läßt zum Beispiel der reine Zufall die Roulettekugel in ein
bestimmtes Fach hineinfallen?«
Zu meiner großen Überraschung hatte Paul das verneint und mich dann anschließend gefragt: »Du
kannst dir sicher den Ablauf eines Roulettspiels vorstellen?«
»Selbstverständlich kann ich das.«
Paul hatte lächelnd weiter gefragt. »Was passiert,
wenn die kleine Elfenbeinkugel ihre Runden im Kessel dreht und sich dabei langsam niedersenkt?«
»Sie fällt schließlich in ein Zahlenfach hinein.«
»Natürlich tut sie das, aber was kann ihr alles auf
ihrem Weg dahin zustoßen?«
»Sie schlägt wahrscheinlich während ihres Laufs hier
und da gegen die in den Kessel eingelassenen rauten-
förmigen Metallplättchen und wird von ihnen
gebremst. Die Umrandungen der Zahlenfächer wirken
auf ähnliche Weise. Die Kugel vollführt dabei manchmal die reinsten Kapriolen. Eben noch scheint sie sich

in ein Fach senken zu wollen, doch dann prallt sie im letzten Moment gegen einen Widerstand, wird hochgeschleudert und umkreist den Kessel ein weiteres Mal.« Das waren Beobachtungen, die ich im Spielkasino in Baden-Baden gemacht hatte. Noch heute kann ich mich an die Angst, an die Hilflosigkeit, an die Enttäuschung erinnern, die sich in den Gesichtern der Spieler spiegelten; keine angenehmen Bilder.

»Das ist richtig. Und wann beginnt deiner Ansicht nach die Kausalkette den Lauf der Kugel zu determinieren?«

Die Antwort war mir einfach erschienen. »Schon mit der ersten Bewegung des Croupiers, schon ehe er die Kugel in den Kessel fallen läßt. Er kann sie durch eine größere oder geringere Kraftanstrengung zu einem schnelleren oder auch einem langsameren Lauf zwingen und dadurch *unterschiedliche* Kausalketten verursachen beziehungsweise einleiten.«

»Stimmt. Das besagt aber: Die Kausalkette reicht vom Wurf der Kugel bis zu ihrem Hineinfallen in ein Zahlenfach. Gibst du mir recht?«

»Ja. Und weiter?«

»Mit anderen Worten heißt das zwingend: Die Kugel gehorcht während ihres Laufs nur scheinbar dem Zufall. Denn jeder Widerstand, jedes Anstoßen erzwingt bei ihr nicht nur eine Veränderung ihrer Geschwindigkeit, sondern, je nach Aufprallwinkel, auch eine *ganz bestimmte* Richtungsänderung. Und das geht so lange, bis die Kugel in ein Fach hineingefallen ist. Zum Beispiel würde ein mit allen notwendigen Parametern gefütterter Supercomputer nach jedem Aufprall der Kugel gegen ein Hindernis genau den nächsten Aufprallpunkt voraussagen und nach dem letzten sogar das Zahlenfach angeben können, in das die Kugel hineinfallen *muß*.«

»Heißt das im Hinblick auf *Monods* Theorie: Der Zufall ist – wie auch beim Roulette – eine Hilfskonstruktion, die lediglich als Notbrücke über den Abgrund des Nichtwissens gespannt ist?« hatte ich gefragt.

»Ja. Wenn du an seine Aussagen über einen sinnlosen, vom Zufall abhängigen Kosmos denkst, dann kannst du das mit Fug und Recht behaupten. Zufallstheoretiker wie *Monod* sind mit Roulettespielern zu vergleichen. Sie sind überzeugt vom Walten des Zufalls und vertrauen sich ihm an.«

Ich kehrte von meinem geistigen Ausflug zurück.

»Haben Sie in Ihrem irdischen Leben an die Evolution des Bewußtseins geglaubt?« fragte ich *Albert Einstein*. Mein Besucher schüttelte den Kopf. »Offen gesprochen, mit diesem Thema habe ich mich zu keiner Zeit ernsthaft befaßt. Doch in meiner *jetzigen* Existenz ist das anders. Jetzt erst weiß ich, daß eine neue Geburt auf mich wartet, eine, die es mir ermöglicht, auf der Leiter der Evolution weitere Sprossen in Richtung Suprabewußtsein hochzusteigen.«

Ich brauchte einige Sekunden, um diese Erklärung zu verdauen. Noch keiner meiner früheren Besucher hatte sich derart dezidiert geäußert. Dann fragte ich: »Gilt in Ihrer Dimension auch das Kausalitätsprinzip?«

»Ja. Aber es reicht unendlich weit über das in der irdischen Dimension geltende hinaus.«

»Ist die Evolution etwas, was schon in der Materie als zwanghaftes Drängen angelegt ist?«

Einstein nickte. »Sie können ruhig von einem Bewußtsein schon in der Materie sprechen. Es ist zwar noch unendlich klein, äußert sich nur als Bewegung, aber es ist dieses Bewußtsein, das nach immer weiterer Verwirklichung drängt, nach einem Aufstieg Stufe um Stufe. Erst im Menschen offenbart es sich als Bewußtsein seiner selbst. Doch damit gibt es sich nicht zufrieden, denn es will noch höher hinaus, viel höher. Ja, man kann tatsächlich von einem Zwang zur Evolution sprechen.«

»Habe ich richtig verstanden? Bewußtsein schon im atomaren Bereich?«

Und dann hörte ich etwas, was in ähnlicher Weise auch *Cheops, Platon* und *Böhme* formuliert hatten; einem »Denken« entsprungen, dessen Quelle in einem weitaus höheren Niveau als dem des menschlichen Verstandes angesiedelt ist.

»Ja, aber um diese Tatsache wirklich ganz zu verstehen, müssen Sie sich davon freimachen, Geist und Materie als dualistisch zu betrachten. Es gibt keinen Unterschied, denn beides ist eins. Sie können auch sagen: *Alles ist Eins!* Und Sie können überzeugt hinzufügen: *Alles hat Bewußtsein!*«

Da waren sie wieder: diese drei Worte! Ich hatte sie seit Beginn meiner Treffen schon einige Male gehört. Heute kamen sie mir vor wie die allen Seins.

Mein Besucher sah mich an, und ich las in seinen Augen eine Weisheit, die mir klar zeigte, daß dieses Geistwesen weit über der irdischen Dimension angesiedelt war. Irgendwie spürte ich, daß ich noch mehr von ihm hören würde. Etwas hören, das vielleicht alles übertraf, was meine bisherigen Besucher mir mitgeteilt hatten. Wie sich bald zeigte, sollte ich mit dieser »Ahnung« recht behalten.

»Sie haben doch schon vom Überschreiten der Schwelle zum Supramentalen gehört?« fragte er mich.

»Ja.« Gespannt sah ich ihn an. Was kam jetzt?

Seine Worte kamen langsam, kamen mir vor wie feierliches Glockengeläut.

»Können Sie sich vorstellen, daß das Überschreiten der Schwelle zum Suprabewußtsein seine verderbliche Entsprechung findet im Überschreiten der *kritischen Masse* und der sich daran anschließenden Atomspaltung?«

»Was wollen Sie damit sagen?« Ich begann zu ahnen. *Einsteins* Augen verloren ihre Wärme, blickten auf einmal düster drein, daß mir ein kalter Schauer über den Rücken lief.

»Ich will auf die bei der *Atomspaltung* frei werdenden, ungeheuren Kräfte hinaus.«

»Aber was haben diese Kräfte mit dem Übergang zum Suprabewußtsein zu tun?« ich war verblüfft.

Einstein nickte. »Ich werde es sehr einfach darstellen: Der Übergang zum Suprabewußtsein schafft ungeheure Macht, Macht auf geistigem Gebiet, Macht über die Materie. Aber es handelt sich hier um eine vom Suprabewußtsein gelenkte und von ihm kontrollierte Macht. Sie kann nicht mißbraucht werden, denn sie steht im Dienste der Liebe. Einer Liebe, die alles umfaßt und alles verstehen will. Ganz anders dagegen verhält es sich bei der Atomspaltung. Hier wird kein Suprabewußtsein geboren, hier entsteht lediglich Kraft, es ist die der Materie innewohnende Kraft.« *Einsteins* Augen verdunkelten sich, in seiner Stimme schwang Trauer, als er fortfuhr: »Hiroshima* und Nagasaki** sind furchtbare Beispiele dafür, was diese Kräfte

---

* Wurde am 6. 8. 1945 durch Abwurf der 1. Atombombe zerstört, wobei es rd. 260 000 Tote gab (noch heute Todesfälle).

** Wurde am 9. 8. 1945 2. Opfer der 2. amerikanischen Atombombe, es starben 25 000–75 000 Menschen.

anrichten können.« Seine Augen richteten sich auf mich. »Können Sie sich vorstellen, aus welchem Grund derartige Energien aus einem winzigen Stück Materie frei werden können?«

Ich schwieg, hob hilflos meine Schultern.

Da sprach *Einstein* weiter. »Ich will Sie nicht mit langatmigen wissenschaftlichen Erklärungen quälen. Keine davon ist in der Lage, diese Frage nach dem *letzten* Warum zu beantworten. Die Wahrheit ist viel einfacher als alle hochgestochenen intellektuellen Deklamationen. Sie lautet: Allein die *Freisetzung* des in der Materie enthaltenen *Bewußtseins* erzeugt diese gewaltige Energie.«

Blitzartig kam mir ein Einfall. »Ich bin nur ein Laie, aber könnte man von einer Hierarchie: *Materie – Energie – menschliches Bewußtsein* sprechen? Also von einer Stufenfolge, in der die Materie die Basis, die Energie der Materie eine höhere und das menschliche Bewußtsein als das höchstentwickeltste Bewußtsein eine noch darüberliegende, vielleicht dimensionslose Stufe darstellt? Könnte man das?«

Mein Besucher lächelte nachsichtig. »Als Laie könnte man das so sehen, aber nicht als Wissenschaftler. Immerhin, Ihre Vorstellung trifft im Hinblick auf ihren philosophischen Aussagewert trotz gewisser Lücken einigermaßen zu.« Seine Augen leuchteten. »Sicher kennen Sie meine Gleichung: $E = mc^2$?«

»Ja. Darf ich mich wiederum laienhaft ausdrücken: Aus ihr errechnet sich die in der Materie enthaltene Energie. Sie wird freigesetzt, wenn die kritische Masse des Kernbrennstoffs überschritten wird.«

Er lächelte erneut, diesmal amüsiert, sicherlich wegen meiner Ausdrucksweise. Er wurde tief ernst:

»Auch das Bewußtsein ist eine Energieform. Es kennt

ebenfalls eine *kritische Masse*. Sie kennzeichnet das allerletzte Stadium der *Bewußtseinsverdichtung*. Eine weitere Zunahme dieser Verdichtung hat eine ähnliche Wirkung wie das Überschreiten der kritischen Masse bei der Atomspaltung. Auch hier kommt es zu einer gewaltigen Eruption, wenn auch rein geistiger Art. Durch ihre Stärke verwandelt sie das herrschende Bewußtsein in Suprabewußtsein.« Er hielt inne und sah mich prüfend an. »Haben Sie alles verstanden?« Als ich nickte, fuhr er fort: »Meine Gleichung gilt zwar nur für den Energieinhalt in der Materie. Aber sie kann auch unter dem Aspekt der *Vernichtung* von *Bewußtseinsatomen* in der Materie gesehen werden.« Der Ernst in seinem Antlitz vertiefte sich bei seinen folgenden Worten noch.

»Allein schon deshalb ist die *Atomspaltung* im Gegensatz zur Kernfusion kategorisch abzulehnen, denn sie verletzt damit zwangsläufig auch das Gesamtbewußtsein von allem, was es gibt, denn auch hier gilt: *Alles ist Eins!*«

»Welche Folgen könnte das haben?«

»Der Evolutionsprozeß könnte sich verlangsamen, unendlich größere Zeiträume beanspruchen und dadurch das von vielen Menschen ersehnte Neue Zeitalter wieder in weite Ferne rücken.«

Ich konnte mich nicht zurückhalten. »Die meisten Naturwissenschaftler in meiner Dimension würden eine solche Aussage als puren Unsinn, als Ausgeburt blinder Phantasie oder mit noch schlimmeren abqualifizierenden Ausdrücken bezeichnen. Allein die beiden Worte *Neues Zeitalter* würden genügen, um den, der sie ausspricht, für die Priester im hehren Tempel der Wissenschaft unglaubwürdig zu machen.«

Die Erwiderung klang erstaunlich gleichmütig. »Wann

stießen neue Gedanken jemals auf sofortige Akzeptanz in jenen illustren Kreisen, die dafür zuständig sind? Viele, selbst bedeutende Naturwissenschaftler verfügten in dieser Hinsicht auch zu meiner Zeit leider über ein erstaunliches Talent, neue Einsichten zu ignorieren und sie, wenn es denn nicht anders ging, auf das Heftigste zu bekämpfen. Die eigentlichen Komponenten dieser Geisteshaltung aber waren in der Hauptsache Mißgunst und Neid. Zur Bekämpfung des wissenschaftlichen Gegners schreckte man selbst nicht vor übelster Verleumdung zurück. Ja, man tat sehr oft alles, wirklich alles, um ihn unglaubwürdig und damit mundtot zu machen, ihn ohne Skrupel kalten Herzens zu vernichten. Hauptsache, ein solches Tun führte zu Ruhm. Immerhin, es hat nicht nur schwarze, sondern auch viele weiße Schafe unter dem Banner der Wissenschaft gegeben.«

Er brach ab, sagte dann mahnend: »Ich fühle es, bald werde ich zurückkehren müssen. Wir müssen uns beeilen.«

»Was sollte Ihrer Meinung nach geschehen, um die Evolution des Bewußtseins voranzutreiben, den notwendigen Verdichtungsprozeß zu fördern?« fragte ich schnell. Hoffentlich blieb ihm noch genügend Zeit für die Antwort.

Einstein nickte. »Das ist eine gute Frage. Hoffentlich ist meine Antwort für Ihre Welt geeignet.« Er betonte das Wörtchen Ihre auf eigentümliche, nicht zu überhörende Weise.

»Wie soll ich das verstehen?«

»Das ist ganz einfach. Die Menschen Ihrer Welt müssen bereit sein, gewisse ethische Normen zu beachten, und sie nicht immer wieder mutwillig verletzen. Sie müssen im Hinblick auf die unbedingt notwendige

Vertiefung der ethischen Gesinnung die Erfordernisse der Bildung und Erziehung anerkennen und bereit sein, diese weiterzuentwickeln. Vor allem aber dürfen sie sich nicht dem Mitleid verschließen, nicht dem freiwilligen Dienst an der Gemeinschaft. Und die *Heiligkeit des Lebens* muß oberste Priorität besitzen.« Er brach ab, fügte nach einer kurzen Pause abschwächend hinzu: »Es sollten wenigstens Ansätze in dieser Richtung vorhanden sein.«

Worte, die mir zu denken gaben. Ich mußte an einen Ausspruch des großen Arztes und Theologen *Albert Schweitzer** denken. Er hatte in der »Ehrfurcht vor dem Leben« das Fundament der Ethik gesehen und treffend formuliert:

»Das Verhängnis unserer Kultur ist, daß sie sich materiell viel stärker entwickelt hat als geistig.«

Ich fragte mich: Gibt es die Ansätze, die *Einstein* verlangte? Nun, hier und da sind ohne Zweifel welche vorhanden. Vor allem bei jungen Menschen sind sie zu finden; bei der Mehrzahl aber sucht man vergeblich. Allein der Erfolg zählt in der heutigen Gesellschaft: Erfolg um jeden Preis, der öffentlich gemacht werden muß, der Publikum braucht. Moralbegriffe? Zum Teufel damit, wenn sie einen am Erfolg hindern. Und was die »Heiligkeit des Lebens« angeht, die zunehmende Entwertung aller Werte läßt diese Heiligkeit nackt und bloß aussehen. Doch dieser Zustand genügt den Wortführern eines falsch verstandenen Liberalismus immer noch nicht. Sie lassen nichts unversucht, die letzte ethische Schranke niederzureißen, und preisen dieses

---

* 14. 1. 1875 (Kaysersberg/Elsaß) – 14. 1. 1875 (Lamabarene/Gabun i. Afrika).

Tun als notwendige und daher längst fällige Bedingung für individuelle Freiheit. Teile eines von *Erwin Chargaff* fingierten Dialogs zwischen sich = *EC* und seinem Gesprächspartner = *TS* in seinem Buch »Das Feuer des Heraklit«, erschienen mir in ihrer Plastizität besonders geeignet, den Zustand der heutigen westlichen Gesellschaft einschließlich der Naturwissenschaften zu kennzeichnen. Ich trug Ausschnitte aus diesem vor:

»*EC*: ... Unsere Art von Wissenschaft hat sich in eine Krankheit des westlichen Geistes verwandelt. Man hat uns gelehrt, daß wir durch immer tieferes Graben den Mittelpunkt unserer Welt erreichen würden. Aber wir finden nichts als Fels und Feuer. So nehmen wir den Stein als unser Herz und die Flamme als unsere Hoffnung. ...

EC: Als ich jung war, war Hoffnung der Mittelpunkt meiner Welt. Es war nicht eine Hoffnung auf irgend etwas Bestimmtes, Bestimmbares. Es war die Hoffnung, daß über den Wolken, oder sogar über dem blauen Sommerhimmel, eine unglaubliche Wesenheit ist, ein ewiges Darüberhinaus von unvorstellbaren Möglichkeiten. Es war die Gewißheit, daß, wenn meine Seele in finsterer Nacht war, das einzige, was zu ihr kommen konnte, Licht war; und daß dies geschehen werde. ...

EC: ... Eine Gesellschaft, welche die Mittel besaß, den Mond zu besuchen, vermochte es nicht, die Menschlichkeit ihrer eigenen Menschen zu erhalten, und sie zerfiel in kleine Stücke zur gleichen Zeit, als sie in das Weltall einbrach. Sie verhunzte das Leben ihrer eigenen Umgebung, während sie Vermutungen über das Leben auf dem Mars anstellte.

TS: Würdest du sagen, daß die Naturwissenschaften die Ursache des Niedergangs sind?

EC: Ich habe aufgehört, zwischen Ursache und Symptom zu unterscheiden. Fäulnis folgt der Reife wie die Nacht dem Tag. ...

TS: Am Anfang war das Wort, und am Ende ist Schweigen.«[9]

Ich sah *Einstein* fragend an. »Sie haben es eben gehört. Es läßt sich nicht verhehlen, die Ansätze sind sehr schwach, könnten sogar noch schwächer werden?«

Was ich jetzt hörte, war tröstlich. *Einstein* erwiderte: »Sie brauchen nicht zu resignieren. Die Evolution des Bewußtseins ist der *Plan der Schöpfung* überhaupt. Nichts kann von diesem Plan gestrichen werden, denn ohne Evolution gäbe es die Schöpfung nicht. Sie ist ihr oberstes Ziel und schreitet ständig voran, mal langsamer, mal schneller. Es liegt an der Menschheit, wie lange sie braucht, bis sie das Zielband erreicht.«

»Wie kann der Evolution des Bewußtseins ein schnellerer Lauf gegeben werden?« fragte ich eilig, denn *Einsteins* Gesicht begann bereits zu verblassen. Für seine Antwort blieben ihm nur noch Sekunden.

»Um an Bewußtsein zu gewinnen, und das ist das Entscheidende, muß sie ihre falschen Götzen von den Altären stürzen und an ihre Plätze die Menschenliebe stellen.«

Kaum hatte er das letzte Wort ausgesprochen, als sein nur noch schwach leuchtendes Gesicht in einem zuckenden Blitz verschwand. Die Überlappungsfront war vorübergezogen.

Auf dem Heimweg dachte ich über das eben gehörte Wort *Menschenliebe* nach. Mir war dieser Begriff erst vor wenigen Tagen in einem Buch von *J.R. Oppenhei-*

mer begegnet, im Rahmen eines Spruchs aus dem Jahr 1784, der, so *Oppenheimer*, als Botschaft für spätere Generationen im Turmknopf der Margarethenkirche zu Gotha hinterlegt worden war. Es war eine sehr bewegende Botschaft:

Unsere Tage füllen den glücklichsten Zeitraum des achtzehnten Jahrhunderts ... Glaubenshaß und Gewissenszwang sinken dahin; Menschenliebe und Freiheit im Denken gewinnen die Oberhand. Künste und Wissenschaften blühen, und tief dringen unsere Blicke in die Werkstatt der Natur. Handwerker nähern sich gleich den Künstlern der Vollkommenheit, nützliche Kenntnisse keimen in allen Ständen. Hier habt Ihr eine getreue Schilderung unserer Zeit ... Tut für Eure Nachkommenschaft ein Gleiches und seid glücklich![10]

Bitterkeit stieg in mir hoch. Was sagt uns *unsere* Zeit? Was hielt sie bereit für *unsere* Nachkommen?

Wir schauen auf Aurobindo als einen, der zu der Familie der Seher und Weisen der Welt gehört; ihr Geschlecht endet niemals, und ihre Majestät der Seele wirft immer Licht über die Teile der Welt und zu allen Zeiten.

Gabriela Mistral und *Pearl S. Buck*,
Vorschlag für die Verleihung des
Literatur-Nobelpreises 1950,
›Sri Aurobindo, Tributes‹

Wenn jemand ein neues Bewußtsein zu erreichen hat, das den vernünftelnden Intellekt übersteigt, kann er es von jenen Grundorientierungen her tun, die der vernünftelnde Intellekt zu beurteilen und zu verstehen hat? Kann es sich dann bei jedem Schritt vom Intellekt kontrollieren lassen, sich sagen lassen, was zu tun ist, was das Maß des Erreichten ist, welche Schritte er tun muß und was ihr Wert ist? Wird, wer das tut, aus der Reichweite der vernünftelnden Intelligenz je herauskommen und in das hinein gelangen, was jenseits derselben liegt? Wie kann man, was jenseits des gewöhnlichen Bewußtseins liegt, beurteilen, wenn man selbst im gewöhnlichen Bewußtsein steckt? Ist es nicht so, daß du nur, indem du über dich hinausgehst, das fühlen, erfahren und beurteilen kannst, was über dich hinausgeht? Was ist der Wert eines Urteils, das nichts gefühlt und nichts erfahren hat.

Sri Aurobindo,
›Der integrale Yoga‹

12
Mein elfter Besucher:
Ich sprach mit Sri Aurobindo

Alles ist Eins! Gott ist alles, was es gibt. Der Urknall als Folge einer Ursache: der göttlichen Tat! Die Geburt der Materie. Die Kraft des Bewußtseins. Ohne Evolution des Bewußtseins ist Schöpfung nicht denkbar.

»Das Werk des indischen Weisen *Sri Aurobindo**besitzt den Charakter erlebter Erfahrung und hat daher den Rang einer Selbstaussage«, hatte mein Freund mir mit bewundernder Stimme erklärt. »Im Gegensatz zur Psychologie unserer Tage, die den Scheinwerfer bei ihrer Erkenntnissuche auf die unterbewußte *Vergangenheit* des Individuums richtet, widmete sich der Philosoph *Aurobindo* viele Jahre seines Lebens der Erforschung der überbewußten *Zukunft* des Menschen. Für ihn stellte die Theorie von *Freud* nur eine Seite der Medaille dar. Nach *Aurobindo* schauen die Psychoanalytiker *von unten nach oben und erklären das höhere Licht mit der niederen Finsternis: aber die Grundlage dieser Dinge ist oben und nicht unten ...«[1]

»Was hat das denn mit der Evolution des Bewußtseins zu tun?« fragte ich verwundert.

Paul nickte. »Nur Geduld, ich werde es dir erklären ...«

Als sich *Aurobindos* Gesicht aus der Dunkelheit formte, war ich zutiefst ergriffen. Ich brauchte nicht lange nach der Ursache zu suchen. Es war die Ausstrahlung,

* 15. 8. 1872 (Kalkutta) – 5. 12. 1950 (Pondicherry).

die mir dieses Gefühl vermittelte. Dieses Gesicht kam mir wie eine Sonne vor, deren Strahlen die reine Liebe und nichts als diese verbreiten. Das mag pathetisch klingen, aber ich fühlte so. Seine Stimme! Diese Stimme, die ich tief in meinem Inneren hörte, verstärkte mein Glücksgefühl; sie war tief und volltönend, voller Wärme.

»Ihr Freund hat mir von Ihrem Anliegen berichtet«; er lächelte: »Hoffentlich werde ich zur Evolution des Bewußtseins etwas sagen können, das Sie weiterbringt. Ich werde mich jedenfalls bemühen. Wollen wir beginnen?« Er sah mich abwartend an.

Ich kam seiner Bitte augenblicklich nach, denn ich wollte keine Sekunde unserer wertvollen Zeit verlieren.

»Können Sie mir aus Ihrer übergeordneten Sicht eine einigermaßen plausible Erklärung für den Verlauf der Schöpfung geben?« fragte ich. »Ich meine, sie muß doch schon *vor* dem sogenannten Urknall begonnen haben. Ist diese Vermutung richtig?«

»Ja. Der Beginn der Schöpfung lag *vor* dem Auftreten der Materie, denn der Stoff entstand nicht aus sich selbst heraus, sondern war Produkt des schaffenden Geistes.«

»Haben Sie in Ihrer jetzigen Seinsform eine Bestätigung für die Kosmologie gefunden, die Sie zu Ihren Lebzeiten entwickelten?«

Irgendwie hatte ich den Eindruck, daß *Sri Aurobindo* diese Frage erwartet hatte. Seine Antwort kam auf der Stelle.

»Ich werde eine Erklärung versuchen, obwohl die menschliche Sprache für ein solches Vorhaben viel zu arm ist. Ja, ich habe eine Bestätigung für meine damalige Theorie gefunden. Erst in meiner neuen Existenz erkannte ich, wie dürftig und verbesserungswürdig mein Gedankengebäude war. Ein passender Vergleich wird Ihnen das deutlich machen: Zu meinen Lebzeiten stand ich wie in einer Ebene, rundum umgeben von einem Horizont, der mir sehr nahe und mit Blick auf meine Erkenntnissuche wie eine unüberwindbare Mauer erschien. Das änderte sich, nachdem ich meinen Körper verlassen hatte. Nun stand ich nicht mehr in der Ebene, jetzt stand ich plötzlich auf der Spitze eines Berges, gegen den der Mount Everest nur ein Ameisenhügel ist, und blickte in eine Weite, in eine Unendlichkeit. Meinem Streben nach Erkenntnis stand kein Hindernis mehr im Weg.« Ein Lächeln folgte. »Durch den Dimensionswechsel, denn der körperliche Tod ist in Wirklichkeit nichts anderes, gewann ich eine völlig neue, viel umfassendere Schau der Dinge.« Er endete hier und setzte hinzu: »Mehr darüber kann ich Ihnen nicht sagen, Sie würden es nicht verstehen. Doch nun zur Erschaffung der Welt!« Seine Augen weiteten sich, schienen tief in mich schauen zu wollen. Fast hatte ich das Gefühl, als hätten sie vor, jede einzelne meiner Gehirnwindungen auf ihre Leistungsfähigkeit zu überprüfen. Dann sagte er: »Vor dem Urknall gab es noch keine Materie und daher auch noch keinen physikalischen Raum, sondern nur einen *geistigen*, einen Bewußtseinsraum. Können Sie sich einen solchen Raum vorstellen?«

Meine Vorstellungskraft versagte kläglich, mir war ein solcher Raum undenkbar. Sicherlich, meine Besucher kamen alle aus einer Dimension, in der offensichtlich nur der Geist regierte. Bis zu dieser Vorstellung vermochte ich *Aurobindo* zu folgen, aber weiter nicht. Ein *Bewußtseinsraum*? Was für ein Raum konnte das sein? Falls es einen solchen tatsächlich gegeben hatte, dann war in ihm nicht ein einziges Atom Materie vorhanden gewesen. War das vorstellbar? Ein Physiker würde sich bei einer solchen Idee mitleidig an die Stirn tippen. Ein Raum ohne Materie? Unmöglich. Ich zuckte mit meinen Schultern.

Aurobindo lächelte. Es war ein sehr beruhigendes, verständnisvolles Lächeln, eines, das nicht ein »Atömchen« Spott oder Überheblichkeit enthielt.

»Verzeihen Sie meine Frage. Ich habe nicht bedacht, daß das menschliche Gehirn für ein Verstehen dieser Dinge nicht geschaffen ist. Am besten ist es, Sie akzeptieren einfach diesen Bewußtseinsraum. Versuchen Sie weiterhin, sich vorzustellen, daß das in diesem übergeordneten Raum vorhandene Bewußtsein noch im Werden begriffen war. Zu vergleichen mit einem Samenkorn für einen stolzen Baum. Es war ein ganz besonderes Bewußtsein, das, vom Urgrund alles Seienden ausersehen, *Gott* hervorbringen sollte. Dieser Vorgang ist mit dem Werden einer Maulbeerseidenspinnerpuppe in ihrem Kokon vergleichbar. Erst wenn der Schmetterling voll entwickelt ist, verläßt er seinen Kokon, fliegt in die für ihn neue dritte Dimension hinein. Mit dem Werden des Bewußtseins verhielt es sich ähnlich. Es entwickelte sich in seinem Kokon, verdichtete sich mehr und mehr bis hin zu einem göttlichen Suprabewußtsein. Als dieser Zustand erreicht war, verließ es den übergeordneten Raum, den Bewußtseinskokon, und begann mit seiner Schöpfertätigkeit. Das Werkzeug Gottes, besser gesagt des Urgrundes, betrat die kosmische Bühne: der Weltenschöpfer, der Demiurg!«

Ich meldete mich zu Wort: »In Ihren Werken liest sich das aber etwas anders. Dort ist Gott für Sie Person über allen Personen, sein Bewußtsein umfaßt die gesamte Schöpfung. Es gibt buchstäblich nichts, wor-

272

in er nicht enthalten ist. Jetzt aber bringen Sie zusätzlich noch den Urgrund und den Demiurgen ins Spiel.« Ich hielt inne, sah ihn fragend an.

Um seinen Mund spielte ein feines Lächeln. »Sie dürfen sich Gott nicht als ein Wesen menschlichen Zuschnitts vorstellen. Es ist richtig, Gott ist alles, was es gibt. Und er ist auch, und das ist kein Widerspruch, der Urgrund, das Zentrum und der Weltenbildner, der Demiurg! Ein Vergleich wird Ihnen sicher das Verständnis erleichtern: Stellen Sie sich dieses Zentrum als steuerndes Gehirn für den Bewußtseinskörper des gesamten Universums vor, dann wird Ihnen das Verstehen meiner folgenden Ausführungen leichter fallen. Dieser Urgrund, dieses Gehirn ist es, das sich sein passendes Werkzeug, den Demiurgen, schafft.«

»Aber auf welche Weise geschieht dieses Steuern?« fragte ich.

»Haben Sie doch ein wenig Geduld«, wehrte er lächelnd ab. »Erst die Tat gebar die Schöpfung. Der Urknall war also nicht Ursache, sondern Folge einer Ursache – der göttlichen Tat. Mit ihr brach der *erste Tag* der Schöpfung an. Materie wurde geboren, bewirkt durch das *Abschmelzen* göttlichen Bewußtseins. So entstand das, was wir sehen, wenn wir in einer sternklaren Nacht in den Weltraum hinausblicken.«

Paul hatte schon davon gesprochen und mir *Sri Aurobindos* Gedanken dargelegt, die ich aber damals nicht nachzuvollziehen vermochte:

»*Was also war der Anfang der ganzen Sache? Das Dasein* warf sich aus reinster Seinswonne in die Viel-*

---

* Das im Kokon fertig entwickelte Bewußtsein des Schöpfers.

falt aus und tauchte in ungezählten Trillionen von Formen unter, um sich selbst als das Zahllose zu erfahren.«[2]

Heute verstand ich: »Die Materie bildet also den allerletzten Niederschlag dieses Abschmelzens, wie Sie es eben genannt haben«, sagte ich langsam. »Das göttliche Bewußtsein zerstückelt sich gewissermaßen, zerfällt so lange, bis nur noch Bewußtseinsatome vorhanden sind. Das Ergebnis ist: die Materie!«

»Ja, jetzt sehen Sie es richtig.«

»Und wo ist der Anfang und wo das Ende der Schöpfung?« fragte ich, »denn einen Anfang und ein Ende muß es doch geben.«

Aurobindo schüttelte den Kopf. »Es gibt keinen Anfang und es gibt auch kein Ende. Schöpfung ist in jedem Augenblick, und sie währt ewig. Die Vorstellung von der Zeit, wie sie in Ihrer Dimension existiert, ist für den Schöpfer nicht anwendbar. Denn er ist innerhalb und außerhalb der Zeit und innerhalb und außerhalb des Raumes.«

»Für den menschlichen Verstand ist das nicht vorstellbar«, entgegnete ich ein wenig deprimiert.

Er sagte kein Wort, sah mich nur an. Ich hatte das, was ich sagen wollte, nicht in passende Worte kleiden können. Auf einmal spürte ich aber so etwas wie eine sanfte Berührung in mir, und wie durch Zauberei zog eine bis dahin ungekannte Klarheit in mich ein, und ich verstand, was er mir gesagt hatte.

»Sie haben vom *ersten Tag* der Schöpfung gesprochen, was geschah danach?« fragte ich ihn, tiefergriffen die Worte nur langsam setzend.

»Im selben Augenblick, als sich das letzte Bewußtseinsatom des göttlichen Bewußtseins in Materie verwandelt, besser gesagt, niedergeschlagen hatte, hatte der Schöpfer den Kosmos auf den Weg geschickt, auf die lange, evolutionäre Reise zu einem erneuten Sichfinden und Verdichten der Bewußtseinsatome. Gottes Atemzüge!«

»Dem Bewußtsein muß eine ungeheure Kraft innewohnen«, sagte ich langsam.

»Das stimmt, sie ist in der Tat ungeheuer. Ich will versuchen, Ihnen die Zusammenhänge zu erklären.« Er hielt kurz inne, als wollte er mir Gelegenheit geben, mich zu sammeln. Dann sagte er: »Sie werden es wissen, schon ein winziges Materiestückchen wie spaltbares Uran birgt nach *Einsteins* berühmter Formel unvorstellbar hohe Energien in sich, nicht wahr?«

Ich nickte nur, sah ihn fragend an. Worauf wollte er hinaus?

Doch da sprach er schon weiter. »Sie sind deshalb so riesig, weil mit der Vernichtung von Materie auch Bewußtsein vernichtet wird. Bewußtsein unterster Stufe, das noch unbewußt, weil unentwickelt ist, und das die evolutionäre Reise erst beginnen will. Die Vernichtung dieses niedersten Bewußtseins äußert sich in einer gewaltigen, zerstörerischen Kraftentfaltung.« Er machte wieder eine Pause, sagte dann bedeutungsvoll: »Alle anderen Energien sind im Vergleich zur strahlenden Sonne der Bewußtseinsenergie nur schwache Kerzenlichter.«

Ähnliche Worte hatte ich auch von *Einstein* gehört. Er hatte ebenfalls vom Bewußtsein in der Materie gesprochen. Davon, daß die Freisetzung ihrer Energie eine verderbliche Entsprechung zu jener positiven Energie sei, die sich beim Übergang eines bereits hochentwickelten Bewußtseins zum Suprabewußtsein einstellen würde.

Aurobindo sprach weiter. »Mit anderen Worten: Das Bewußtsein der Materie ist nur rudimentärer Art, kann sich noch nicht kontrollieren. Seine Freisetzung äußert sich deshalb nur als gewaltige Kraftentfaltung, wie es bei der Atomspaltung geschieht. Im Gegensatz dazu steht die Umwandlung eines bereits hochentwickelten Bewußtseins zum Suprabewußtsein! Auch bei diesem Prozeß wird Kraft frei, beziehungsweise gewonnen. Sie äußert sich im Machtzuwachs dessen, der die Schwelle zum Suprabewußtsein überschritten hat.« Ein intensiver Blick traf mich. Ihm folgte die Frage: »Verstehen Sie jetzt, daß Materie nicht nur vernichtet, sondern auch aus der Kraft des Bewußtseins gebildet werden kann? Genau auf diese Weise hat der Schöpfer einen ganzen Kosmos erschaffen.«

Ich erinnerte mich an eine Stelle aus *Ken Wilbers* Buch ›Halbzeit der Evolution‹, die mir Paul begeistert vorgelesen hatte:

»Und nun zur Antriebskraft der Evolution, die so beharrlich Ganzheiten höherer Ordnungen erzeugt hat – eine Kraft, die mit natürlicher Auslese nicht erklärt werden kann. ... Evolution ist nicht ein statistischer Zufall, sie ist ein mühsames Ringen um Annäherung an den Geist. Sie ist nicht vom blinden Zufall angetrieben ... sondern angetrieben vom Geist selbst. ›Darum‹ schreitet die Evolution ständig voran, ›darum‹ tut sie es in einem Tempo, das alle statistischen Wahrscheinlichkeiten weit hinter sich läßt. Diese ›ewige‹ Sicht der Evolution (Philosophia perennis[*]) vermag, was der Darwinismus nicht tun kann: Sie gibt nicht nur Auskunft über das ›Was‹ der Evolution, sondern auch über das ›Warum‹.«[3]

---

[*] *per:* lat. ›durch‹; ennis von *annis:* lat. ›durch die Jahre; beständig.

Nun gut, das war im Hinblick auf die Antriebskräfte *Ken Wilbers* Sicht der Dinge. Jetzt war ich gespannt auf die von *Aurobindo.* Paul hatte sich zwar nach Kräften bemüht, mir das, was in *Aurobindos* Schriften über dieses Thema zu lesen war, näherzubringen, aber ich hatte nicht alles behalten können. Ich fragte.

Aurobindos Antwort bestand in einer Gegenfrage. »Können Sie sich vorstellen, daß ›tote‹ Materie evolvieren kann, ohne daß es in ihr etwas gibt, was zur Evolution drängt?«

»Mir kommt die Erklärung einfach vor«, entgegnete ich. »Wenn der Schöpfer sein Bewußtsein über alle Zwischenstufen hinweg zur Materie hat werden lassen, dann *muß* dieses Bewußtsein in der Materie noch enthalten sein. Besser gesagt: Materie ist Bewußtsein, wenn auch nur die allerunterste Stufe. Und dieses rudimentäre Bewußtsein ist es, das zur Evolution drängt, sich verdichten und nach oben wachsen will wie der Same eines Baumes, der von verlorener stolzer Höhe träumt und diese wiedergewinnen will. Auch der neue Baum wird wieder Samen werfen, und das Spiel kann dann von neuem beginnen.«

»Ja, das ist richtig.« *Aurobindo* wollte fortfahren, aber ich setzte dazu an, den *Autor Satprem* zu zitieren, denn ich wollte erfahren, inwieweit er sich von *Ken Wilber* unterscheidet:

»Wir können sehen, daß es das Bewußtsein ist, das sich selber verlorengegangen war und nun zu sich selbst zurückkehrt, aus seiner gewaltigen Selbstvergessenheit hervortritt, langsam und mit großer Mühe als ein Leben, das empfinden möchte, dann nur zur Hälfte und unvollkommen empfindet, dann vollumfänglich empfindet und zuletzt darum kämpft, mehr als nur empfinden zu können, wieder seines göttlichen Selbst bewußt, frei, unendlich und unsterblich zu sein.«[4]

Aurobindo schien meine Gedanken lesen zu können. »*Wilber* unterscheidet sich, was seine Konzeption angeht, nur in wenigen Punkten von dem, was ich als Wahrheit erkannt habe.«

»Dafür um so mehr Naturwissenschaftler wie zum Beispiel *Jacques Monod* und andere«, sagte ich. »In seinem Buch ›Zufall und Notwendigkeit‹ schreibt *Monod* auf der letzten Seite:

»Der alte Bund ist zerbrochen; der Mensch weiß endlich, daß er in der teilnahmslosen Unermeßlichkeit des Universums allein ist, aus dem er zufällig hervortrat. Nicht nur sein Los, auch seine Pflicht steht nirgendwo geschrieben.«[5]

Ich sah meinen Besucher an. »Was sagen Sie dazu?«

Seine Antwort verblüffte mich. »Warum sollte er nicht so denken dürfen? Eine Antithese ist notwendig, um zur Synthese zu kommen. Erst sie versöhnt auf höherer Ebene die Gegensätze.«

»Aber seine Theorie ist doch falsch«, unterbrach ich ihn erregt. »Für *Monod* stellt sich das Universum mitsamt dem Leben darin als ein ungeordnetes, planloses, aus dem Zufall und den sich daran anschließenden Notwendigkeiten geborenes Durcheinander dar.«

Aurobindo nickte. »Natürlich geht seine Theorie an der Wahrheit vorbei. Das heißt, aus seiner Sicht ist sie nicht falsch, denn er urteilt von *seinem* Standort in *seiner* Dimension. Nur aus diesem Grund kann er zu keinem anderen Ergebnis kommen.«

Bei diesen Worten mußte ich unwillkürlich wieder an die zweidimensionalen »Wurmphysiker« von *James Jeans* denken. Für mich war *Monod* mit ihnen zu vergleichen. Erstere hatten aus Unkenntnis der dritten Dimension die herabfallenden Regentropfen nicht erklären und sich über die Verteilung der feuchten und trockenen Stellen bestenfalls in Wahrscheinlichkeitsausdrücken ergehen können. *Monods* materialistisches Weltbild war dagegen dem nur für drei Dimensionen geltenden Objektivitätspostulat derart verhaftet, daß in ihm die Vorstellung möglicher Einwirkungen aus anderen Dimensionen keinen Platz hatte, so wie die Wurmphysiker diese für unwissenschaftliche Spökenkiekerei hielten und sie als diskussionsunwürdig rundweg ablehnten. Leider nahm und nimmt dieses Weltbild gläubigen Menschen die Hoffnung, daß es außerhalb der bekannten Dimensionen doch noch etwas Höheres geben könnte. Vom rein wissenschaftlichen Standpunkt aus gesehen sind Glaubensmeinungen zwar irrelevant, doch dieser Tatbestand sollte trotzdem vermerkt werden. Eine bestimmte Aussage *Monods* wollte mir nicht aus dem Kopf gehen.

»Sie sollten sich nicht unnötig mit *Monod* beschäftigen«, unterbrach da *Aurobindo* den Fluß meiner Gedanken.

»Aber hören Sie doch, was er schreibt:

›Das Universum trug weder das Leben, noch trug die Biosphäre den Menschen in sich. Unsere Losnummer kam beim Glücksspiel heraus. Ist es da verwunderlich, daß wir unser Dasein als sonderbar empfinden – wie jemand, der im Glückspiel eine Milliarde gewonnen hat?‹«[6]

Ich schüttelte den Kopf. »Wahrscheinlich ist das, was ich als naturwissenschaftlicher Laie dazu sage, sehr naiv, vielleicht auch sehr unwissenschaftlich gedacht. Trotzdem frage ich Sie: *Wem* soll denn der Zufall die

Losnummer übergeben haben? Zum Zeitpunkt der Ziehung gab es doch das *ausgewählte Element* noch gar nicht. Auswählen kann man aber doch nur unter bereits *vorhandenen* Elementen.« Ich schwieg.

»Ich würde dieser Passage kein so großes Gewicht beimessen, denn Sätze wie diese hinken fast immer und sind nur bildlich gemeint«, entgegnete mein Besucher. »Viel entscheidender ist ein anderer Ausspruch von ihm.«

Ich starrte ihn an. »Sie kennen sein Werk? Es erschien doch erst lange nach Ihrem Ableben. Wie können Sie es kennen?«

»Eine Diskussion darüber ist unnötig, doch nun zu der Aussage, daß so viele Tausende von Jahren vergehen mußten, bis die Idee der objektiven Erkenntnis als der einzigen Quelle authentischer Wahrheit im Reich der Ideen erschien![7] Das heißt doch aber: Für *Monod* gab es keine andere authentische Wahrheit als allein die *objektive* Erkenntnis.«

Ich konnte nicht mehr an mich halten. »Aber diese Wahrheit ist derart dürftig, daß nach ihr allein der Mensch nichts anderes darstellt als eine mehr oder weniger gut funktionierende Maschine. Gefühle? Unsinn! Soziobiologische Vorgänge und nichts weiter. Und die Liebe unter den Menschen? Nur der Geschlechtstrieb und verschiedenes Rankenwerk drum herum, in etwa zu vergleichen mit den Balzriten in der Tierwelt. Man sollte diesem *Gefühl* nicht mehr Bedeutung beimessen, als es verdient.« Ich holte tief Atem. »Ist das so richtig, oder irre ich mich?«

»So ungefähr könnte man diese Denkweise wiedergeben«, stimmte mir *Aurobindo* zu.

Ich sah ihn fragend an. »Das heißt aber doch – die Verfechter dieser Philosophie sind zu vergleichen mit

Blinden, die die Gegenstände in ihrer Umgebung zwar ertasten, aber ihre Farbigkeit nicht wahrnehmen können, und die deshalb Stein und Bein behaupten, es gebe keine Farben.«

Er nickte und entgegnete: »Ihr Vergleich trifft zu.« Übergangslos fuhr er fort:

»Sicher kennen Sie die Vorrede zur deutschen Ausgabe von *Monods* ›Zufall und Notwendigkeit‹?«

»Ja. Manfred Eigen hat sie geschrieben.«

»Haben Sie die Vorrede noch im Kopf?«

»Nein. Ich habe sie gar nicht gelesen.«

Um seinen Mund spielte ein sekundenschnelles Lächeln.

»Schade, dann ist Ihnen etwas sehr Wichtiges entgangen. Eigen formulierte gegen Schluß seiner Vorrede: *›Mir schaudert aber bei dem Gedanken einer Dogmatisierung des Objektivitätspostulats, die über die Forderung nach ständiger geistiger Auseinandersetzung hinausgeht. Barmherzigkeit und Nächstenliebe wären die ersten Opfer.‹*«[8]

»Ich sagte es schon: Alle diese Gefühle sind nach *Monod* lediglich ›soziobiologischen Ursprungs‹«, warf ich ein. »Eine eisige Welt, vor der mir graust. Ganz im Gegensatz dazu steht der tröstliche Ausspruch von *James Jeans*, daß der Wissensstrom sich auf eine nichtmechanische Wirklichkeit hin bewegt. Dieser Wissenschaftler hat die *objektiven* Schatten an der Wand nicht für die einzige Wirklichkeit gehalten, wie es *Jacques Monod* getan hat.«

Ich hatte kaum geendet, als mir die Frage wieder einfiel, die ich schon zu Anfang hatte stellen wollen.

»Sie erzählten mir viel vom Bewußtsein. Von einem rudimentären in der Materie und einem, das in einem reinen Bewußtseinsraum auf seine Reife wartet, um

dann den Schöpfungsvorgang einzuleiten. Ein Aufstieg von ganz unten, von der Basis, bis hinauf zur obersten Spitze der Erkenntnis und dem damit verbundenen Empfang höchster Macht.« Ich machte eine kleine Pause, um meine Gedanken besser ordnen zu können. Dabei fiel mir *Cheops* ein, der mein zweiter Besucher gewesen war. *Cheops*, der behauptet hatte, die Pyramidenform sei ein optisches Signal an die Nachwelt. In ihrer Gestalt verkörpere sie den Aufstieg des Bewußtseins von der Basis bis zur Spitze. Die Pyramidenspitze versinnbildliche symbolhaft diese höchste Stufe und mit ihr den sich über Äonen erstreckenden Prozeß der Bewußtseinsverdichtung. Die Grundfläche der Pyramide stelle gewissermaßen das noch im *zerstreuten* Zustand befindliche Anfangsbewußtsein dar, ab dem seine Verdichtung stufenweise von Leben zu Leben zunehme. Die Spitze der Pyramide dagegen verdeutliche die *höchstmögliche* Verdichtung und mit ihr die Konzentration aller Bewußtseinskräfte in einem winzigen Punkt. Damit sei die Endstufe einer langen Reise durch unzählige Inkarnationen erreicht – in einer gewaltigen, geistigen Eruption folge der Wechsel zum Bewußtsein der Götter und damit zur Unsterblichkeit. Ich wollte meine Frage anders stellen, aber mein Besucher antwortete schon: »Sie müssen es sich so vorstellen: Die Evolution des Bewußtseins nimmt dann ihren Anfang, wenn alles göttliche Bewußtsein sich im Kosmos zerstreut hat. Erst dann kommt es zum umgekehrten Prozeß! Die Bewußtseinsatome wollen wieder zueinanderfinden, wollen sich verdichten, um ein Stück des Wegs von der Pyramidenbasis nach oben in Richtung Spitze zurückzulegen.«
Ich warf ein: »Könnte man diesen Prozeß als ein Wachsen der Gravitation des Bewußtseins bezeichnen?«

»Ja. Auch hier gibt es eine erstaunliche Entsprechung. Jede Masse entfaltet eine ganz bestimmte Schwer- bzw. Anziehungskraft. Die Erde zum Beispiel zieht nicht nur den am Baum hängenden Apfel an, sondern dieser Apfel zieht umgekehrt auch die Erde an – wenn auch mit einer verschwindend geringen Kraft. Und was für die physikalischen Massen gilt, das gilt auf höherer Ebene auch für die psychischen Massen der verschiedensten Bewußtseinskräfte. So wie sich die Gravitation von Riesensonnen und Planeten unterscheidet, so unterschiedlich sind die Bewußtseinszustände und deren Gravitation. Nur wenige Menschen sind *Sonnen*, eine erklecklichte Anzahl sind *Planeten*, die Masse aber nur eine Ansammlung winziger *Monde*.« Er machte eine Pause und fuhr dann fort – mit einem Anflug von Spott in seiner Stimme: »Von der vielgepriesenen, der Masse schmeicheln sollenden *Gleichheit* kann hier wahrlich keine Rede sein. Ich möchte es noch anders ausdrücken: Je stärker, das heißt je verdichteter, ein Bewußtsein ist, desto mehr Sprossen hat es auf der evolutionären Leiter hinter sich gebracht.«

»Ist dies das Ergebnis ureigenster Bemühungen?«

»Eigenes Bemühen ist notwendig, aber nicht ausreichend; selbst unsere größten Anstrengungen ermöglichen es uns nicht, die letzten Schritte zum ersehnten Ziel zurückzulegen und den Lorbeer des Suprabewußtseins zu erringen!« *Aurobindo* schüttelte energisch den Kopf:

»*Zu einer größeren Vollendung kann man nur dadurch gelangen, daß eine höhere Macht hereintritt und das gesamte Handeln des Menschen in ihre Hand nimmt. Die zweite Stufe ... besteht deshalb darin, alles Handeln der Natur beharrlich in die Hände dieser größeren Macht zu legen, ihren Einfluß, ihre Besitzergrei-*

*fung und ihr Wirken an die Stelle der persönlichen
Anstrengungen treten zu lassen, bis Gott, zu dem wir
streben ... die gesamte geistige und ideelle Wandlung
unseres Seins bewirkt.«*[9]

Jetzt kam eine besonders wichtige Frage.

»Aber wozu das alles? Warum zerstückelt sich Gott,
wenn er anschließend immer wieder zu sich selbst finden, sein Bewußtsein ständig zurückgewinnen will?
Was für einen Sinn hat es, diese Prozedur bis in alle
Ewigkeit fortzusetzen?«

Sri Aurobindo entgegnete: »... alles Ende der Dinge ist
ein Anfang neuer Dinge, die noch immer der gleiche
Eine sind, der sich in ständiger Entwicklung und Wiederkehr gestaltet. Nichts kann zerstört werden, weil
alles Er ist, und Er währt ewiglich ... Das Experiment,
das das Leben des Menschen auf einer Erde bedeutet,
wird jetzt nicht zum ersten Mal unternommen. Es ist
schon millionenmal zuvor vollzogen worden, und das
lange Schauspiel wird sich weitere millionenmal wiederholen. In allem, was wir jetzt tun, in unseren Träumen, unseren Entdeckungen, in dem, was wir rasch
oder unter Schwierigkeiten errungen haben, ziehen
wir unbewußt aus der Erfahrung unzähliger Vorgänge
unseren Nutzen, und unsere Bemühungen werden
auf Planeten, die uns unbekannt sind, und in Welten,
die noch nicht erschaffen wurden, ihre Früchte tragen ...«[10]

Noch eine, die letzte, Frage mußte gestellt werden. Hoffentlich reichte die Zeit für eine ausführliche Antwort.

»In einem Ihrer Werke erwähnten Sie den verderbli-
chen, von der Masse ausgehenden Druck auf das Indi-
viduum. Könnten Sie das etwas näher erläutern?«

Er nickte und entgegnete: »Ich sprach eben von der

Gravitation physikalischer und psychischer Massen. Zu den letzteren gehört die sogenannte und vielzitierte *Masse Mensch*. Wer sich in einer solchen Masse befindet und eine gewisse Feinfühligkeit besitzt, der spürt fast körperlich die Beeinflussung, die von ihr ausgeht. Sie zieht alles Höhere zu sich herunter und nivelliert es. Man fühlt ihre Macht, wenn man sich gegen sie zur Wehr setzt. Sie läßt das Licht hoher Gedanken nicht aufkommen, löscht es aus durch ihren schlechten Atem.«

Ich erinnerte mich an den Ausspruch einer meiner Hochschullehrer. Er hatte die Macht der Masse mehrfach mit bitteren Worten gegeißelt:

»Schreist du *mit* der Masse, so bist du auch im Rechte und heilig wird's die Menge dir bewahren!

Doch wehe, du schreist *gegen* sie, dann wirst du ihren Haß erfahren!«

»Das war treffend«, sagte mein Besucher.

Ich sah ihm an, daß er weiteres dazu sagen wollte, aber da geschah es, die kosmische Überlappungsfront war zu Ende. *Aurobindos* Gesicht schien sich in rasender Geschwindigkeit von mir zu entfernen, wurde schnell zu einem winzigen Punkt, der sich schließlich auflöste.

Ich war wieder allein.

Die Zeit wird kommen – wir wagen es
zu prophezeien –, wo man Teilhard de
Chardin im gleichen Atemzug nennen wird
wie Descartes, Hegel, Kant, Darwin und
Einstein. Man wird sagen, daß seit ihm die
Menschen aufhörten, nach den materiellen
Ursprüngen des Lebens zu fahnden, und
darangingen, das Geheimnis der psychischen Ursprünge des Materiellen zu
ergründen: eine neue Stufe der Evolution
des menschlichen Geistes, ein neuer
Zweig am Baum der Erkenntnis ...

Gösta von Uexküll

Wenn die Säugetiere am Baum des Lebens
einen Hauptzweig bilden, *den* Haupt-
zweig, so sind die Primaten, das heißt die
Hirn- und Handwesen, die Spitze dieses
Zweiges – und die Anthropoiden die
Knospe zuhöchst auf dieser Spitze ...

Auch das Tier hat ein gewisses Bewußtsein von sich selbst. Ganz gewiß, das Tier
weiß. Aber sicher weiß es nicht, daß es
weiß. Das aber macht das Wesen des Menschen aus, daß er ein Bewußtsein seines
Bewußtseins hat.

Teilhard de Chardin,
zitiert nach J. Hemleben,
›Teilhard de Chardin‹

13
Mein zwölfter Besucher:
Ich sprach mit
Pierre Teilhard de Chardin

Die Punkte Alpha und Omega. In allem ist vor-
wärtsdrängende, evolutionäre Kraft. Das Gesetz der
zunehmenden Komplexität der Materie. Jacques
Monods Kritik und die Antwort.

»Der große französische Paläontologe, Philosoph und
Theologe wurde von verschiedenen Naturwissenschaftlern wegen seiner Philosophie überaus scharf
attackiert«, mit diesen Worten hatte Paul begonnen,
mich in das Werk *Pierre Teilhard de Chardins* einzu-
führen:
»Er wollte das Christentum mit der Naturwissenschaft
versöhnen, denn für ihn stellte sich das Christentum
als *Religion der Evolution* dar. *Teilhard de Chardin* *
war fest von der vorwärtsdrängenden evolutionären
Kraft in allem, was besteht, überzeugt. Dieser Wissenschaftler glaubte fest an das Fortschreiten der
Lebensformen, angefangen von der Materie bis hinauf zum Menschen und über diesen hinaus. Für ihn
war es selbstverständlich, daß diese Entwicklung ein
Ziel haben mußte, den ›Omega Punkt Gott‹! In ihn
würde der Entwicklungsstrom fließen und einmün-
den, dabei ein Maximum an Einheit und Bewußtsein
bewirken.«
»Sicher gehörte auch *Jacques Monod* zu seinen Kriti-
kern?«

* 1. 5. 1881 (Sarcenat/Dep. Puy-de-Dôme) – 10. 4. 1955 (New York).

»Ja. Aber die Art, *wie* er sich äußerte, hat auf mich einen sehr unangenehmen Eindruck gemacht.«

»Warum?«

»Wenn du gleich hörst, was er sagte, wirst du mich verstehen:

›Die biologische Philosophie von Teilhard de Chardin hätte es nicht verdient, daß man sich mit ihr aufhält ... Mich stößt bei dieser Philosophie der Mangel an intellektueller Schärfe und Nüchternheit ab. Ich sehe darin vor allem eine systematische Bereitschaft, um jeden Preis alles miteinander zu versöhnen, allem stattgeben zu wollen. Alles in allem war Teilhard vielleicht nicht umsonst Mitglied jenes Ordens, den Pascal drei Jahrhunderte zuvor wegen seiner theologischen Laxheit attackierte.‹«[1]

»Diese Kritik ist unsachlich und arrogant«, hatte ich mich empört. »*Monod* hätte sich diese, wohl aus Selbstüberschätzung geborene Äußerung besser erspart. Sein Verhalten erinnert mich an das Beispiel von den nur in zwei Dimensionen denkenden Wurmphysikern und den Regentropfen. Und was den Mangel an ›intellektueller Schärfe und Nüchternheit‹ angeht, intellektuelle Betrachtungsweisen allein werden kaum in der Lage sein, den Schleier zu lüften, der über den berühmten letzten Dingen liegt.«

Paul hatte mir zugestimmt. »Doch«, hatte er gemeint, »möchte ich noch etwas dazu sagen: Der Nobelpreisträger *Jacques Monod* war Verkünder einer *Botschaft der Hoffnungslosigkeit.* Der Mensch sei nicht mehr als ein unbedeutendes Tier, vom Zufall und den daraus resultierenden Notwendigkeiten in eine dem Leben gleichgültige, wenn nicht sogar feindlich gegenüberstehende Welt hineingestoßen. Jede andere Sicht, besonders jene, die sich auf dem schmalen philosophischen Pfad der Erkenntnissuche bewegte, wurde von ihm wie von verschiedenen anderen Naturwissenschaftlern erbittert und sehr oft höchst unsachlich bekämpft. Die Kritik an *Teilhard* ist nur ein Beispiel. Du darfst auf die Replik deines Besuchers gespannt sein.«

Kaum hatte sich *Teilhard de Chardins* scharfgeschnittenes Gesicht im Dunkel der Nacht zu Ende geformt, als ich auch schon eine Stimme vernahm: »Ihr Freund hat mich über Ihr Anliegen unterrichtet. Auch darüber, daß unsere Zeit nur kurz bemessen ist. Stellen Sie also Ihre Fragen!«

Ich kam sogleich zur Sache. »Nach Ihnen ist die Materie in fortlaufender Evolution begriffen. An einem bestimmten Entwicklungspunkt setzt der Übergang zum Leben ein, erzwungen vom *Gesetz der zunehmenden Komplexität der Materie*. Meine Frage dazu lautet: Was ist das für eine Kraft, die in der Materie die Evolution bewirkt? Oder – wäre es nicht auch denkbar, daß dieser Prozeß aus sich selbst heraus erfolgt, das heißt ohne eine zielgerichtete Antriebskraft im Inneren der Materie?«

Mein Besucher schüttelte heftig den Kopf. »Nein, ohne eine solche von innen heraus wirkende Kraft ist eine Evolution undenkbar. Jetzt, in meiner neuen Dimension, ist es mir zur Gewißheit geworden.« *Teilhard* machte eine Pause, schaute mich fest an:

»Es gibt eine Innenseite der Dinge, die ebenso weit sich erstreckt wie Ihre Außenseite, und sucht eine an den Stoff gebundene prävitale Energie, in der alles Spätere schon vorhanden ist. Denn nichts in der Welt könnte durch die verschiedenen (wenn auch noch so bedeutsamen) Stadien der Entwicklung hindurch eines Tages als Endzweck in Erscheinung treten, was nicht schon anfangs dunkel vorhanden gewesen wäre.[2] Aber ich möchte noch weiter zurückgehen. Die Evolution ist mit einem breiten Strom zu vergleichen, der irgendwo in den dunklen Tiefen des Kosmos seinen Ursprung hat. Diesen nenne ich den Punkt Alpha. Der in seinem Lauf nach ›oben‹ gerichtete Strom bewegt sich weiter, bis er die Biosphäre erreicht.« *Teilhard* heftete seinen Blick auf mich. »... die geschichtliche Forschung allein wird keinesfalls direkt die materiellen Spuren finden, um dieses Auftauchen des Mikroskopischen aus dem Molekularen, des Organischen aus dem Chemischen, des Lebenden aus dem Prävitalen aufzuzeigen. Aber eines ist sicher: eine derartige Metamorphose erklärt sich nicht durch ein einfaches, gleichförmig fortschreitendes Geschehen. In Analogie mit allem, was das vergleichende Studium der natürlichen Entwicklungen uns lehrt, müssen wir in diesem besonderen Augenblick der Erdrevolution eine Reifung, eine Häutung, eine Krise erster Größe ansetzen: den Beginn einer neuen Ordnung.«[3]

»Das *Prävitale* ist also jene von innen drängende dynamische Kraft, die die Evolution will«, warf ich ein.

»Ja. Und mit der Entstehung des Menschen begann schließlich die Entfaltung des *menschlichen* Bewußtseins.« Er schien zu überlegen, ob ich ihm folgen konnte.

»Ein Bewußtsein steht um so höher, als es einem reicheren und besser organisierten stofflichen Aufbau entspricht.«

»Würden Sie mir das mit anderen Worten wiederholen?« bat ich ihn.

Er nickte: »*Geistige Vervollkommnung oder bewußte ›Zentriertheit‹ und stoffliche Synthese oder Komple-*

*xität sind nur die beiden Seiten oder die zusammen-
hängenden Teile ein und derselben Erscheinung.«*[4]
Ich gab zu, ich verstand nicht besonders viel, und *Teilhard* schien das bemerkt zu haben.

»Sie brauchen sich nur folgendes zu merken, *die
Natur ist auf Anthropogenese, auf Mensch-Werdung,
ausgerichtet.*[5] Diese *Werdung* hat ihre Wurzel in der
prävitalen Materie. Aus ihr bildet sich die Biosphäre.
Diese wiederum schreitet über die Pflanzen- und
Tierwelt weiter dem Entwicklungsziel, dem Men-
schen, entgegen. Mit der Entfaltung des menschli-
chen Bewußtseins schließlich wurde die Noosphäre[*]
gebildet, der gesellschaftliche Super-Organismus.«
Ich hatte begriffen. »Man könnte auch Evolution des
Bewußtseins zu diesem Prozeß sagen, nicht wahr? Des
Bewußtseins überhaupt, von der Materie zum Menschen, von der Natur zur Kultur. Ein Progreß, der von
der Schöpfung gewollt ist.«
»Ja. Es ist eine Entwicklung, die im Voranschreiten
Seinszuwachs erzeugt und zum göttlichen Punkt
Omega – getrieben durch die Energie der Liebe –
kommt, in den alle Seelen münden.«
»Heißt das, daß sich das *Ich* im ›Punkt Omega‹ auflöst,
sich durch die Vereinigung mit Gott seiner selbst nicht
mehr bewußt ist?«
»Aber nein, gerade das Umgekehrte ist der Fall: Damit
mein Ich sich mitteilen kann, muß es in der Hingabe
seines Selbst dennoch bestehen bleiben: sonst ver-
flüchtigt sich seine Schenkung – daher der unaus-
weichliche Schluß, daß die Konzentration eines
bewußten Universums sinnlos wäre, wenn sie nicht

---

[*] *noos:* grch. ›Sinn‹, ›Verstand‹, ›Einsicht‹, ›Vernunft‹; *noeo* (Verb):
›wahrnehmen‹, ›denken‹.

zugleich mit allem Bewußten alle bewußten Wesen in sich versammelte: dabei bleibt jedes von ihnen am Ende des Vorgangs seiner selbst bewußt – ja, jedes gelangt sogar (dies muß man richtig verstehen) immer mehr zu sich selbst und unterscheidet sich daher um so mehr von den anderen, je mehr es sich in Omega den anderen nähert ... Die Überschreitung der kritischen Stufe der Menschwerdung bedeutet für das Bewußtsein den Übergang von der Divergenz zur Konvergenz – das heißt gewissermaßen einen Wechsel der Hemisphäre und des Pols ...«[6]

»Ihre Kritiker waren in der Wahl ihrer Worte nicht gerade zimperlich«, entgegnete ich. »Von zwei Seiten hat man auf Sie geschossen und tut es noch heute: Kirche und Vertreter der Naturwissenschaften. Unter letzteren einer ganz besonders ...«

»Sicher meinen Sie *Jacques Monod*?« unterbrach er mich.

Ich schaute ihn verdutzt an. »Woher wissen Sie das?«

Ein feines Lächeln umspielte seine Lippen. »Ich weiß es, das muß Ihnen genügen.«

»Dann wissen Sie sicher auch, *wie* er Ihnen zugesetzt hat?«

»Ja. Welche Äußerung halten Sie für die vernichtende?«

Seltsam, dachte ich, eigentlich müßte er die dann auch kennen.

»Viele Anwürfe halte ich für schockierend, vor allem aber diesen:

›Um der Natur einen Sinn zu geben, damit der Mensch nicht durch eine unergründliche Kluft von ihr getrennt sei, um sie schließlich lesbar und verständlich zu machen, *mußte der Natur ein Projekt unterstellt werden*. In Ermangelung einer Seele, die dieses Projekt hegen könnte, führt man eine *Kraft* der *aufsteigenden Evolution* in die Natur ein. Das kommt einer Preisgabe des Objektivitätspostulats gleich.‹«[7]

Ich sah ihn an, suchte in seinem Gesicht nach einer Regung, ich erwartete Bitterkeit. Aber ich entdeckte nichts davon. Seine Augen blickten ruhig und gelassen, vielleicht sogar ein wenig amüsiert. Als er antwortete, schwang Mitleid in seiner Stimme.

»Naturwissenschaftliches Denken verleitet leider sehr oft zu einer Überbewertung, ja sogar einer Vergötzung der menschlichen Vernunft. Was außerhalb ihrer Reichweite liegt, wird als nicht existent abgelehnt. Die Vernunft ist bei ihr *Alles*, alles andere dagegen ist *Nichts!* Was *Plotin** einst sagte, *daß die Natur sich auf halbem Wege zwischen den Göttern und den Tieren befinde*, wirkt auf diese Denkweise wie ein rotes Tuch. Der Mensch gilt ihr als ein Produkt, das zufällig in den Kosmos hineingeworfen wurde. Ohne Sinn und ohne Zweck. In einen Kosmos, der selbst auch nur ein Zufallsprodukt darstellt. Was die Frage erlaubt, was für ein seltsamer Zufall das denn sein könnte, der aus dem *Nichts* eine Welt erschaffen kann? Denn selbst der Zufall ist auf Werkzeuge angewiesen, damit er auf den Plan treten kann. Nur mit dem *Nichts* allein kann es keinen Zufall geben, ist dieser ebenfalls Bestandteil des *Nichts.*« Seine Augen blickten belustigt, als er hinzufügte: »Geister, die stets verneinen und stolz die Fahne des *Zufalls* vor sich hertragen, ohne zu wissen, daß sie in Wahrheit dem Geschlecht blinder Würmer angehören!«

»*Monod* sprach von der *Ermangelung einer Seele*«,

---

* Um 250 n.Chr. (Lykopolis/Ägypten) – 270 (Minturnae/Kampanien).

meldete ich mich wieder zu Wort. Ich schwieg, sah ihn fragend an.

Der gelassene Ausdruck in seinem Gesicht entschwand jäh. Jetzt blickten seine Augen zornig.

»Wenn diese so ungeheuer vernunftbegabten Wissenschaftler so überzeugt von der Ermangelung einer Seele reden, dann sollten sie doch die Frage beantworten, *woher* sie *diese* Kenntnis haben. Nur aus der menschlichen Vernunft geborene Hypothesen schaffen allein noch keine Beweise.«

Er wollte weitersprechen, ich ließ ihn nicht dazu kommen. »Mir fällt gerade eine Stelle aus *Erwin Chargaffs* Buch ›Das Feuer des Heraklit‹ ein. Meiner Meinung nach paßte sie hervorragend zu unserem Thema.

»Hören Sie:

›... die Naturwissenschaften sind in unserer Zeit selbstgefällig geworden; selig schlummern sie in euphorischer Orthodoxie, voller Verachtung die wenigen schüchternen Stimmen der Warnung überhörend. Auch diese Stimmen sind vielleicht die Herolde künftiger Ungewitter. Furchtsam flattern manchmal Vögel vor den Stürmen her, getrieben von Winden, welche die Menschen noch nicht spüren ... Unsere wissenschaftliche Massengesellschaft betrachtet die Außenseiter mit wenig Zuneigung.‹«[8]

In *Teilhards* Augen las ich Zustimmung. »Eine ausgezeichnete Bemerkung. Hinzufügen möchte ich, daß es auch zu meiner Zeit Priester im Tempel der Wissenschaft gab, die ihre Hypothesen wie Marktschreier unter das Volk brachten. Wirkliche Propheten reden anders, lieben die leisen Töne. Diese wirken immer eindringlicher als noch so lautes Geschrei.«

»Wie kamen Sie zu Ihrer Sicht der Welt?« fragte ich.

»Wie entstand in Ihnen die Vorstellung von der Evolution des Bewußtseins?«

Er sah mich fest an, und mir begegnete in seinen Augen jene Begeisterung, die vom Alter unabhängig ist.

»Es war eher ein langsamer, sich verdichtender Prozeß. Als Paläontologe* besaß ich aufgrund meiner langen wissenschaftlichen Tätigkeit solide Kenntnisse über versteinerte Tierreste. Aber das allein genügte mir nicht. In mir erwachte zunehmend der leidenschaftliche Wunsch, mehr über das *Werden* der Erde und über ihr Ziel zu erfahren.«

»Sie unterstellen der Erde ein Ziel?« fragte ich ihn erstaunt.

»Ja. Denn ihr war es bestimmt, Leben zu entwickeln. Und aus dem Leben schließlich Bewußtsein. Die Erde brachte nach einer langen Reise durch die Pflanzen- und Tierwelt schließlich den Menschen hervor und mit ihm das reflektierende Bewußtsein: Der Mensch ist die zu ihrem Bewußtsein gekommene Evolution. Eine Entwicklung, die an eine Spirale erinnert, die in immer weiteren Bögen von tief unten in die höchsten Höhen führt. Heute weiß ich es noch besser als zu meinen Lebzeiten, alle Entwicklung darf nicht nur von außen, sondern muß ebenfalls von innen gesehen und beurteilt werden. Außen regiert die Materie, innen der – Geist.«

»Dann könnte man zum Beispiel *Darwins* Lehre von der Evolution der Arten als die Lehre vom *Außen* bezeichnen.«

---

* Paläontologie (grch.): Versteinerungskunde, Wissenschaft von den Fossilien, Lebewesen vergangener Erdperioden; Paläontologe: Wissenschaftler ders.

Teilhard nickte. »In der Tat, das ist zulässig.«

»Und was ist mit dem *Innen*?«

Wieder erschien das Leuchten in den übersinnlichen Augen vor mir. »Es gibt eine Energie des Körpers und eine der Seele. Leider lehnt die Naturwissenschaft letztere kategorisch ab.«

»Sicher liegt das darin begründet, daß das Instrumentarium der Naturwissenschaften nicht genügt, die seelische Energie in das Korsett langwieriger Experimente zu zwängen, um auf diese Weise Gesetzmäßigkeiten zu erkennen.«

Teilhard schüttelte den Kopf. »Es genügt nicht nur nicht, es eignet sich auch nicht. Die Naturwissenschaft hat es sich zur Aufgabe gemacht, Naturerscheinungen empirisch zu erforschen. Mittels akribischen Beobachtens, Sammelns und Vergleichens von Tatsachen aufgrund experimenteller Verfahren wird im Naturgeschehen nach Gesetzmäßigkeiten geforscht. Zugegeben – im Hinblick auf das Außen der Materie ist diese Methode der einzig mögliche Weg. Aber das Innen wird damit nicht erfaßt.« Er hob seine Stimme an:

»In jedem Elementarteilchen ... teilt sich diese Grundenergie in zwei verschiedene Komponenten: Eine tangentiale Energie, die das Element mit allen Elementen solidarisch macht, die im Universum derselben Ordnung angehören ... und eine radiale Energie, die es in der Richtung nach einem komplexeren und zentrierteren Zustand vorwärts zieht.«

Ich begriff nichts und suchte nach einer Frage, die mir zum Verständnis verhelfen sollte, aber *Teilhard* kam mir zuvor.

»Ich will es einfacher, wenn auch weniger exakt ausdrücken: Alles, wirklich *alles* hat Bewußtsein. Und es ist dieses Bewußtsein, das ohne Unterlaß bestrebt ist, sich zu immer höheren Formen zu entwickeln. Einem Gesetz folgend, das das Werden im gesamten Kosmos bestimmt.«

»Die römisch-katholische Kirche hat diverse Schriften von Ihnen auf den Index gesetzt, hat sie das nicht sehr gekränkt?«

Statt einer Antwort erschien ein Lächeln in seinen Augen. Es war mir Antwort genug. So konnte nur ein Wesen lächeln, das die kleinen, weltlichen Dinge längst hinter sich gelassen hatte.

Aus dem nahen Wald erscholl das Rufen eines Käuzchens. Nach dem ersten Ton war ich wieder allein.

Außerdem ist es doch ausgeschlossen, daß diese so unglaublich schöne und gleichzeitig kompliziert einfache Welt ohne Geist geschaffen worden sein soll. Es gibt das Unlösbare, das Geheimnisvolle. Dies nicht wahrhaben zu wollen ist eine Katastrophe für die Menschheit. Dieses Verderben hat die Naturwissenschaft zum Teil durch falsche Präzision herbeigeführt. Die Tautologien der Naturwissenschaft lösen nicht die wirklichen Geheimnisse und geben keine Antworten auf die Urfragen. Johann Sebastian Bach war den Geheimnissen näher als irgendein Naturwissenschaftler.

Erwin Chargaff,
›Interview vom 24.10.1994‹
im Nachrichtenmagazin Focus

14
Mein dreizehnter Besucher:
Ich sprach mit meinem Freund Paul Conrad

*Gesamtschau oder Epilog. Bewußtseinsedelsteine. Die
große Hoffnung.*

Der Tag ging mir viel zu langsam vorüber. Das hatte
seinen Grund, ich konnte den nächsten »Termin«,
meine nächste Begegnung kaum erwarten. In der
kommenden Nacht würde ich mit meinem letzten
Besucher sprechen! Mit meinem verstorbenen Freund
Paul Conrad!
Was Paul wohl zu meinen Gesprächen sagen würde?
fragte ich mich. Ob er mit dem Ergebnis meiner
Schatzsuche zufrieden war? Hatte ich tatsächlich
Bewußtseinsedelsteine zutage gefördert? Und wenn es
der Fall war – konnten sie helfen, das *heutige* Bewußtsein der Menschen positiv zu beeinflussen? Ich glaubte jedenfalls: Ja. Warum auch sollten verlorengegan-
gene Erkenntnisse, mit neuem Wissen verbunden, auf
den Erkenntnisvorgang, die Bewußtseinsentwicklung
nicht einwirken können? Ich sah da keinen Hinde-
rungsgrund. Natürlich mußten die Einzelstücke noch
geordnet werden, wie in einem Puzzle. Erst wenn alle
Teile ihren Platz gefunden haben, können wir von
einem vollständigen Bild sprechen. Aber wie ich Paul
kannte, würde ihm dieses Puzzlespiel keine Schwierigkeiten bereiten. Ich mußte lächeln. Meine Leistung
würde bestenfalls aus Handlangerdiensten bestehen.
Ich war mir sicher: Paul würde alles Erdenkliche tun,
um mir zu einer Gesamtschau zu verhelfen. Das heißt,
hatte ich diesen Mentor wirklich noch nötig? Hatten

die vergangenen zwölf Tage mir nicht zu einer neuen Sicht der Welt verholfen? Fühlte ich mich doch nicht nur zwölf Tage, sondern zwölf Jahre älter.

Aus dem Dunkel zeichneten sich die Umrisse der Linde ab. Ich setzte mich auf meinen Platz. Unbewußt schüttelte ich den Kopf. War es überhaupt zu fassen? Ich erwartete den Geist meines verstorbenen Freundes. Du liebe Güte, es war doch noch gar nicht so lange her, daß ich schon den Gedanken an eine solche Begebenheit für das Produkt eines kranken Gehirns gehalten hätte, bestenfalls würdig eines kompletten Narren, aber nicht eines vernunftbegabten Mannes. Ja, ich hatte immer viel von meinem Verstand gehalten, tat es heute zwar immer noch, aber mit einer entscheidenden Einschränkung, denn jetzt wußte ich es: Der Verstand hat die Aufgabe und auch die Pflicht, sich als Meister in der Welt unserer *gewohnten* Dimension zu betätigen, aber außerhalb hat er zu schweigen und die Führung der Intuition zu überlassen.

Da, am Himmel zeigte sich das flüchtige Aufglühen einer Sternschnuppe. Weitere kamen und gingen ebenso. Ich erinnerte mich an meine Kindertage. Oft hatte ich mit meiner Mutter zusammen in den Abendhimmel geschaut, und wie oft hatte sie beim Anblick dieser Erscheinungen mich zärtlich in den Arm genommen und gesagt: »Schnell! Wünsch dir jetzt etwas, vielleicht geht es in Erfüllung!« Warum nicht? Warum auch nicht heute, dachte ich jetzt, viele Jahre später – und schickte einen Wunsch zu den Sternen.

Keine grelle Lichterscheinung, kein Räuspern oder Hüsteln diente diesmal als »Vorspiel«. Mein Blick wollte sich gerade von dem Himmelsschauspiel lösen, als ich Pauls Stimme neben mir vernahm: »Willst du mich denn nicht begrüßen?« Ich erschrak.

Keiner der zwölf Erscheinungen hatte mich so erschüttert wie jetzt die meines alten Freundes. Er war tot – und lebte doch, wenn auch in einer anderen Dimension und in einer anderen »Körperlichkeit«! Die Bilder glichen sich. Pauls Gesicht zeigte sich auf dieselbe Art, wie sich die Gesichter der anderen Besucher gezeigt hatten: Es schwebte schwach leuchtend im nächtlichen Dunkel. Trotz der mangelhaften Lichtverhältnisse konnte ich jede Einzelheit darin genau erkennen. Eines fiel mir sofort auf: der auf diesem Gesicht liegende tiefe Frieden. Dann blickte ich in seine Augen: es waren Pauls Augen, und sie waren es auch wieder nicht. Das waren keine normalen Augen, das waren Augen voller Geistigkeit; ich fühlte es, hier strahlte Wissen, das einem Sterblichen unbegreiflich sein mußte! Oh, ich mußte mich sehr anstrengen, um in dieser Wesenheit meinen Freund *Paul Conrad* wiederzufinden, fand kaum Worte und begrüßte ihn: »Ach Paul, wie ich mich freue, dich zu sehen.« Plumpe Worte, die mich ärgerten, die nichts aussagten und ausdrückten von dem, was mich im Innersten bewegte.

Er lächelte und entgegnete: »Ich versprach dir doch, daß wir uns wiedersehen würden. Du siehst, ich habe mein Versprechen gehalten. Laß uns jetzt an die Arbeit gehen. Diese letzte Überlappungsfront läßt uns mehr Zeit als die vorherigen. Wir können also ein großes Pensum schaffen. Das wird dir deine spätere Arbeit sehr erleichtern.« Er schwieg, sah mich auffordernd an.

Neugier stieg in mir auf und quälte mich. »Wo bist du jetzt – nach dem Tod deines Körpers? Bitte, sag es mir.« Ich beugte mich ein wenig vor, sah ihn gespannt an.

Er schüttelte den Kopf und entgegnete bedauernd:

»Verzeih, deinen Wunsch zu erfüllen ist mir so unmöglich wie das Ansinnen, einem Säugling die Relativitätstheorie verständlich zu machen. Aber um dir einen winzigen Schimmer von meiner jetzigen Existenz zu vermitteln, sage ich dir so viel: Es gibt nur den Tod des Körpers, nicht aber den der Seele. Die Seelen befinden sich in Wartehaltung bis zur nächsten Existenz. Ein Kreislauf, der sein Ende erst dann findet, wenn die Seele die Kette des Seins vollständig durchlaufen hat. Mit dieser Erklärung mußt du dich begnügen. Mehr kann ich dir nicht dazu sagen.« Er endete, um eine längere Pause zu machen. Seine Augen tauchten tief in mein Inneres hinein, schienen alle Bereiche meiner Seele durchforschen zu wollen. Ich ließ es geschehen und wartete ruhig ab. Endlich fragte er:

»Hast du den Eindruck, daß *dein* Bewußtsein durch die zwölf Besuche eine Veränderung erfahren hat?«

Ich brauchte nicht lange zu überlegen. »Ich glaube ja.« Doch dann zögerte ich für einen Augenblick, fügte langsam hinzu: »Ja, ich fühle tatsächlich eine Veränderung in mir. Es ist mir nicht möglich, sie in Worte zu fassen, aber irgendwie *weiß* ich, daß mein Bewußtsein anders geworden ist.« Mir kam ein passender Vergleich. »Als ob jemand in mir ein stärkeres Licht angezündet hätte und meine inneren Augen so jetzt besser und vor allen Dingen weiter sehen könnten.« Ich hob die Schultern an. »So kommt es mir jedenfalls vor.«

Paul nickte zufrieden, entgegnete dann: »Nichts anderes wollte ich von dir hören. Deine Worte beweisen es mir: Einige Schranken in deinem Bewußtsein sind beseitigt. Sei versichert – nach Abschluß deiner Arbeit wirst du über deine Entwicklung noch viel mehr sagen können – und dich von diesem Zeitpunkt an glücklicher fühlen als jemals zuvor.«

»Soll das bedeuten, daß ich mich immer noch auf dem Aufstieg befinde?«

»Ja. Denn der Impuls, den du durch die Gespräche mit deinen Besuchern erhalten hast, wirkt noch in dir.«

Ich mußte noch eine alte Frage loswerden, die mich in den vergangenen Tagen stark beschäftigt hatte und die gebieterisch nach einer befriedigenden Antwort verlangte. Das, was Paul mir noch zu seinen Lebzeiten zu dieser gesagt hatte, genügte mir jetzt nicht mehr.

Ich sah ihn fest an und fragte: »Es stimmt doch, du bist über alles das, was ich mit meinen Besuchern gesprochen habe, informiert?«

»Ja, das ist richtig.«

Ich holte tief Luft. »Es will mir nicht in den Kopf: Warum dann *meine* Gespräche mit den zwölf Besuchern? Nach dem Verlassen deines Körpers hättest du doch in deiner jetzigen Dimension von den Geistwesen leicht alles das erfahren können, was meine Besucher mir erzählt haben. Dann hätte es nur einen einzigen Besuch, nämlich deinen, bei mir gegeben. Wozu also der ganze Aufwand?«

Paul lächelte verständnisvoll, erwiderte dann: »Glaube mir, das wäre so nicht gegangen. Die Erklärung ist einfach: Deine zwölf Besucher gehörten nicht ein und derselben Dimension an. Ich habe geistigen Zugang nur zu jenen Wesen, die sich in meiner Ebene bewegen. Allein die interdimensionale Überlappungsfront verschaffte mir die Möglichkeit der zwölf Besuche bei dir. Und natürlich auch *meinen* Besuch.«

»Mit anderen Worten heißt das aber doch, daß deine Informationen *nicht* von jenen Geistwesen stammen können, die einer anderen Dimension als der deinen angehören.«

»Das ist richtig, direkt nicht, aber dafür indirekt.«

Pauls Lächeln war unergründlich. Das Wörtchen »indirekt« kam mir ziemlich seltsam vor, aber ich suchte nicht lange nach einer Erklärung und fragte:

»Aber von wem, um alles in der Welt, hast du sie dann?«

Pauls Antwort brachte mich fast um den Verstand.

»Von wem? Ganz einfach, ich habe neben jedem deiner Besucher gesessen und jede Einzelheit in mich aufnehmen können. Du konntest mich nicht sehen.«

»Und warum muß ich dir jetzt alles wiederholen, was du doch sowieso schon weißt?«

»Weil ich nur auf diesem Wege in dich hineinschauen und dabei alles das in dir zementieren und richtigstellen kann, was sonst durch die Unzulänglichkeit des menschlichen Gehirns Gefahr liefe verlorenzugehen.«

Ich wollte noch eine weitere Frage stellen, aber *Paul* schüttelte den Kopf. »Belassen wir es dabei, mehr kann ich dir dazu nicht sagen.« Mahnend fügte er hinzu: »Wir wollen mit diesen unwichtigen Dingen doch unsere kostbare Zeit nicht verschwenden.«

Wohl oder übel mußte ich mich fügen. Was hätte ich auch anderes tun können? Aber zufriedengestellt war ich nicht.

Ausführlichen Bericht erstatten über alle zwölf Gespräche mußte ich ihm nicht. Wir brauchten uns also nicht mit Dingen zu beschäftigen, die kaum Bedeutung hatten und bestenfalls Randcharakter besaßen, konnten uns daher sofort den besonders hervorstechenden Ergebnissen meiner *Schatzsuche* widmen. Solchen, die in der Lage waren, wesentliche Aussagen über die Evolution des Bewußtseins zu machen. Doch bevor mich Paul darauf ansprach, regte sich erneut meine Neugier.

»Sicher wirst du mir sagen können, ob meine *Schatz-suche* erfolgreich war?«

Er nickte und erwiderte: »Ja, ich bin mit deiner Aus-beute sogar sehr zufrieden, und es macht mir keine Mühe, dir zu zeigen, welche Akzente du setzen mußt.« Voller Genugtuung über sein Lob schlug ich ihm vor: »Dann könnten wir doch jetzt darangehen, uns mit der *Deutung* meiner Funde zu befassen.

»Ja, und wir müssen dabei die Hintergründe und Zusammenhänge sehr sorgfältig analysieren.« Er zwinkerte mir in der Art zu, wie er es auch früher oft getan hatte. Ein Gefühl der Kälte rieselte mir unwill-kürlich über den Rücken, als ich daran dachte, daß Pauls Körper jetzt drei Meter tief unter der Erde lag und schon lange dem Verwesungsprozeß ausgesetzt war. Ich spürte plötzlich das fast zwanghafte Bedürf-nis, mich in den Arm zu zwicken, um festzustellen, ob ich wirklich bei Bewußtsein war oder ob ich träumte. Aber ich widerstand dieser Versuchung.

Danach begannen wir mit der »Grundsteinlegung«.

»Zuerst zu *Demokrit*«, schlug Paul vor. Ein schwaches Lächeln glitt über seinen Mund, als er hinzufügte: »Du denkst jetzt an seine Begegnung mit dem alten Schaf-hirten, nicht wahr?«

Ich nickte und erwiderte: »Ja. Es ist wirklich unglaub-lich, was dieser Hirte über seine verschiedenen Inkarnationen *Demokrit* erzählt hatte. Doch für nicht weniger wichtig halte ich das, was er ihm über das *Bewußtseinsnichts* gesagt hatte. Daß es in Wirklichkeit dieses mysteriöse *Nichts* nicht geben könne, denn wenn alles Bewußtsein hätte, Erde, Pflanzen, Tiere und Menschen, dann bliebe für das *Nichts* nirgendwo ein Platz, wo es sich verstecken könnte. Und am Ende soll dieser seltsame Mann tatsächlich gesagt haben:

Nur die Dummheit des Verstandes sei imstande, von bewußtseinsfreien Räumen, also vom *Nichts* zu sprechen; allein die Intuition kenne, wenn man sie nur gewähren ließe, die Wahrheit.« Ich zuckte mit den Schultern. »*Demokrit* erboste sich maßlos ob dieser Worte und goß Kübel des Hohns und des Spottes über den armen Alten aus, denn er hielt ihn für einen Erzschwindler.« Ich sah Paul fragend an. »Du sagtest mir einmal, daß die wieder ans Tageslicht geförderten Bewußtseinsschätze der *alten* Zeit besonders imstande seien, der heutigen Bewußtseinslage einen starken Impuls zu geben. Wieso hältst du die Ausführungen des Schafhirten dafür geeignet?«

»Wie denkt *deine* Zeit über die Theorie der Reinkarnation?« kam die Gegenfrage.

Ich sah ihn irritiert an, wußte nicht, was er mit seiner Frage bezweckte. Nach kurzem Zögern entgegnete ich: »Die Geistlichkeit will davon nichts wissen, und die Masse der Menschen will das ebenfalls nicht. Ich erzähle dir doch nichts Neues – das Jungsein wird zum Idol erhoben –, über den Tod spricht man nicht. Man verdrängt ihn gewissermaßen. Und da es der Tod ist, der dem alten, verbrauchten Körper ein Ende setzt, läßt man auch die Reinkarnation vor der Tür stehen.« Ich schwieg, fügte dann nach kurzem Überlegen hinzu: »In Indien, Tibet und sicher auch anderswo gibt es hinsichtlich der Wiedereinkörperung so gut wie keine Zweifel, wie wir beide wissen.«

In Pauls Augen blitzte es anerkennend auf. »Eigentlich hast du dir die Antwort auf deine Frage schon selbst gegeben. Mehr als vierundzwanzig Jahrhunderte sind seit dem Disput zwischen *Demokrit* und dem Schafhirten vergangen. Ich frage dich: Was werden jene Menschen denken, die diesen Dingen bisher noch skeptisch gegenübergestanden haben, wenn sie von dieser Begegnung und den Thesen des Alten erfahren? Bestimmt werden sie neugierig werden und damit anfangen, Fragen zu stellen: an zwei Lager, die sich leider immer noch unversöhnlich gegenüberstehen! Auf der einen Seite an die Vertreter der modernen Naturwissenschaft, die aufgrund ihres Objektivitätspostulats solche Thesen in Bausch und Bogen als unwissenschaftlich und deshalb als diskussionsunwürdig ablehnen, auf der anderen Seite an die Vertreter philosophisch-esoterischer Sichtweisen, die ja, wie zu beobachten ist, in der Neuzeit mehr und mehr Anhänger finden. Kann es nicht doch *so* sein? werden sich dann viele Menschen fragen, – der Zweifel wird dann zu ihrem Begleiter werden.« Paul schwieg, sah mich forschend an.

Ich hakte aber nach: »Hätte der Alte denn Beweise für seine Inkarnationen liefern können?«

Paul nickte: »Ja, sogar hieb- und stichfeste. Mir sind sie übrigens bekannt. Und was seine Ausführungen über das Nichts angeht – meine neue Dimension hat mich auch hier zum Wissenden gemacht: Es gibt dieses *Monster* tatsächlich nicht! Damit du dir ein Bild machen kannst: Hier ist ein Vergleich mit dem Meer zulässig: Es reicht von Horizont zu Horizont. Von der Wasseroberfläche bis zum Meeresgrund ein Luftloch zu schaffen, um das das Wasser herumfließt, ist unmöglich und nur mit Hilfe eines Rohres beispielsweise denkbar. Ohne dieses hätten wir ein Wunder vor uns wie das, das beim Auszug der Israeliten aus Ägypten geschah, als diese trockenen Fußes das Rote Meer durchschritten.« Paul sah mich intensiv an. »Ein solches Luftloch im Wasser des Meeres ist ebenso eine Unmöglichkeit wie ein mit Nichts angefülltes Bewußtseinsloch im Meer des Bewußtseins. Jetzt wirst du verstehen, *warum* ich die Aussagen des Hirten für kostbare Bewußtseinsedelsteine halte. Denn zwingende Voraussetzung für die Evolution ist das durchgängige, alles durchdringende und hierarchisch gegliederte Vorhandensein des Bewußtseins, angefangen von der *unbelebten* Materie über die Pflanzen und Tiere bis hinauf zum Menschen. Gäbe es die Durchgängigkeit auch nur an einer einzigen Stelle des Universums nicht, dann gäbe es auch kein Evolvieren, und die drei Worte ›Alles ist Eins‹ wären nur leere Hülsen. Laß es dir sagen: Das Bewußtsein dieses seltsamen Schafhirten war seiner Zeit bereits um Lichtjahre voraus.«

Während seiner letzten Worte hatte das anfänglich schwache Leuchten in seinem Gesicht auffällig zugenommen. Es hatte sich aber noch etwas verändert: Pauls Worte klangen auf einmal so, als ob sich hinter einem jeden von ihnen ein tiefes Geheimnis verbergen würde. Doch das war es nicht allein – die Augen blickten sehr geheimnisvoll. Ich fragte ihn nach dem Grund.
Paul zögerte kurz, doch dann antwortete er, seine Stimme klang feierlich und erinnerte mich an Glockengeläute: »Er war ein Hirte – und war doch keiner! Er war ein Mensch – und doch schon weit mehr als nur ein Mensch!«
»Was willst du damit sagen?« Ich war erregt, ahnte die Antwort.
»Weil er die Schwelle vom Normal- zum Suprabewußtsein schon lange hinter sich gelassen hatte.«
»War er ... war er vielleicht schon ...« Ich konnte meinen Satz nicht zu Ende bringen. Eine Macht, der ich nicht widerstehen konnte, hinderte mich am Spre-

chen, und Paul schüttelte den Kopf. »Mehr darf ich dir dazu nicht sagen«, meinte er sehr ernst.

Im Raum meines Verstandes schien auf einmal ein Licht angezündet worden zu sein. Ich holte tief Atem. »Wenn die Menschen begreifen, daß an dem Glauben von der Wiedergeburt und vom Bewußtsein von allem, was existiert, etwas Wahres sein muß, allein deshalb, weil die Menschen schon vor Tausenden von Jahren ihm folgten, dann erführe das Bewußtsein allein schon durch diese Akzeptanz eine winzige Erhöhung. Doch winzig hin, winzig her, der Zug der Evolution fährt auch mit vielen nach vorn drängenden Winzigkeiten in den Zielbahnhof. Und was die Einsichten des Schafhirten angeht, es werden mehr und mehr Menschen für *solche* empfänglich sein. Der evolutionäre Zug bleibt nicht stehen. Er hat einen neuen Impuls erhalten und rollt weiter – dem Ziel entgegen.«

Paul nickte. »Richtig. Und so folgt Einsicht auf Einsicht, Gewißheit auf Gewißheit! Diese sind die Stationen entlang des Schienenwegs der Evolution! Auf diesem Weg und nur auf diesem schreitet die Entwicklung des Bewußtseins voran!«

Wir schwiegen eine Weile und schauten uns an: »Heißt es nun, daß *Demokrits* Besuch uns nur *einen* Bewußtseinsedelstein – die Aussagen des Schafhirten – lieferte, seine anderen Auslassungen demnach nur Randcharakter haben? Oder sehe ich das falsch?«

Paul schüttelte den Kopf. »Deine Annahme stimmt nur zum Teil, denn was dir dieser Grieche über den sittlichen Verfall der Polis und über die ›Bewußtlosigkeit‹ der Masse sagte, hat durchaus einen hohen Stellenwert auch für uns.«

»Von einer Evolution des Bewußtseins wollte *Demokrit* jedenfalls nichts wissen.«

»Ich weiß. Da er nur seinen Verstand hat sprechen lassen, nicht aber seine Intuition, konnte seine Aussage nur so und nicht anders lauten. Es ist sehr wichtig, daß du diese Tatsache scharf herausarbeitest! Auf der einen Seite der nur unseren gewohnten Dimensionen verhaftete und von den Rationalisten maßlos überschätzte Verstand, auf der anderen jene Denkweise – wir können hier auch von den Blitzen der Intuition sprechen –, die die Barrieren des Verstandes zu überwinden vermag. Merke es dir gut: Der Fortschritt der Evolution des Bewußtseins äußert sich darin, daß die anfänglich nur sporadischen Blitze immer häufiger auftreten, bis sie am Ende des Evolutionsprozesses zu einem ständigen klaren Leuchten geworden sind. Ein Prozeß, der Äonen benötigt. Aber einmal wird der Augenblick kommen, wo die Früchte in der kosmischen Pflanzschule Gottes reif geworden sind und Samen werfen.«

Ich war beeindruckt: »Auch *Goethe* sprach von der *Pflanzschule* und der Aufgabe des *Samens*. Es war ungeheuerlich, was er mir dazu sagte.«

»Ja, und es stimmt Wort für Wort. Um in meiner früheren Sprache zu sprechen: *Goethe* war ein Gigant an gravitatorischer Kraft! Die Verdichtung seines Bewußtseins erhob ihn schon zu seinen Lebzeiten in den Rang eines Übermenschen. Zu allen Zeiten sind immer nur wenige wie er dazu ausersehen gewesen, der Menschheit die Richtung zu weisen. Und das wird auch in Zukunft so sein. Die Masse ist dumpf und träge. Ohne die impulsgebende Tätigkeit dieser wenigen würde sie sich nicht entwickeln können.«

Danach wandten wir uns *Cheops* zu.

»Welche Aussagen dieses Pharaos hältst du für ganz besonders bedeutsam?« fragte mich Paul.

Die Antwort fiel mir leicht, denn *Cheops* und sein Erzieher *Amenemhet* hatten mir buchstäblich eine mit vielen Kostbarkeiten gefüllte Schatztruhe hingestellt.

»Es gibt da eine geheimnisvolle Äußerung! *Cheops* sagte: *In der Begrenzung liegt der Irrtum!*« Ich sah Paul fragend an. »So ganz habe ich das noch nicht begriffen. Sicher wirst du mir helfen können.«

»Selbstverständlich. Am besten kann ich das anhand eines Bildes. Du weißt doch, was ein Handschuh ist, nicht wahr?«

Ich sah ihn verdutzt an. »Natürlich weiß ich das.«

»Dann stell dir einen Handschuh vor, der nicht nur fünf, sondern ungezählte Millionen Finger hat. Kannst du mir folgen?«

»Ja, aber ich weiß wirklich nicht, was das soll.«

»Keine Sorge, du wirst mich gleich verstehen. Stell dir jetzt weiter vor, daß alle diese Finger Bewußtsein haben, wobei viele von ihnen aus irgendwelchen egoistischen Motiven zu der Überzeugung gelangt sind, daß es besser sei, sich von der Handfläche abzuschnüren, nicht nur ihre Verbindung untereinander, sondern auch die zur Hand, zu der sie doch gehören, um des eigenen Vorteils willen aufzugeben. Nun, was folgt daraus?«

In mir wurde es klarer. »Die Finger vereinzeln sich, verlieren durch die Abschnürung jede Verbindung miteinander und *wissen* daher bald nicht mehr, daß sie *alle* einer *einzigen* Hand angehören, *alle* vom *gleichen* Fleisch und Blut sind.«

Paul musterte mich mit einem sonderbaren Blick. Dieser war mir von früher her nicht fremd. So hatte er mich oder andere immer dann angeschaut, wenn er die Absicht hatte, den Einfallsreichtum seines jeweiligen Gesprächspartners zu testen.

»Verstehst du jetzt, was es mit dem Ausspruch: *In der Begrenzung liegt der Irrtum* in Wahrheit auf sich hat?«

»Ich glaube schon. Auf die Menschheit übertragen bedeutet dieses Abschnüren wohl die mehr und mehr zunehmende Abgrenzung des Individuums von der Gemeinschaft mittels der Schnüre: Egoismus, Habsucht und Gewalt. Jedes Gefühl der Zusammengehörigkeit und des Miteinanders stirbt damit zwangsläufig, stirbt buchstäblich ab. Der Mensch begreift sich nur noch als eigenen, unabhängigen Kosmos, in dem der andere nichts zu suchen hat. Ein folgenschwerer Irrtum – aus Abgrenzungsbesessenheit geboren!«

»Richtig. Merke es dir: Diese Erkenntnis ist es wert, hervorgehoben zu werden, denn sie macht klar, daß einer Gemeinschaft durch egoistisches und rücksichtsloses Individualitätsstreben großer Schaden zugefügt wird.« Er sah mich fragend an. »Bestimmt hast du noch weitere Bewußtseinsedelsteine bei *Cheops* gefunden.«

»Ja, das habe ich. Sein Erzieher hatte aus den Bruchstücken alter, schon teilweise verschollener Mythen eine tiefe Einsicht gewinnen können: Alles Bewußtsein baue hierarchisch und in Form einer Pyramide auf dem Bewußtsein des *Urgrundes* auf. Der Urgrund sei *Alles*, und *Alles sei Eins!* Der Weg von der Basis der Pyramide bis zur Spitze verdeutliche optisch die von Stufe zu Stufe zunehmende Verdichtung des Bewußtseins. Je höher der Grad der Verdichtung, desto stärker würde auch die Bewußtseinskraft. Der Übergang zum Suprabewußtsein fände statt, wenn diese Kraft ein bestimmtes Maß überschritten hätte.« Ich hob meine Schultern. »Etwas bereitet mir aber noch große Schwierigkeiten.«

»Was denn?«

»Die Aussage des Erziehers: Der Urgrund sei *Alles*, und *Alles sei Eins!* Wie soll ich das verstehen?«

»Und dabei ist das doch so einfach«, antwortete Paul. »In allem, was es gibt, ist Bewußtsein enthalten. Besser gesagt: eigentlich gibt es *nur* Bewußtsein. Was unsere Augen sehen: Steine, Pflanzen, Tiere und auch wir Menschen, verdeutlicht die aufsteigende Entwicklung der Verdichtung, angefangen vom noch zerstreuten Bewußtsein in der Materie über die schon fortgeschrittenen Verdichtungen in der Pflanzen- und Tierwelt bis hin zu dem schon hochverdichteten menschlichen Bewußtsein. Der Unterschied besteht also nur im *Grad* der Bewußtseinsverdichtung: *Alles ist Eins, heißt, daß alles Bewußtsein hat, es nur den Unterschied im Grad der Verdichtung gibt.*« Paul schwieg für einen Augenblick, fuhr dann fort: »*Cheops'* Ausführungen über die Bewußtseinspyramide halte ich für sehr wichtig, besonders aber seine Aussage, daß mit dem Erreichen der Pyramidenspitze die höchstmögliche Verdichtung und mit ihr die Konzentration aller Bewußtseinskräfte in einem winzigen Punkt erreicht sei und damit die Endstufe einer langen Reise durch unzählige Inkarnationen! Die Kette des Seins wurde vollständig durchlaufen. In einer gewaltigen, geistigen Eruption erfolge dann der Wechsel zum Bewußtsein der Götter und zur Unsterblichkeit.«

Er schüttelte den Kopf. »Es ist unfaßlich, Gedanken dieser Art wurden schon vor fünftausend Jahren gedacht und über die Mythen der Zukunft erhalten. Jetzt zeigt sich wohl nicht zum erstenmal, daß sie viele Körnchen der Wahrheit und nicht zuletzt der Weisheit enthalten. Man muß nur daran glauben und sie ernsthaft finden wollen.« Er sah mich an. »Cheops' Wissen war einer Fundgrube gleich. Alles, was er sagte, sind wahre Bewußtseinsedelsteine. Seine Worte sind dazu geeignet, viele Menschen nachdenklich werden zu lassen.«

»Allein die Worte?« fragte ich unsicher.

»Ja«, kam es überzeugt zurück. »Denn wenn man auf einmal über spirituelle Dinge nachdenkt, die man einst wegen ihrer angeblichen Unglaubwürdigkeit strikt abgelehnt hat, dann ist man auf der Bewußtseinspyramide schon ein kleines Stück nach oben gestiegen. Jede geistliche Beschäftigung ist ein Schritt, mit dem man sich dem göttlichen Bewußtsein und der Unsterblichkeit nähert.

Nun wendeten wir uns *Albert Einstein*, *Teilhard de Chardin* und *Sri Aurobindo* zu. Paul begann:

»*Einstein* gab dir auf eine deiner Fragen eine überraschende Antwort – die *geistige* Eruption fände ihre materielle Entsprechung in der freiwerdenden Energie nicht der *Atomspaltung*, sondern der *Kernverschmelzung*. Warum nur in der Fusion und nicht in der Spaltung?«

Die Art, wie Paul diese Frage stellte, entlockte mir ein Lächeln, denn ich kam mir jetzt fast so vor, als ob ich wieder in der Schule war. »Weil die Spaltung seiner Meinung nach Bewußtsein – das Bewußtsein in der Materie – zertrümmert, im Gegensatz zur Fusion, der Kernverschmelzung. Letztere täte das nicht, sei deshalb Symbol für das Miteinander, gehorche mithin dem Gesetz:

Alles ist Eins! Hier zeigt es sich besonders deutlich: Was im Großen – auch für die Menschen! – gilt, das gilt auch für die Welt des Kleinen, gilt selbst für die Sonnensysteme. Anders ausgedrückt: Die Hierarchien des Bewußtseins sind zwar in ihrem Verdichtungsgrad voneinander verschieden, aber die Forderung nach Harmonie ist geltendes Gesetz für alle. *Spaltungen*, welcher Art sie auch sein mögen, erzeugen keine Harmonie, haben nur zerstörerische Wirkung. *Cheops* brachte es genau auf den Punkt, als er die Mythen erwähnte, ihre Forderung nach dem Einssein im Miteinander, in der Verschmelzung. *Teilhard de Chardin* spricht vom *Gesetz der zunehmenden Komplexität der Materie* und vom *Aufstieg des Bewußtseins bis zum Punkt ›Omega‹* als Folge seiner innewohnenden konvergierenden Kraft. Der indische Weise *Sri Aurobindo* erwähnt das *Feuer des ›Spirts‹ in der Materie* und verweist dabei auf den Rigveda, dem jahrtausendealten Denkmal der indischen Philosophie, in dem von der *Flamme mit den hundert Schätzen* in der Materie die Rede ist.« Ich hielt kurz inne, fuhr dann fort: »Eine Äußerung von *Aurobindo* erscheint mir in diesem Zusammenhang als ganz besonders wichtig: Auch er weist, wie *Einstein*, auf die verblüffende Ähnlichkeit zwischen der Nuklearkraft mit der spirituellen Bewußtseinskraft hin. Erstere führe zur *ungeschlachten, verderbenbringenden ›Freude‹ des Atoms*, letztere – und nur sie – sei imstande, Materie zu formen und ihre titanischen Kräfte zu beherrschen.«

Pauls Resümee ist sicherlich nicht geeignet, die Betreiber von Atomkraftwerken in Entzücken zu versetzen. Paul sagte: »*Eine Bewußtseinserweiterung wird eines zur Folge haben müssen: die Abschaltung aller Atomkraftwerke, die ihre Energie aus der Kernspaltung beziehen!*«

Im nahen Gebüsch hinter der Linde raschelte es. Ein dunkler Schatten flog über mich hinweg, ein empörtes Krahkrah ertönte. Eine Krähe, die sich durch unsere Anwesenheit gestört fühlte und ihre Geduld verloren hatte.

»Nun zu *Platon*«, sagte Paul. »Was hast du bei ihm finden können?«

Das Höhlengleichnis diente mir als Ausgangspunkt meines Berichts. Besonderes Gewicht legte ich auf die verblüffende Ähnlichkeit mit dem altägyptischen Mythos. Beide, sowohl *Cheops* als auch *Platon,* hatten, jeder auf seine Art, die Idee der Evolution des Bewußtseins bejaht und in gestalthafter Weise erfaßt: *Platon* mit dem Bild vom Aufstieg aus der Höhle zum Licht und *Cheops* mit dem der Pyramide und deren Spitze als dem Tor zum Suprabewußtsein! Ich berichtete Paul von *Platons* Beziehung zur Pythia von Delphi; schilderte ihm auch meinen Traum vom Untergang von Atlantis; vergaß auch nicht zu betonen, daß *Platon* sich zweimal gefürchtet hatte, die Wahrheit zu veröffentlichen: Aus Angst vor Gefängnis und Folter hielt er zum einen seine Erkenntnis von der Möglichkeit einer noch weit in der Zukunft liegenden körperlichen Unsterblichkeit zurück, und zum anderen unterschlug er in seinem ›Kritias‹, in dem er vom Untergang des Inselkontinents Atlantis berichtet, wichtige Ausführungen der Pythia.

»Auch *Platons* Schilderung der in Athen herrschenden Dekadenz ist wichtig«, sagte Paul mit nachdenklicher Stimme. »Für dich wird es darauf ankommen, die Ursachen dieser negativen Entwicklung so auszuleuchten, daß sie als Warnung erkennbar werden.«

»Und was ist mit meinem Traum von Atlantis? Dieser Traum ist doch einer Warnung gleich.«

»Ja, schildere die ungeheure Katastrophe! Laß nichts aus – nicht einen einzigen Schrecken, nicht das Stöhnen der Sterbenden und nicht das Jammern und Wehklagen der wenigen, die verschont blieben.« In seinen Augen las ich Traurigkeit: »Ob es hilft, vermag ich nicht zu sagen, denn es ist mir verwehrt, in die Zukunft zu schauen.« Es folgte ein tiefer Seufzer: »Die

Menschheit mißachtet immer noch viel zu oft Sanftheit, Liebe und Güte, hält diese leider meist für Schwäche, derer man sich gern bedient, und dennoch ist der Weg, der in die Zukunft führt, der der Liebe. Gewalt ist kalt, Gewalt vernichtet – Liebe ist Wärme, Liebe baut auf! Um die Gewalt abzuschaffen, bedarf es zuerst der durch Liebe bewirkten Zähmung des Tierischen im Menschen. Das ist eine ungeheure Aufgabe, die sicher sehr viel Zeit und Geduld erfordern wird. Aber eines – wenn auch noch fernen – Tages wird dieses Ziel erreicht sein.«

Ich war mit dem, was Paul mir da eben vorgetragen hatte, ganz und gar nicht einverstanden. Alles mit Liebe zudecken, wirklich alles? Mir war das einfach zu weich. Ich war erregt: »Du mußt doch zugeben: Haß scheint sich wie eine dunkle Wolke über die Erde zu legen und das Licht der Sonne fernhalten zu wollen. Du redest von der Macht der Liebe. Glaubst du tatsächlich, mit ihr allein Haß, Angst und Not beseitigen zu können? Glaubst du wirklich, daß sich beispielsweise ein gedungener Killer von seiner Tat abhalten läßt, wenn du ihm mit solchen Worten kämst? Fest steht, daß die Zahl der Verbrechen von Tag zu Tag zunimmt. Stell dir vor, ich ginge in ein Gefängnis, um mit den Häftlingen über den Segen praktizierender Nächstenliebe zu diskutieren. Was glaubst du, was mir begegnet? Du wirst zugeben müssen, daß man mich auslachen würde, ich Spott und Hohn ausgesetzt wäre, was wohl noch das Geringste wäre. Vielleicht würden sich diese Menschen von mir sogar ausgelacht oder verhöhnt fühlen und mich wütend erschlagen.« Ich schüttelte energisch den Kopf. »Nein, Langmut und Sanftmut machen aus wilden Tieren keine Lämmlein.« Ich sah ihn vorwurfsvoll an. »Du mußt es doch wissen – unser schöner blauer Planet droht zu einem Tollhaus zu werden. Kriege, wohin man schaut. Brandherde allerorten, Krisengebiete, Kriegsschauplätze, Menschen schlachten Menschen, lassen ihren satanischen, destruktiven Gelüsten und Leidenschaften freien Lauf. Frauen werden vergewaltigt, ermordet nach vollbrachtem gräßlichen Tun; Kinder und alte Menschen umgebracht, verstümmelt, der Ehre beraubt, ungeborenes Leben im Mutterleib getötet. Oh, man könnte meinen, Gott hätte sich endgültig von der Menschheit abgewendet.« Ich sah ihn fest an. »Du wirst es nicht bestreiten können – das Unrechtsbewußtsein nimmt in einem besorgniserregenden Ausmaß ab. Viele Großstädte sind auf dem besten Weg, zu Dschungeln zu degenerieren, in denen Gier, Maßlosigkeit und Gewalt das Sagen haben. Ältere Menschen trauen sich vor allem in der Dunkelheit kaum noch auf die Straße. Morde und Einbrüche häufen sich. Überfälle am hellichten Tag sind an der Tagesordnung. Das darf doch nicht so weitergehen! Nein, mit Liebe und Güte ist diesen Teufeln nicht beizukommen, sondern nur mit härtesten Strafen. Die ehrlichen, fleißigen Menschen dürfen nicht zu hilflosen Opfern werden, müssen beschützt werden.« Ich schwieg, atmete schwer, wartete ungeduldig auf Pauls Antwort.

Das im Dunkel der Nacht schwebende und von einem unwirklichen Licht erfüllte Gesicht vor mir hatte sich während meiner anklagenden Worte nicht verändert, nicht die kleinste Regung gezeigt. Ich war irritiert. Und diese Augen! Diese Augen schauten gütig, waren von liebevoller Nachsicht! Das ärgerte mich, denn ich kam mir unter ihnen wie ein nicht ernstgenommener, kleiner Junge vor. Paul antwortete gelassen:

»Ist dir bei deiner Darstellung nichts aufgefallen? Was du beschreibst, sind nur *Wirkungen,* Auswirkungen; über die *Ursachen* hast du kein Wort verloren. Laß es dir sagen: Die allgemein herrschende *Disharmonie* trägt die Schuld an diesem Geschehen. Es gilt, die Ursachen der Disharmonie zu finden und die *Lebensmelodie* der Menschheit wieder harmonisch* zu gestalten. Das ist die allerwichtigste Aufgabe. Ist diese ›gemacht‹, dann wird es auch die von dir genannten Auswüchse nicht mehr geben.«

Ich konnte nicht mehr an mich halten und unterbrach ihn. »Sind wir Götter, daß wir Liebe in die Herzen der Menschen einpflanzen können? Nein, wir sind es nicht. Du hast recht, die Disharmonie treibt ihr Unwesen. Wurzel derselben ist die zunehmende Abgrenzung des einzelnen und die daraus resultierende katastrophale Zunahme des egoistischen Denkens. Dieses fordert mit steigender Lautstärke immer mehr persönliche Freiheit. Damit kommt es zwangsläufig zu einer Pervertierung des Freiheitsbegriffs; man könnte das auch als einen Aushöhlungsprozeß bezeichnen. Die Maxime lautet: Mehr Freiheit? Ja! – mehr Pflichten? Nein! Schrankenlosigkeit schwingt das Zepter. Erstreben und Leben derselben gilt so gut wie legitim. Der liebe Nächste? Gibt es den überhaupt? Und sollte es ihn tatsächlich geben, man braucht ihm nicht zu helfen, denn nach dem Gesetz hat jeder für sich selbst zu sorgen. Schließlich und endlich wissen wir doch alle, daß das auch hervorragend klappt. Die Karrieren der amerikanischen Tellerwäscher sind doch die besten Beweise, Millionär kann jeder werden, jeder kann es schaffen, ja, jeder! Das Geld liegt auf der Straße, man

---

* *harmonikos:* grch. ›ebenmäßig‹.

muß sich nur bücken, heißt es; wer ernsthaft Arbeit sucht, der findet sie auch, heißt es; man muß nur in die Hände spucken und anpacken, heißt es. Aber was ist mit den anderen, den Behinderten, den Schwachen? Mit denen, die es trotz Anstrengung nicht schaffen? Was ist mit ihnen? Sie sind doch nicht alle faul.« Ich schüttelte mich angewidert. »Ah, wenn ich solche Reden nur höre …, das ist der Sumpf, den es trocken-zulegen gilt. Aber wie soll das in unserer liebeleeren, superegoistischen Welt zu schaffen sein?«

Schon wieder dieses nachsichtige Lächeln vor mir. »Und trotzdem geht nichts daran vorbei; die schlim-men Wirkungen können nur dann beseitigt werden, wenn man die Ursachen aus der Welt schafft. Geschieht das nicht, dann wird sich nicht nur nichts ändern, dann werden sich die Verhältnisse noch ver-schlimmern, bis hin zur Anarchie, zum Kampf *aller gegen alle*!«

Mein Zorn war immer noch nicht verraucht. »Aber wie soll denn das geschehen? Ich werde dir gleich ein Modewort nennen, das wie kein anderes imstande ist, dir die Auswirkungen egoistischen Denkens und feh-lender Liebe plastisch vor Augen zu führen. Es ist ein besonders von den Medien mit wahrer Inbrunst ver-wendetes Zauberwort und heißt: *Verwirklichung!* In unserer Welt wird diesem Begriff einem Götzen gleich gehuldigt. Koste es, was es wolle, vor allem koste es auch das Miteinander und die Liebe zum Nächsten; Maßstab ist dabei die Befriedigung der eigenen Bedürfnisse. Wenn es denn nicht anders geht, dann delegiert man sie, die Liebe, überläßt sie anonymen und karitativen Institutionen; sollen sie sich doch um die Armen und Entrechteten dieser Welt kümmern. Kinder? Gräßlich, das damit verbundene Sich-Zurückstellen behindert jede Verwirklichung! Aber nein, keine Sorge, das ist doch kein Problem mehr; es gibt Kindergärten, Kinderkrippen und herrliche Ganztagsschulen, in denen gottlob die ach so lästigen Hausaufgaben betreut werden – von Lehrern, von Fremden, damit die lieben Kleinen untergebracht sind und nichts verlangen können. Das bedeutet einen hübschen Zeitgewinn für die eigene ›Verwirklichung‹, höherer Verdienst, weniger Verantwortung, mehr gesellschaftliche Anerkennung, höhere *Lebensqualität* – das zweite Zauberwort unserer Tage. Vor allem das Fernsehen, die Bibel unserer Tage, predigt diese egozentrische Weltanschauung lautstark und immerwährend, denn seine Anstalten sind bis unter die Decke vollgepfropft mit hervorragend bezahlten ›Verwirklichern‹ und solchen, die nur zu gerne Verwirklichte sein möchten. In den Talk-Shows wird geredet, besser gesagt, herzerweichend palavert über die Not in der Welt und mit weit aufgerissenen Augen nach Hilfe Ausschau gehalten. Ja, rufen sie, unsere Talk- und Showmaster, tun …? Etwas? Nichts? … Immerhin, sie rufen!«

Paul ergriff das Wort. »Ich teile deine Beobachtung, es ist so; deine Worte machen deutlich, daß sich das Bewußtsein ändern muß. Geschieht dies nicht, dann werden sich die Verhältnisse nicht bessern, sondern weiter verschlechtern. Wir wissen beide, daß der Mangel an wärmender Liebe, den ein Mensch in seiner Kindheit erleidet, den Nährboden für dies alles bildet. Wer als Kind reichlich von den Eltern mit Liebe bedacht wurde, der ist in aller Regel mit einem Panzer ausgestattet, der gegen viele Arten von Grobheiten, Schmutz und Gemeinheiten schützt. Gäbe es mehr Zuwendung, dann gäbe es auch nicht so viele Verbrechen. Nur die selbstlose Liebe ist fähig, diese sichtbaren Übel allmählich zu beheben. Dies bedarf eines Prozesses, der sicherlich sehr viel Zeit in Anspruch nehmen wird, denn von heute auf morgen sind die Fehler nicht zu korrigieren. Natürlich, gesetzlosem Treiben darf nicht tatenlos und ängstlich zugesehen werden. Die Liebe ist zu vergleichen mit einer Münze. Sie hat wie diese ebenfalls zwei Seiten – die eine vereint Sanftmut mit selbstloser Zuwendung, die andere dagegen verbindet liebevolle Mahnung mit endlicher Strenge.« Paul hob seine Stimme an: »Ich sage es noch einmal in vollem Ernst: Gewalt *allein* reicht nicht aus, um die Verhältnisse zu ändern und eine weitere Ausuferung des *Egos* und die zunehmende und vom Egoismus diktierte Abgrenzungsbesessenheit der Individuen in ihre Schranken zu verweisen. Zwangsläufige Folge wäre eine weitere Nivellierung des Unrechtsbewußtseins, was besonders bei denen, die sich von der Gesellschaft ausgestoßen fühlen, zu weiterer Eskalierung der Gefühle führt, und sie sich mehr und mehr mit Gewalt das nehmen, wonach sie verlangen.«

»Und was soll geschehen, damit diese verhängnisvolle Entwicklung nicht noch weitere Ausmaße annimmt?« Paul schwieg und sah mich einige Sekunden ernst an. Dann erwiderte er: »Präge es dir ein und vergiß es niemals: Gewalt allein ist kalt, nur Liebe und echte Zuwendung sind in der Lage, kranke Seelen zu wärmen, zu heilen.« Seine folgenden Worte vertrieben alle meine Skepsis, vermittelten mir eine atemberaubende Vision. Die Menschheit durfte hoffen, ihr gehörte die Zukunft! Paul sagte: »Du hast es schon von *Darwin* gehört, der Mensch ist aus dem Tier geboren. Die menschliche Entwicklung kann als Enttierungsprozeß aufgefaßt werden. Dieser steht in enger Korrelation mit der Bewußtseinsevolution. Je weiter letztere voranschreitet, desto mehr entfernt sich der Mensch vom Tier. Damit wächst in ihm auch die Erkenntnis, das herrlichste Gedicht Gottes zu sein. In diesem *Gedicht* wird es keine Disharmonien mehr geben, denn *euer* ist alles, was es gibt und dazu die Kraft und die Herrlichkeit! Und dann wird auch endlich das, was bisher nur als eine große Hoffnung galt, zur Wahrheit werden.«

»Wie soll ich das verstehen?« fragte ich atemlos.

»Gut, präge es dir ein! Immer noch nehmen die negativen Erscheinungen zu, häufen sich in erschreckender Weise von Tag zu Tag: Kriege ..., Grausamkeiten ..., der rasende, keine Rücksicht kennende Egoismus ..., der zum Götzen erhobene Individualismus mit seinen barbarischen Auswüchsen ...! Was kann diesem Tun Einhalt gebieten?« Paul sah mich an. »Nun, weißt du eine Antwort?«

Jetzt hatte ich nicht nur verstanden, sondern auch begriffen: Aber ich war so aufgeregt, daß ich mehrmals zum Sprechen ansetzen mußte. »Kann es sein, daß sich hinter der katastrophal ansteigenden Entwertung selbst fundamentalster Werte zwangsläufig auch eine große Hoffnung verbirgt? Gibt es nicht so etwas wie ein Gesetz des Ausgleichs? Müssen nicht, diesem Gesetz folgend, dem positiven Pol unseres Bewußtseins machtvolle evolutionäre Bewußtseinskräfte zuwachsen, damit ein Ausgleich geschaffen wird und die negativen Kräfte auf lange Sicht umgewandelt und danach integriert werden können?«

Paul nickte. »Das siehst du richtig. Nur deshalb sprach ich von der großen Hoffnung. Das Potential dazu, verstehe bitte darunter die Bereitschaft der Menschheit zur Weiterentwicklung ihres Bewußtseins, hat sich mittlerweile schon angesammelt. Mutter Erde wartet mit Schmerzen darauf, daß mit diesem Potential der

Ausgleich erzielt werden kann. Erst dann kann man mit der Aufgabe beginnen, die Harmonie wie eine wärmende Decke über den ganzen Planeten auszubreiten.«

»Und dann? Was ist dann?« fragte ich. »Damit ist die Evolution des Bewußtseins doch noch nicht abgeschlossen?«

Wieder weiteten sich seine Augen, wurden zu zwei Sonnen. »Nein, die Evolution kennt keinen Stillstand. Der Bewußtseinspfeil hat den kosmischen Bogen doch gerade erst verlassen. Er wird weiterfliegen, immer weiter – und einmal Dimensionen erreichen, von deren Sosein die heutige menschliche Vorstellungskraft keine Ahnung hat, noch nicht einmal im Traum, er wird fliegen bis zum kosmischen Bewußtsein und noch weit darüber hinaus.«

Ich wollte Paul jetzt nach seinen Eindrücken fragen, die er von meinen anderen Besuchern gewonnen hatte, aber er kam mir zuvor: »*Jakob Böhme* hat dich sicher sehr beeindruckt, nicht wahr?«

»O ja, mich hat besonders das, was er über die ›ewige Natur‹ sagte, zum Nachdenken gebracht: Sie hätte es schon gegeben, bevor die Schöpfung begann. Und sie wäre der Urgrund für alles Seiende, Konzentration aller Kräfte des noch zu schaffenden Kosmos in einem einzigen Punkt. Allein der ›Urgrund‹ sei es, der den Demiurgen gebären würde, den Schöpfer aller Dinge, den Weltenbildner. Gut durchdacht fand ich auch, was er über die *Hobelwirkung des Leids* sagte. Ich werde dieses Beispiel auf jeden Fall verwenden, es ist überzeugend.«

»Und *Charles Darwin*, *Sigmund Freud*?« er blickte mich fragend an: »*Darwin* hat sicher schon zu seinen

Lebzeiten erkannt, daß seine Erkenntnisse über die Evolution sich nur auf den physischen Aspekt der Evolution beziehen. Und selbst hier muß man daran zweifeln, ob diese Erkenntnisse in der Lage sind, das letzte Warum der Evolution durch *natürliche Auslese* zu erklären.«

»Ja, richtig Paul, *John Eccles* hat mit Blick auf *Darwin* und *Freud* etwas gesagt, was mir erwähnenswert erscheint:

›*Wir verwerfen darwinistische, marxistische und Freudsche Erklärungen, denn diese erklären, wie wir gesehen haben, keinen einzigen Begriff, ganz zu schweigen von den Ideen der Transzendenz. Wir verwerfen den Materialismus, weil dieser, wie wir gesehen haben, unsere Begriffe nicht ›erklärt‹, sondern verneint. An diesem Punkt können wir ... den Impulsen des Glaubens freien Lauf lassen; nicht eines Glaubens, der eine Verschleierung von Ignoranz, Denkfaulheit oder Angst wäre, sondern eines Glaubens, der einen durch die Denkanstrengungen der Vernunft und des Alltagsverstandes gerechtfertigten Bewußtseinsstand darstellt.*‹«[1]

Ich sah Paul an. »Ich frage dich: Was haben uns *Darwin* und *Freud* gebracht? Dasselbe gilt auch für *David Hume*. Zumindest die beiden letzten vertreten immer noch dieselben Thesen wie zu ihren Lebzeiten, haben ihre Ansichten auch durch das Weilen in einer anderen, höheren Dimension nicht um ein Jota geändert.«

Pauls Antwort war einfach und dabei glasklar, sie krankte nicht an jener »gelehrten« Professorensprache, die das Unverständnis geradezu züchtet und die Sprache zu einer Art *Geheimsprache* macht. Paul sagte mit einem leisen Lächeln: »Denke an das Beispiel von den Wurmphysikern! Männer wie *Freud*, *Hume*

und *Jacques Monod* waren ohne Zweifel im Besitz von erstaunlichen Gehirnen. Mit ihnen waren sie in der Lage, bis zur allerletzten Grenze ihres nur vom Verstand abhängigen Erkenntnisvermögens vorzustoßen. Aber als sie dort anlangten, war für sie das Ende erreicht, denn hinter dieser Grenze liegt das von ihnen geleugnete und heftig bekämpfte *Reich* der Transzendenz. Um in dieses *Reich* eingelassen zu werden, muß man über den Verstand *hinausdenken* können. Dazu ist aber selbst der glänzendste Verstand nicht fähig. Andere, wie zum Beispiel *Albert Einstein, Sri Aurobindo* oder *Pierre Teilhard de Chardin*, konnten auf *zwei* Ebenen denken und dieses Denken miteinander *verbinden:* Sie konnten nicht nur auf der Ebene des Verstandes, sondern *auch* auf der Ebene der Transzendenz denken! *Diese* Fähigkeit ist es, die in ihnen das höhere Licht der Weisheit angezündet hat.« Paul hielt kurz inne, fügte dann mahnend hinzu: »Es ist sehr wichtig, daß du eindringlich auf dieses *andere* Denken hinweist, denn es erklärt den Widerstand vieler Naturwissenschaftler gegen die Behauptung, besser gesagt: gegen die *Tatsache* der im gesamten Kosmos wirkenden Evolution des Bewußtseins.«
Ich wollte eine Bemerkung machen, aber Paul ließ mich nicht zu Wort kommen.
»Mir ist gerade etwas eingefallen, das sich vorzüglich dazu eignen dürfte, Verständnis für diese Dinge zu wecken. Ich werde dir kurz die Spirale der Evolution erklären. Ich darf bei dir voraussetzen, daß du weißt, was eine Spirale ist?«
»Aber sicherlich weiß ich das«, antwortete ich ärgerlich. Paul lächelte herzlich, sagte dann: »Nach dem Lexikon ist eine Spirale eine gekrümmte Linie, die unendlich viele Umläufe um einen festen Punkt macht.«

Seine Stimme wurde eindringlich. »Die Spirale, von der *ich* spreche, bleibt aber nicht in der Ebene liegen, sie schraubt sich bei jedem Umlauf ein kleines Stückchen in die Höhe. Kannst du dir das vorstellen?«

»Selbstverständlich kann ich das«, gab ich mürrisch zur Antwort.

Pauls Lächeln wich tiefem Ernst, als er fortfuhr: »Kannst du dir weiter vorstellen, was diese *Erhöhungen* nach jedem Umlauf zu bedeuten haben?«

Ich dachte fieberhaft nach. Doch mir wollte die Lösung nicht einfallen.

»Es ist doch ganz einfach, denke doch nur an die *Kette des Seins*«, munterte Paul mich auf.

Ich hatte das Gefühl, als ob ein heller Lichtstrahl durch mein Gehirn fuhr:

»Ich glaube, ich hab's! Jede *Erhöhung* entspricht dem neugewonnenen Bewußtsein während *eines* Erdenlebens. Es wird dem bereits vorhandenen Bewußtsein hinzugefügt, wirkt dabei verdichtend. Ein weiteres Element der Kette des Seins ist damit durchlaufen.«

»Kann man das auch noch anders formulieren?« fragte Paul mich.

Ich nickte eifrig. »Aber ja. Diese durch jedes gelebte Leben gewonnenen *Bewußtseinsstücke* entsprechen auch den *Stufen der Bewußtseinspyramide*. Nicht immer werden neue Stufen erklommen, manchmal bleibt der erschöpfte Kletterer auch stehen, weil ihm die Kraft zum weiteren Aufstieg abhanden gekommen ist, er nicht mehr weiter kann. Aber diese Stufe kam er im nächsten Leben nehmen.«

»Richtig. Jedes Leben entspricht einem Element in der Kette des Seins. Das Durchlaufen dieser Kette bis zum allerletzten Element wiederum versinnbildlicht den Aufstieg des Bewußtseins zur Pyramidenspitze als dem Ziel der Evolution.« Pauls Stimme verlor den Ernst, wurde weich, und ich spürte die Freude in ihr schwingen, als er fortfuhr: »Die gesamte Schöpfung ist ein Produkt göttlicher Liebe und Freude. Nichts anderes hat in ihr Platz. Es ist höchste Zeit, daß die Menschheit dies begreift – und danach handelt. Erst dann *wird es einen Neuen Himmel und eine Neue Erde geben, in der die Wahrheit wohnt.*«

»In meiner Welt sieht die Realität leider ganz anders aus«, widersprach ich bitter. Ich wollte weitersprechen, aber da geschah es! Das Gesicht vor mir verblaßte. Die interdimensionale Überlappungsfront hatte ihr Ende gefunden. Leider viel zu früh, denn vieles war noch offen, viele Fragen blieben.

»Werden wir uns wiedersehen?« seine Augen waren nur noch zwei leuchtende Punkte in der Dunkelheit. In wenigen Sekunden würden auch sie verloschen sein; und wie aus weiter Ferne klang seine liebevolle Stimme zu mir herüber:

»Ja. Wenn *du* zu dem geworden bist, was *ich* jetzt bin.« Und dann, kaum noch zu verstehen, folgte ein kurzer klarer Befehl: »Schreibe!«

Das habe ich nun getan!

Autoren- und Quellenverzeichnis

Einführung: Über die Freude und meinen Kontakt
nach drüben oder mein Dialog

1 *Wie es dazu kam oder ein Prolog*

1 Monod, Jacques: Le hasard et la nécessité. Paris 1970 (dt. Zufall und Notwendigkeit. München 1971).
2 Wilber, Ken: Halbzeit der Evolution. München 1987, S. 138.
3 Eigen, Manfred, Winkler, Ruthild: Das Spiel – Naturgesetze steuern den Zufall. München 1983, S.13.
4 Wilber, S. 242.

2 *Mein erster Besucher:*
   Ich sprach mit Demokrit

1 Philosophenlexikon. Hg. von Erhard Lange und Dietrich Alexander. 3. Aufl. Berlin 1984, S. 180.
2 Ebenda, S. 178.
3 Ebenda, S. 181.
4 Ebenda, S. 178.

3 *Mein zweiter Besucher:*
   Ich sprach mit Cheops

1 Wilber, Ken: Halbzeit der Evolution. München 1987, S. 138.
2 Ebenda, S. 20.

4 *Mein dritter Besucher:*
   Ich sprach mit Platon

1 Hirschberger, Johannes: Kleine Philosophiegeschichte. Freiburg 1961, S. 30 ff.
2 Weischedel, Wilhelm: Die philosophische Hintertreppe. München 1992 (1. Aufl. 1966), S. 45.
3 Hirschberger, S. 47.
4 Platon: Kritias. In: Platons Dialoge. Übersetzt und erläutert von Otto Apelt (= Philosophische Bibliothek, Bd. 179). Leipzig 1919, S. 211.
5 Ebenda, S. 188.

5 *Mein vierter Besucher:*
  Ich sprach mit Charles Darwin

1 Hemleben, Johannes: Darwin,
  Reinbek 1968, S. 150 ff.
2 Ebenda, S. 117.
3 Ebenda, S. 139.

6 *Mein fünfter Besucher:*
  Ich sprach mit Sigmund Freud

1 Philosophenlexikon. Berlin 1984, S. 292.
2 Satprem: Sri Aurobindo oder Das Abenteuer des Bewußtseins.
  Freiburg 1970, S. 189.
3 Wilber, Ken: Halbzeit der Evolution.
  München 1987, S. 267 ff.
4 Philosophenlexikon, S. 292.
5 Wilber, S. 272 ff.
6 Ebenda, S. 277 ff.
7 Chargaff, Erwin: Das Feuer des Heraklit.
  Stuttgart 1984, S. 223.

7 *Mein sechster Besucher:*
  Ich sprach mit Jakob Böhme

1 Böhme, Jakob: Aurora oder Morgenröte im Aufgang. 11 Bde. Hg.
  von Will Peukert. Bd. 1. 2. Aufl. Stuttgart 1986, Kap. X, Abschn.
  27 (Neudruck von 1730).
2 Ebenda, Bd. 1, Kap. X, Abschn. 2.
3 Ebenda, Bd. 4, Kap. XIV, Abschn. 37.
4 Böhme, Jakob: Über die Umkehr und die Einsicht. 2. erw. Aufl.
  Pforzheim 1970, S. 9.

8 *Mein siebenter Besucher:*
  Ich sprach mit David Hume

1 Philosophenlexikon. Berlin 1984, S. 410.
2 Ebenda, S. 170 ff.
3 Weischedel, Wilhelm: Die philosophische Hintertreppe, München 1992 (1. Aufl. 1966), S. 173.
4 Ebenda, S. 170.
5 Ebenda, S. 173.
6 Ebenda, S. 174.
7 Ebenda, S. 174.

9 *Mein achter Besucher:*
Ich sprach mit Johann Wolfgang von Goethe

1 Goethes Selbstzeugnisse. Hg. von
Theodor Vogel. Leipzig 1888, S. 38.
2 Ebenda, S. 44.
3 Goethe, Johann Wolfgang von: Meine Religion. Zusammengestellt von Wilhelm Bode.
Berlin 1905, S. 9.
4 Ebenda, S. 5.
5 Ebenda, S. 7.
6 Ebenda, S. 20 f.
7 Ebenda, S. 24.
8 Ebenda, S. 58 f.
9 Ebenda, S. 54 f.

10 *Mein neunter Besucher:*
Ich sprach mit Friedrich Nietzsche

1 Frenzel, Ivo: Friedrich Nietzsche.
Reinbek 1966, S. 103.
2 Vorspiel einer Philosophie der Zukunft (= Bücher des Wissens).
Frankfurt 1959, S. 117.
3 Weischedel, Wilhelm: Die philosophische Hintertreppe. München 1992 (1. Aufl. 1966), S. 262.
4 Frenzel, S. 148.
5 Ebenda, S. 122.
6 Hirschberger, Johannes: Kleine Philosophiegeschichte. Freiburg
1961, S. 179.
7 Weischedel, S. 263.
8 Hirschberger, S. 179.
9 Frenzel, S. 166.

11 *Mein zehnter Besucher:*
Ich sprach mit Albert Einstein

1 Wickert, Johannes: Einstein. Reinbek 1972, S. 120 ff.
2 Monod, Jacques: Zufall und Notwendigkeit.
München 1971, S. 150.
3 Ebenda, S. 148 ff.
4 Ebenda, S. 157.
5 Barnett, Lincoln: Einstein und das
Universum. Frankfurt 1955, S. 145.
6 Ebenda, S. 134.
7 Jeans, James: Der Weltraum und seine Rätsel.
München 1955, S. 134.
8 Ebenda, S. 124.

9 Chargaff, Erwin: Das Feuer des Heraklit.
  Stuttgart 1984, S. 223 ff.
10 Oppenheimer, J.R.: Wissenschaft und allgemeines Denken. Reinbek 1956, S. 66.

12 Mein elfter Besucher:
Ich sprach mit Sri Aurobindo

1 Satprem: Sri Aurobindo oder Das Abenteuer des Bewußtseins.
  Freiburg 1970, S. 189.
2 Ebenda, S. 227.
3 Wilber, Ken: Halbzeit der Evolution.
  München 1987, S. 348.
4 Satprem, S. 231
5 Monod, Jacques: Zufall und Notwendigkeit.
  München 1971, S. 157.
6 Ebenda, S. 129.
7 Ebenda, S. 148.
8 Ebenda, S. 16.
9 Wolf, Otto: Sri Aurobindo. Reinbek 1979, S. 87.
10 Satprem, S. 228.

13 Mein zwölfter Besucher:
Ich sprach mit Pierre Teilhard de Chardin

1 Monod, Jacques: Zufall und Notwendigkeit.
  München 1991, S. 45.
2 Hemleben, Johannes: Teilhard de Chardin. Reinbek 1991, S. 130.
3 Ebenda, S. 130.
4 Ebenda, S. 135.
5 Ebenda, S. 125 ff.
6 Ebenda, S. 135.
7 Monod, S. 45.
8 Chargaff, Erwin: Das Feuer des Heraklit.
  Stuttgart 1984, S. 16.
9 Hemleben, S. 135.

14 Mein dreizehnter Besucher:
Ich sprach mit meinem Freund Paul Conrad

1 Eccles, John, Robinson, Daniel N.: Das Wunder des Menschseins
  – Gehirn und Geist. München 1986, S. 222.